炒股生命周期理论与实战

刘光富◎著

中国经济出版社
CHINA ECONOMIC PUBLISHING HOUSE
·北京·

图书在版编目（CIP）数据

炒股生命周期理论与实战／刘光富著.
北京：中国经济出版社，2018.6
ISBN 978-7-5136-5243-8
Ⅰ.①炒… Ⅱ.①刘… Ⅲ.①股票投资—研究—中国 Ⅳ.①F832.51
中国版本图书馆 CIP 数据核字（2018）第 120561 号

责任编辑 王 建
责任印制 巢新强
封面设计 任燕飞

出版发行 中国经济出版社
印 刷 者 北京力信诚印刷有限公司
经 销 者 各地新华书店
开 本 710mm×1000mm 1/16
印 张 23
字 数 330 千字
版 次 2018 年 6 月第 1 版
印 次 2018 年 6 月第 1 次
定 价 58.00 元
广告经营许可证 京西工商广字第 8179 号

中国经济出版社 **网址** www.economyph.com **社址** 北京市西城区百万庄北街 3 号 **邮编** 100037

本版图书如存在印装质量问题，请与本社发行中心联系调换（联系电话：010-68330607）

序　言

在股市中稳定获利！是的，这是每个股票投资者的梦想。然而，结果往往事与愿违。近些年，大多数股票投资者都伤痕累累，损失惨重！

这究竟是为什么？是他们不用功吗？当然不是，有些投资者甚至牺牲了休息时间来研究股市。其实，主要原因是这些投资者没有掌握独立研判股市的能力，不会寻找主力股，不懂资金管理、停损和风险控制。他们只会道听途说，盲目操作。这同去赌场赌博有什么区别？

本人从事技术分析30年，深谙技术分析对于炒股的重要性。自1989年便开始研发“智富股票分析智能系统”。该系统是国内第一个股票行情分析系统。经过多年实战检验，该系统日臻完善，早已成为技术分析派炒股工具中的佼佼者。随着大数据和人工智能技术的快速发展和应用，到目前为止，系统更名为“智富之星股票分析智能系统”。“智富之星”系统按照“炒股生命周期理论”设计和研发，涵盖了书中罗列的技术分析指标。该系统操作简单实用，非常符合投资者的炒股习惯。同时，该系统融合了大数据和人工智能技术，能够比较精准地选出短期内有上涨潜力的个股，并进行观察和监控，具有较强的实战指导意义。

本人于25年前出版了专著——《中国股票期货投资技术分析》，备受读者欢迎。这是国内较早的一本系统讲述资本市场投资技术分析的书籍，深受广大投资者的欢迎，也成为许多大专院校财经专业的教材。到现在为止，该书的内容也没有过时，仍然有很多读者在学习和使用其中的理论与实践知识。

光阴荏苒，一晃25年过去了。随着中国经济的高速发展，中国股市的规模早已赶超大部分西方强国，甚至与美国并驾齐驱。

我在深圳大学教过的学生马化腾、张志东和许晨晔作为主要创始人，于1998年创办腾讯。腾讯股价从2004年上市的3.375港元，到2018年1月的2394.880港元（向后复权），短短14年间，股价大体翻了700倍。得益于资本市场的迅猛发展，腾讯的市值成为亚洲第一、全球前五，而马化腾逐渐也成为中国首富，乃至全球华人首富。

现在，我对股市有了进一步的思考和认识。技术分析指标如何用？股票如何选？如何发现有主力的股票？怎样做才能保证风险小、收益大，少赔多赚？如何在股市中获得成功？等等。

如果仔细阅读本书，或许能找到答案！

本书从实战出发，在介绍技术分析原理的基础上，结合国内市场的实际情况对相关指标进行了改进和优化。

本书易学易懂，操作性强。书中介绍的分析原理、方法不只适用于股票，还适用于外汇、期货等其他金融商品。

在本书的每一章前面，我都给出了内容提要，以便读者先知道大概内容，随后再深入阅读其余部分。

本书的顺利出版，除得到许多前辈和行家的赐教外，也得到了不少同人的帮助。在此一并表示感谢！

刘光富

2018年2月28日

目　录

第一章 引言

内容提要：

股市分析分为基本分析和技术分析两派。它们各有千秋，互为补充。基本分析往往可帮助投资者选出值得投资的股票，而技术分析能帮助投资者发现合适的买卖时机。

随着中国股份制改革的不断深入，股票市场随之得到迅猛发展。上海证券交易所、深圳证券交易所和新三板市场的相继成立，为股市的繁荣、发展，以及股票交易的便利性奠定了基础。目前，在深市成功上市的股票已有2100多家，在沪市上市的股票已有1400多家。由于几家证券交易所的成立，股票交易的“三公原则”已经深入人心，股份制经济的发展早已经步入了正轨。

投身股市的每个交易者都想从中获利，但需要事先知道有哪些获利途径。在股市中，我们的获利途径一般分为两个：第一，上市公司的分红；第二，买卖差价。短线投资者着眼于博取买卖差价，而不屑于分红。对普通投资者来说，若想从股市中获利，交易前必须对股票市场进行认真分析，仔细选择合适的股票，并在恰当的时机进行买卖。

一般来说，预测股市价格趋势的投资者可分为两派：一为基本分析派，二为技术分析派。两派各有所持，立场鲜明。两派的预测根据及预测准确度，各有千秋。

基本分析者着眼于经济统计数据，通过调查公司损益、收支平衡表、派息记录、管理阶层的政策、销售量增长情况、竞争压力与机遇等方面来确认公司未来经营前景的好坏。通常，基本分析者的主要研究对象是银行报告、政府部门的有关资料、投资咨询机构的专业研究报告和上市企业的财报等，借助于每股盈利、市盈率、市净率、净资产、资本化比率及其他种种财务指标，来分析公司的盈利前景，并把它们作为买入或抛售的依据。

技术分析者却认为：一切影响股价的外在因素，已经全部或大部分反映在价格走势上。技术分析者透过市场的变动（包括价格、成交量及未平仓合约增减）情况，预测将来价格的趋势。道琼斯理论正是此方面的先驱。其后，比较常用的技术分析工具还有：波浪理论、信心指数、升降指数、点数图、移动平均线、成交量净额法、相对强弱指数、抛物转向系统、动向指数、指数平滑异同平均线及威廉指数等。

技术分析的主要依据可归结为：

（1）市场价格波动完全是由供求关系产生变化所致。价格升降反映了买家和卖家对于价格波动的憧憬。买家以为价格上涨时，将继续持有或进一步买入；卖家认为价格不会下降时，则停止抛售，价格因供求失衡而因此上升。价格下降的原因：卖家认为目前价格偏高，预期价格将会进一步下降，因此逢高抛售以避免遭受损失；买家则预期价格将向下调整，因此会暂时停止买入及减少持仓量，进而导致价格进一步向下滑落。

当价格上升或下降到某一水平时，会有一段横盘期（牛皮市场），这反映出买家和卖家均认为目前价格处于合理水平，供求处于平衡状态。当供求再次出现不平衡状态时，价格随即又产生波动。一瞬间，价格忽起忽落，正好透露出买卖双方对价格波动的心理反应，价格的升跌，就像测量买卖双方心脏跳动的心电图一样，将其心态表露无遗。

（2）市场行为反映一切。市场种种供求因素，包括不同意见、情绪变化、猜测及盲目交易，里面既有理性的一面，也有非理性的一面。对于这些因素，市场将不断地、自动地反映在价格上面。

（3）股价呈趋势性变动。价格趋势的转变是由于供需关系的改变，不管由何种原因导致，市场内买家和卖家都会迅速感应到，价格随即开始波动，以反映实际情况，直至这种影响消失。价格的这种波动，纯粹由市场内部本身供求失衡所引起，真正原因似乎反而无关紧要。股价升跌会按惯性向先前方向持续一段时间：上升时，如果没有遇到强大的卖出力量，股价将继续上升；下跌时，如果没有遇到强大的买入力量，股价将继续下跌。

（4）历史往往重演。在研究价格波动层面时，技术分析往往是基于"历史会重演"的假设之上。该假设的主要观点是：市场在运行过程中，以往所出现的形态，将来会一再重复出现。当然，不同的走势形态，预示了价格未来的不同趋势。很明显，技术分析派关于历史会重演的假设与基本分析派关于公司盈利能力高低的假设是迥然不同的。

那么，技术分析与基本分析有哪些差别呢？我的观点如下：

在预测价格趋势方面，技术分析者着重短期趋势。因为在短期价格波动中，他们可以逢高抛售、逢低吸纳，更灵活地运用资金以赚取更大利润。通过反复操作，不但资金利用率会大大提高，而且也避免了坐“过山车”——投资者买入股票后，股价在高位时没抛又跌回来了的意思。基本分析者只在主要趋势确认后才开始入市，看重长期价格趋势。

在时间方面，基本分析者会耐心等候公司产品销量、订货单、盈利情况、股息及其他类似资料的公布。对于软性商品期货而言，需要研究天气的变化、雨量的多寡、平均温度的高低、发生自然灾害的可能性、收成是否有所改变、仓储量的高低、运输渠道是否畅通、消费者购买力的变化、货币汇率与银行利率的变动等。技术分析者认为所有上述举措都在消耗基本分析者的决策时间，因而，错过了逢低吸纳与逢高抛售的良机。

而技术分析者从价格和成交量的变动中，已经感受到市场上升或下降的动力及其来源。因为买家和卖家对当前价格波动的心理反应及冲动行为，较经济及金融统计信息传播的速度更快。

在掌握市场信息方面，由于市场价格的波动是受供求不平衡的影响所致，造成了资金从某一种股票或商品流到另一种股票或商品的现象，技术分析指标能很快将之反映出来，甚至是否有主力存在也能够发现蛛丝马迹。这并不是基本分析者凭金融统计数据所能做到的。不过，基本分析往往可帮助投资者选出值得投资的商品，而技术分析能帮助投资者寻找恰当的买卖时机。

总之，技术分析派的优点即基本分析派的缺点，反之亦然。一个称职的基本分析者除了需要具备丰富的专业知识外，更需要对世界政治局势、经济状况有充分的了解。因此，普通人要成为一名合格的基本分析者是较为困难的。

成为一名合格的技术分析者相对容易些，他只需要在掌握基本的技术分析知识后，一张图纸和一支笔就可以对市场价格做出预测。现在，随着电脑及智能手机的普及，可以更方便地通过电脑或手机对股价进行分析。

单从方便、简单角度而言，技术分析比基本分析更具优势。在洞察市场价格升降方面，技术分析更能发挥其功能，它发出的信号比基本分析更及时，也走在消息人士之前。电脑可以保存并快速处理大量数据，在短时间内为投资者提供大量信息，借助于电脑，技术分析派能省去手工计算及作图的麻烦。因此，电脑技术分析软件在国外已经风行，比较流行的有 TSCI，MetaStock，TradeStation 等。这些软件都由开发者经营，能提供最新的股价数据，拥有大量的用户。

然而，对于国内股市而言，采取拿来主义是不合适的。应开发适合我国国情的股票分析系统：第一，应有汉字提示信息；第二，各种技术指标的参数应根据国内股票市场的特点来设定；第三，建立适合中国人习惯的技术分析系统。因此，研发出适合中国证券市场的行情分析系统，给国内投资者介绍适合国情的各种技术分析方法势在必行。

随着中国股票市场的不断发展，自从 1989 年以来，通过近 30 年潜心研究，不断研发和升级，我们成功推出了适合中国证券市场的技术分析系统——“智富之星股票分析智能系统”，并拥有大量的用户，如上市公司、证券公司、报社、投资机构、咨询专家及广大个人投资者。近 30 年的实践表明，技术分析是适用于中国的股票市场的。如果真正能按照技术分析提供的结论去操作股票，而不受其他因素的干扰，应该能获得利润，避免套牢之苦。

技术分析中的图表及指标是对当前股市的客观描述，是对影响股市的各种因素的总括。在股市低迷时，基本面数据往往很差，当投资者对股市失去信心时，技术分析反而会及时提醒投资者该买入了。比如，在 1992 年的 168 点和 1993 年 7 月的 194 点，“智富之星”系统均发出了买入信号。而不懂技术分析的投资者是否会放心大胆的买进，这就要凭其运气了。事后，回过头来看，买进者大获其利。

当人们一片叫好，对股市的未来有进一步憧憬，对手中股票的收益有过多期望时，股市反而即将见顶。此时技术分析能及时提醒投资者，该是卖出的时候了。这时，市场形势可能仍然一片大好，人们的投资（机）情绪高涨，这些因素使得投资者不愿抛售股票。然而，实践证明，按技术指标及时抛出了手中股票的人，才是真正的获利者。

在股市最高点时，几乎人人都获利；但这不过是纸上富贵而已，只有抛出持仓个股才能把利润真正拿到手。当股市回落到低点时，可能 90%以上的人亏本。此时，那些在高位及时抛出，手中持有现金的投资者才是股市的胜利者。

如今的股市已不同于从前，特点是风险与收益共存。不花时间和精力对股市进行深入研判，仅凭侥幸心理就想在股市中获胜已不可能。真正的赢家是那些严守纪律、懂得资金管理和风险控制、认真学习、不断总结失败和成功经验的人。我真心希望本书及“智富之星股票分析智能系统”能成为投资者的好参谋，帮助广大投资者从股市中获得更多的收益。

目前，“智富之星”系统包含和提供了国内的深圳、上海、香港股市和美国等国家的股市，以及国内各期货市场的价格信息和各种常用技术分析指标，其数据可通过互联网传输，既能节省投资者的宝贵时间，又为其分析、决策带来极大的便利。

第二章　炒股生命周期理论

内容提要：

经过多年对股市的深入研究和实践，笔者独创了“炒股生命周期理论”。任何投资者，在投资股票的时候，基本都会经历“选择→监控→买入→监控→卖出→等待”这样一个周期和循环。本章详细阐述了“炒股生命周期理论”及实战技术。遵循该理论投资，能够比其他技术指标更早发现主力股并及时介入，进而实现从股市中稳定获利的梦想。

一、基本原理

经过多年对股市的深入研究和实践，笔者独创了“炒股生命周期理论”。任何投资者，在投资股票的时候，基本都会经历“选择→监控→买入→监控→卖出→等待”这样一个周期和循环，见图 2-1。

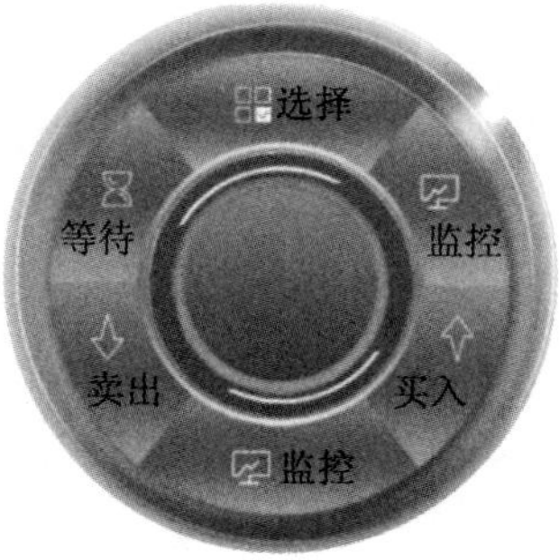

图 2-1　炒股生命周期

该理论的基本要点如下：

1. 每天找出“成熟度”好（即将上涨）、表现好的股票到自选股中；

2. 盘中监控所有自选股；

3. 盘中发现放量走强表现好的个股后，择机买入，快进快出；

4. 股价上涨了，及时获利了结，然后是休息和等待；

5. 股价不上涨或下跌，买错了就认错停损（亏损幅度控制在 10%以内）；

6. 买对买错都要及时卖出，在不是牛市的情况下，最多持仓一周。

遵循炒股生命周期理论来进行股票投资，投资者可以避免冲动性买入，规避风险，实现投资利润最大化。并且，利用停损来规避预期之外的损失，让亏损最小化。在选股方面，根据市场表现选股比采用技术指标选股能更快、更早地发现成熟度好的股票并能提前介入。

“智富之星”[1] 就是基于炒股生命周期理论而研发的分析系统。投资者遵循炒股生命周期理论炒股，顺利完成一个又一个炒段生命周期。

这里要说明的是，为什么买对买错都要及时卖掉呢？

首先，股票的涨跌不是普通投资者可以掌控的，投资者需要顺势而为。投资者通过分析各种指标及个股的市场表现，因看涨而买进了某只股票；但是，有时个股的涨跌并不以投资者的意志为转移，主力可能在短期内不会拉升股价，甚至反而让股价下跌。此时，投资者必须在亏损幅度10%以内认错停损，以避免更大损失。因为如果不停损的话，股价可能会下跌50%以上，有时甚至能达90%，让投资者越套越深，损失惨重！相信很多投资者都有过这种惨痛的经历和教训。

其次，买错了及时出局不但可以避免更大的损失，而且也可以重新买入成熟度更好的股票，以提高资金的利用率。如果资金被长期套牢，将导致无法通过买入其他股票来获利。

最后，如果买对了，赚钱了，投资者也要及时获利了结。这样做的目的主要是避免坐“过山车”。通常，股价上涨了一定幅度后，都会进行调整，所以，及时获利出局是最为稳妥的方式。获利了结后，投资者既可以换股操作，也可以对同一只股票高抛低吸反复操作。尤其是对短线投资者，在市道不是很好的情况下，获利5%以上就可以考虑出局，落袋为安。

二、炒股生命周期详解

（一）选择：选择潜力股到自选股中

我们都知道，炒股是否盈利，与选择好的股票及买卖时机有关。很多

① 请关注“智富之星股票”（或 zfzxgp）公众号或通过 gp.zhifustar.com 来使用“智富之星股票分析智能系统”。

人不懂股票投资之道，仅凭感觉或别人给的消息来胡乱买卖股票。这样做的结果是，获利机会很渺茫。只有掌握系统的炒股方法，选出成熟度好、表现好的股票并加入自选股中进行监控，等待好的买卖时机出现后再介入，这样才能够有较大机会盈利。

选股的方法有很多种，大体可归结为：

1. 基本面选股。

就是按照上市公司的财务情况，比如市盈率大小、流通股本大小、每股净资产高低等方面来选择股票。关于如何利用财务指标来选股，这是基本分析的范畴，本书不做深入讨论。

2. 技术面选股。

根据股票的技术指标来选择，比如股价向上突破均线，均线的黄金交叉，KD 指标的 K 线向上突破 D 线，MACD 指标中差离值（DIF）向上突破差离平均值（DEA）等技巧的运用。关于如何利用技术指标确定买卖时机，在接下来的其他章节中将做详述。

3. 市场表现选股。

按照股票当前的表现来选择强势股，比如该股票的换手率高低、量比大小、股价处于何种位置、是否曾出现过涨停板等。

如表 2-1 所示，这是炒股生命周期理论中的选股条件对照表。

表 2-1　选股条件对照表

编号	条件	符合否
1	近 1 个月内，曾经出现过 1 个以上涨停板	
2	长期调整筑底，如 W 底、圆底等，近期第一日放量上涨	
3	长期调整筑底，近期出现当日放量上涨 5%以上，调整 3 天左右企稳的走势	
4	有并购题材，而且放量	
5	创新高，继续放量	
6	大跌 50%以上，盘整一段时间后走稳，又开始放量	
7	股性活跃，庄家经常拉升，调整后重新走强	
8	股价低于 80 元，小盘股	
9	处于上涨趋势的强势股，日线已调整到均线附近	
10	换手率高，量比大，处于底部初升阶段	

下面给出两个分析案例：

1. 晶华新材（603683）。

首先，近期曾出现过涨停板，说明该股票的主力实力强；其次，该股当天量比为115%，说明已经放量15%以上；再次，该股为小盘股，换手率高达37%；最后，该股在底部连续出现多根小阳线，2018年4月2日出现温和放量走势。这些特征，都暗示该股后续走势仍将上涨。具体情况见图2-2。

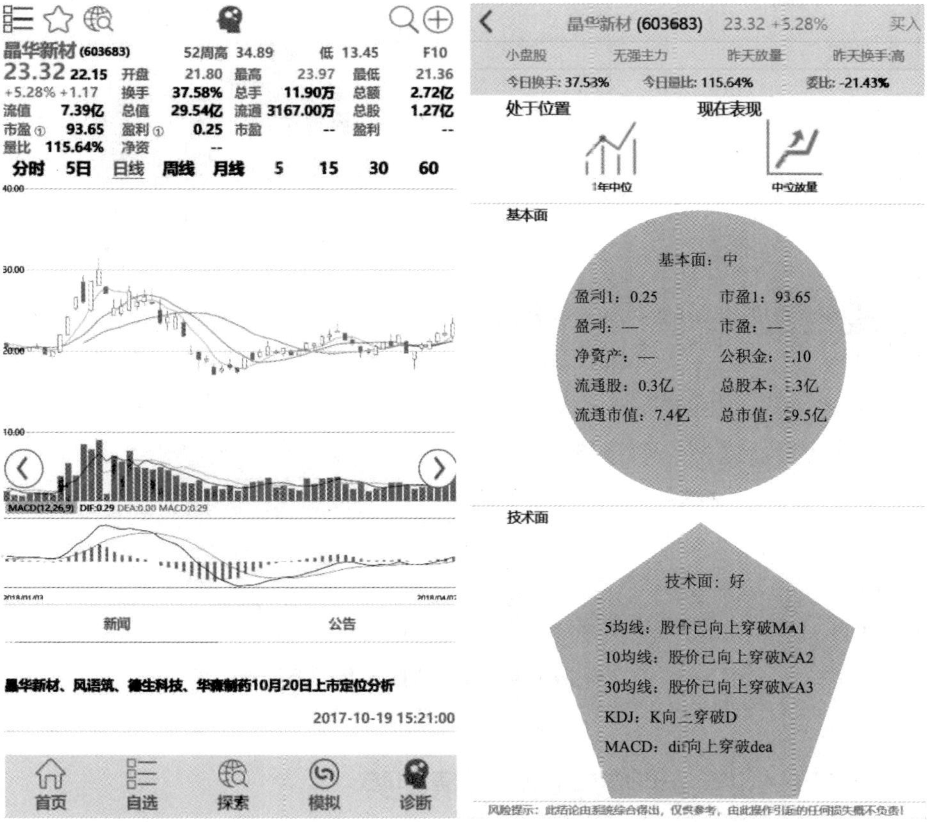

图2-2　晶华新材（603683）的日K线图及诊断结果

2. 万业企业（600641）。

首先，近一个月曾出现过涨停板，说明该股票的主力实力强；其次，该股当日量比为540%，说明已经放巨量5.4倍，属于中位放量上升走势；再次，该股在底部连续出现3根小阳线，2018年4月2日出现价量齐升走势；最后，该股票还是绩优中盘股。这些特征，都暗示该股后续走势仍将上涨。具体情况见图2-3。

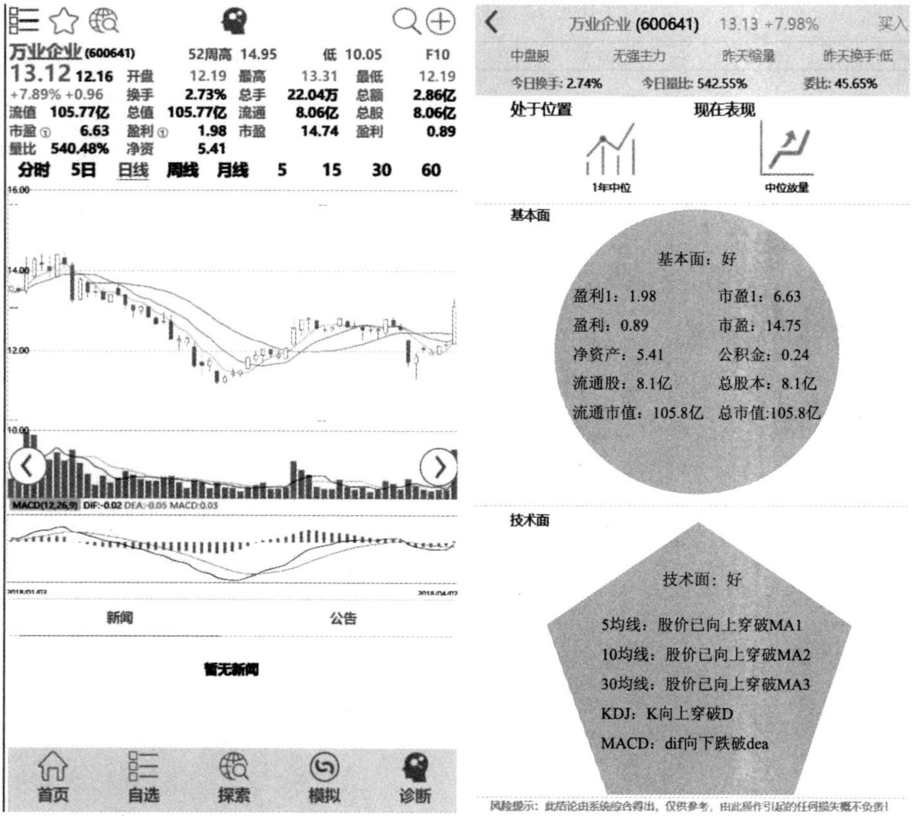

图2-3　万业企业（600641）的日K线图及诊断结果

（二）监控：监控自选股行情走势

“智富之星”及其他股票软件都会有“自选股”板块，让用户管理自己想要监控的股票。与其他系统相比，“智富之星”会更方便实用些，因为它列出了目标股加入自选股中的日期、价格、当前涨幅及加入以来的涨幅，供投资者验证前期选股的准确性。

当根据选股条件及个人经验选出心仪的股票，并加入到自选股板块后，下一步就是监控自选股板块中的个股，看看其随后的表现符不符合预期。随着时间推移，需要不断调整自选股列表，把不符合预期的个股剔除掉。具体情况见图 2-4。

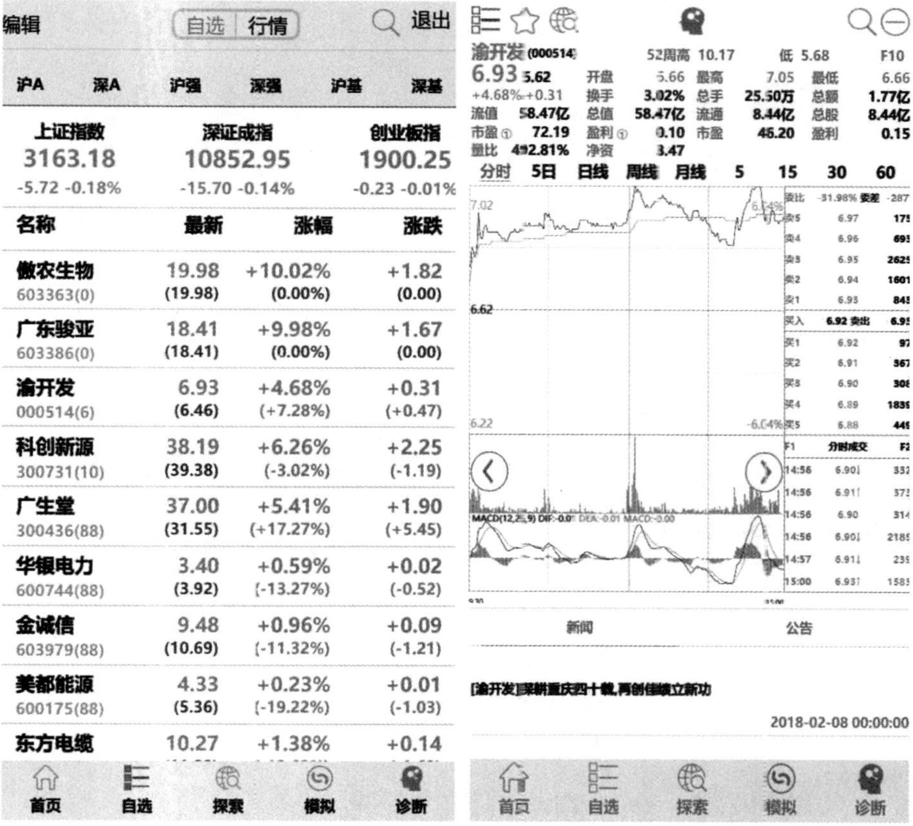

图 2-4　自选股列表及分时图监控

（三）买入：择机买入监控中的股票

在监控阶段，需要紧盯自选股行情表，通过对 K 线图分时走势的进一步分析，一旦发现有走强迹象的股票，择机买入（见图 2-5）。注意，需要按照组合投资的方式，根据资金量大小，买入 2~10 只，甚至更多只股票。主要目的是规避风险，同时增加盈利概率。

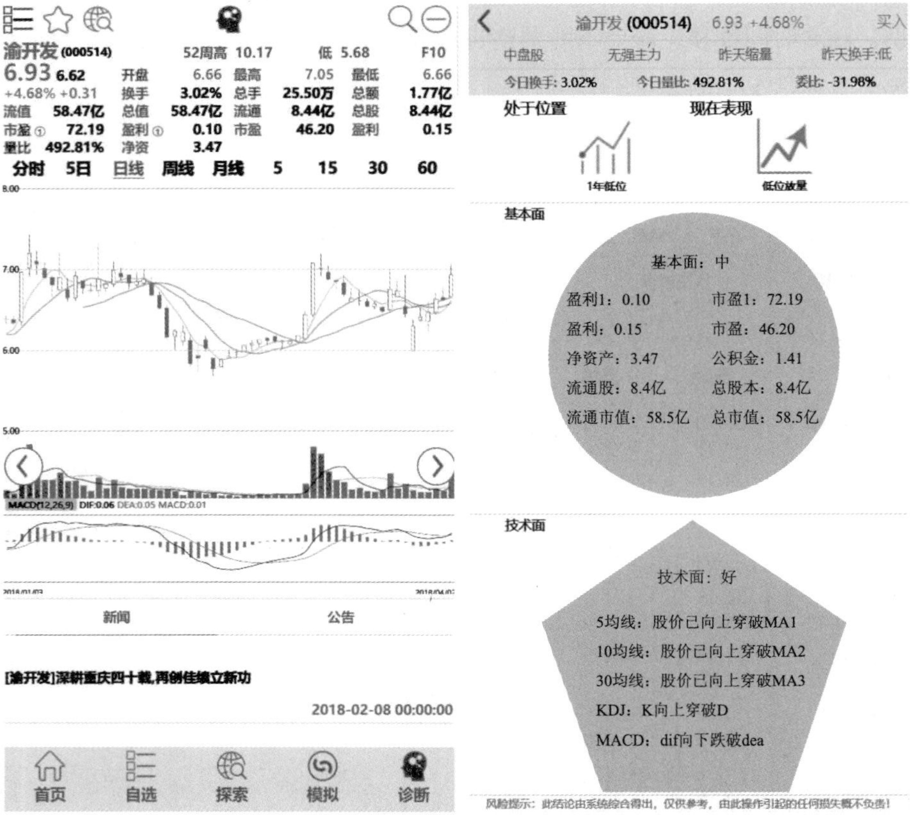

图 2-5　查看个股 K 线图及诊断信息

（四）监控：继续监控持有的股票

目前，国内股市采用 T+1 交易规则，即当天买进的股票，第二天才可以卖出。所以，对于持仓中的个股，要时时监控，以防错过好的卖出时机。

（五）卖出：择机卖出持有的股票

对于手中的个股，卖出时分两种情况：

1. 买对了的。

买入后当天或第二天就开始上涨。这时，在获利 10%左右就卖出。如果是上升趋势明显的强势股，可以保留一周左右，以期获得更多收益。

2. 买错了的。

买入后，当天或者第二天不涨反跌。此时，应该在一周内或下跌 10%以内停损卖出该股。

（六）等待：清仓后不立即购买股票

很多投资者都有这样的经验，卖掉手中获利的股票后，如果不休息冷静一下，立即又买入其他股票的话，被套牢的概率很大。为了避免这种情况出现，在炒股生命周期的最后一个阶段，需要持币等待——等新的炒股生命周期到来。

三、根据市场表现选股

（一）几个基本概念

1. 换手率。

换手率是在单位时间内（日、周、月等），某一股票累计成交量与流通股本的比率。通常，个股在某个价位充分换手，说明买方的成本都位于这个价位，后市向下跌破该价位的可能性相对较小。换手率越高，说明个股的市场表现越好，再结合股价情况，可以帮助投资者选出活跃股票。如果换手率高，伴随股价上涨，同时该股处于某个底部区域，这时就可以把它放到自选股中来监控。

2. 量比。

量比是当日实时成交量与昨天总成交量的比率，公式为：100×当天总成交量/昨天总成交量。本章讨论的量比同其他书籍介绍的量比有所区别，本章是用当天的总成交量同昨天的总成交量直接进行比较。这样，更加能够反映出个股真实的放量情况。注意，在日内交易过程中，当天的成交量是动态变化的，处于不断增加的过程中，直到收盘，才能反映全天的成交情况，也才能最终确定一天下来个股是否放量和放量比例的大小。

量比也可以用来分析盘中发现的放量的个股。如果量比大于 100，说明同前一个交易日比，该股已经放量。所以，在开盘期间，利用“智富之星”的“探索”中的“量比”功能来动态排序所有个股的实时量比值，可以及时发现正在放量的个股，再结合其 K 线形态及其他技术指标，来确定是否把它选入自选股中进行实时监控。

3. 小盘股、中盘股和大盘股。

小盘股：就是发行在外的流通股本（或市值）较小的上市公司的股票。目前可以定义：小盘股的流通股<2 亿股。

中盘股：即流通股本介于大盘股与小盘股之间的股票。2 亿股≤流通股<10 亿股。

大盘股：通常指发行在外的流通股本较大的上市公司股票。流通股≥10 亿股。

（二）利用换手率发现活跃股

1. 换手率的意义。

换手率高的个股，说明该股交投很活跃，近期上涨的可能性较大。以下是几种常见情况：

（1）前期成交量小，但近期在低位突然放量连拉小阳的个股。因为成交量小说明该股的杀跌动力已不足，股价可能不再继续下跌。当有新资金介入时，其股性很容易被激活。

（2）价涨量增成交活跃的股票。说明主力早已深度介入。股价上涨会引发获利盘和解套盘卖出。因而，换手率越大，投资者的平均持股成本越高，该股继续攀升时遭遇的卖压也将越小。

（3）新上市的股票，如果前几天始终保持着很高换手率，说明主力正收集筹码并充分洗盘，同时主力和跟风者的成本也不断推高，接下来该股可能持续上涨。

股票的换手率高低有一定的标准：

（1）大盘股以5%为标准，中盘股是8%，小盘股是10%，这被视为是较为正常的股票交易的换手率。

（2）换手率太低，说明交投清淡。如果已有主力介入，则说明筹码已基本集中到主力手中，其他机构或个人持有的筹码并不多。

（3）低位换手率高，说明交投活跃，主力可能正在大量吃进，今后拉高股价的可能性大。

依据换手率的高低，可以把股票的活跃度分成3个级别：

（1）冷清（换手率<3%）。有两种可能：一是，该股没有主力，属于散户行情；二是，说明该股的主力已经高度控盘，而现在并不想吸引大家跟风买入。

（2）活跃（换手率在3%~7%）。表示该股的主力正积极活动，是否立即拉升股价要结合近期走势来判断。

（3）剧烈（换手率>7%，常常超过10%）。筹码急剧换手的现象，如果发生在高位，尤其是股价在高位缩量横盘之时，很可能是主力正在出货，同时往往有相应的消息来配合；如果发生在底部，尤其是发生在上升途中的第一个阻力区的时候，比如均线、下降趋势线附近等，很可能是强庄正积极进货。

2. 换手率的选股技巧。

（1）在盘中或收盘后，对换手率进行排名（见图2-6），浏览换手率排在前100位或在8%以上的个股，同时要结合K线图、均线、成交量、MACD或KD等指标来进行分析。

（2）尽量选择小盘股，流通股最好在2亿股以下，中小板尤佳。

（3）第二日开盘阶段，量比较大，排在量比排行榜前列的个股。

（4）底部放量，换手率高。底部放量的股票，其换手率也会高，表明新资金介入的迹象明显，未来该股的上涨空间相对较大。越是底部换手充分的个股，上涨时的抛压也将越小。

（5）查看个股的历史走势，如果该股出现连续上涨的次数较多，说明一日游行情发生的概率较小。如果该股近两个月经常出现涨停板，说明主力近期正在操作该股。

注意：最好选择个人曾经交易过的、相对比较了解的个股进行操作。

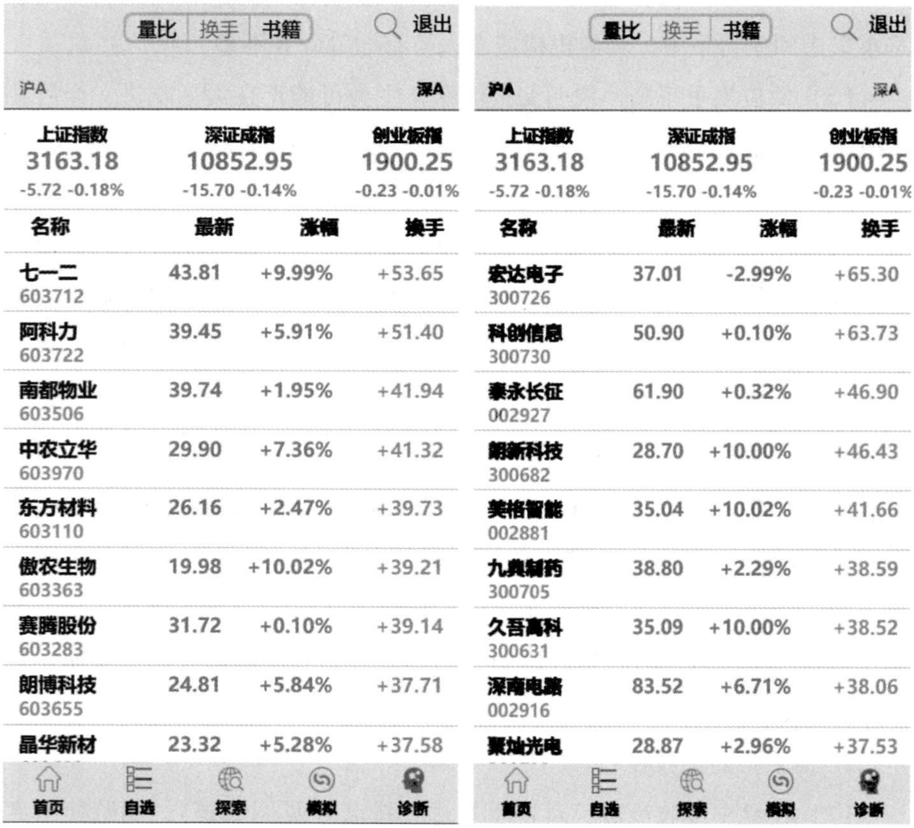

名称	最新	涨幅	换手
七一二 603712	43.81	+9.99%	+53.65
阿科力 603722	39.45	+5.91%	+51.40
南都物业 603506	39.74	+1.95%	+41.94
中农立华 603970	29.90	+7.36%	+41.32
东方材料 603110	26.16	+2.47%	+39.73
傲农生物 603363	19.98	+10.02%	+39.21
赛腾股份 603283	31.72	+0.10%	+39.14
朗博科技 603655	24.81	+5.84%	+37.71
晶华新材	23.32	+5.28%	+37.58

名称	最新	涨幅	换手
宏达电子 300726	37.01	-2.99%	+65.30
科创信息 300730	50.90	+0.10%	+63.73
泰永长征 002927	61.90	+0.32%	+46.90
朗新科技 300682	28.70	+10.00%	+46.43
美格智能 002881	35.04	+10.02%	+41.66
九典制药 300705	38.80	+2.29%	+38.59
久吾高科 300631	35.09	+10.00%	+38.52
深南电路 002916	83.52	+6.71%	+38.06
聚灿光电	28.87	+2.96%	+37.53

图 2-6 “智富之星”对“沪 A”和“深 A”个股的换手率进行排名

3. 换手率高的个股实例。

（1）振静股份（603477）。2018 年 4 月 2 日，该股的换手率达到 26%，量比达到 147%，价量齐升，后市看涨。“智富之星”的人工智能诊断结论，也是“买入”信号，见图 2-7。

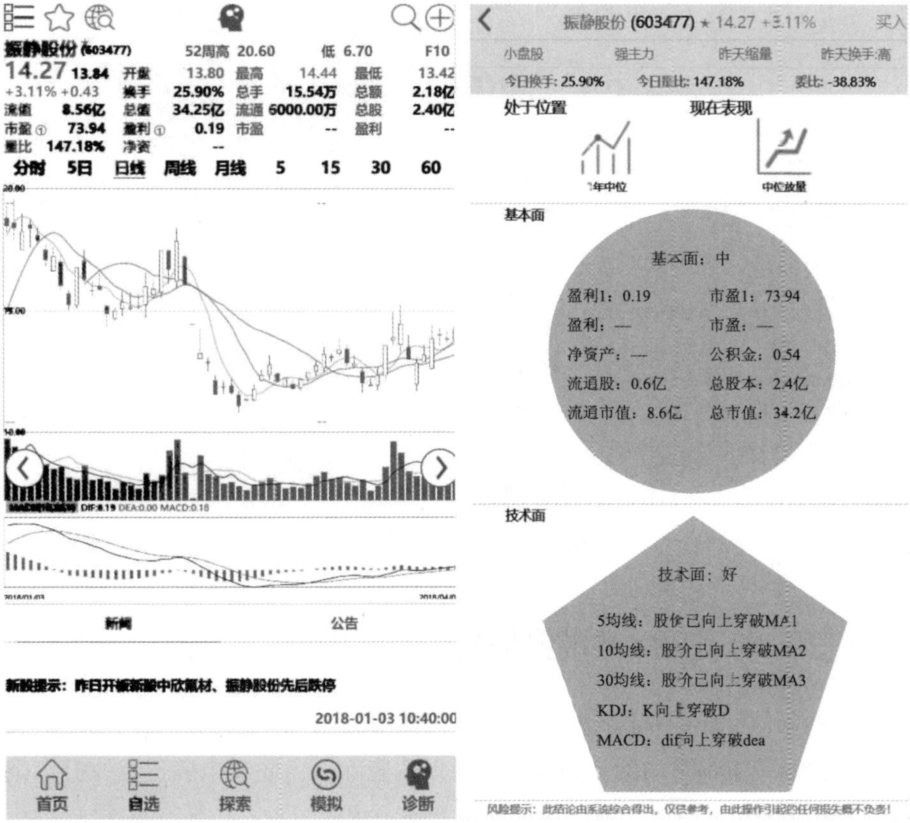

图 2-7　振静股份（603477）

（2）阿科力（603722）。2018 年 4 月 2 日，该股的换手率达到 51%，量比达到 851%，底部放巨量，而且换手率高，后市看涨。“智富之星”的人工智能诊断结论，也是“买入”信号，见图 2-8。

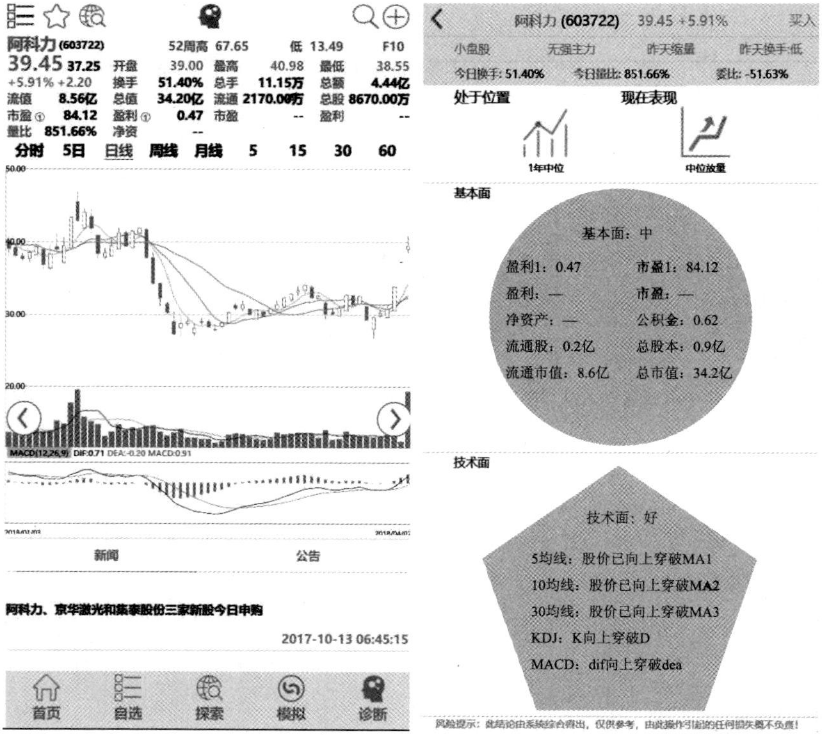

图 2-8　阿科力（603722）

（三）利用量比发现强势股

前面我们介绍了量比的概念。为什么要看重量比呢？因为成交量是最能反映股价后续走势方向的。如果放量出现在底部，比如某个股价量齐升，则意味着该股可能将展开一波升势；如果放量出现在顶部，比如放量向下突破，则意味着股价可能将展开一波跌势。如果发现某个股成交量放得很大，比如是以前的 2 倍甚至 10 倍以上，这样的股票就应该放到“自选股”中实时监控。

量比属于成交量指标，它是用来分析个股放量与缩量的工具，它让我们知道成交量所处的状态是异常还是正常。量比的值越大，代表参与进来的资金就越多，这只股票就越活跃；相反，量比的值越小，代表参与的资金就越少，这只股票就越不活跃。

“智富之星”对量比的定义：

1. 量比小于 100，为缩量状态；

2. 量比介于 100~200，为中度放量状态；

3. 量比大于 200，为巨量状态。

“智富之星”的“探索”中的“量比”功能，分别列出了沪 A（上海 A 股）和深 A（深圳 A 股）的量比实时排行榜。通常，排在前面的个股，如果涨幅为正值，可以结合其分时图和 K 线图，做进一步观察，看看是否应该把它放到“自选股”中来监控。

1. “沪 A”量比排行榜。

在“智富之星”“探索”的“沪 A”量比排行榜中（见图 2-9），进入分时图和 K 线图，逐个浏览，可以发现价量齐升成熟度好的个股，选择其到“自选股”中，并择机买入。

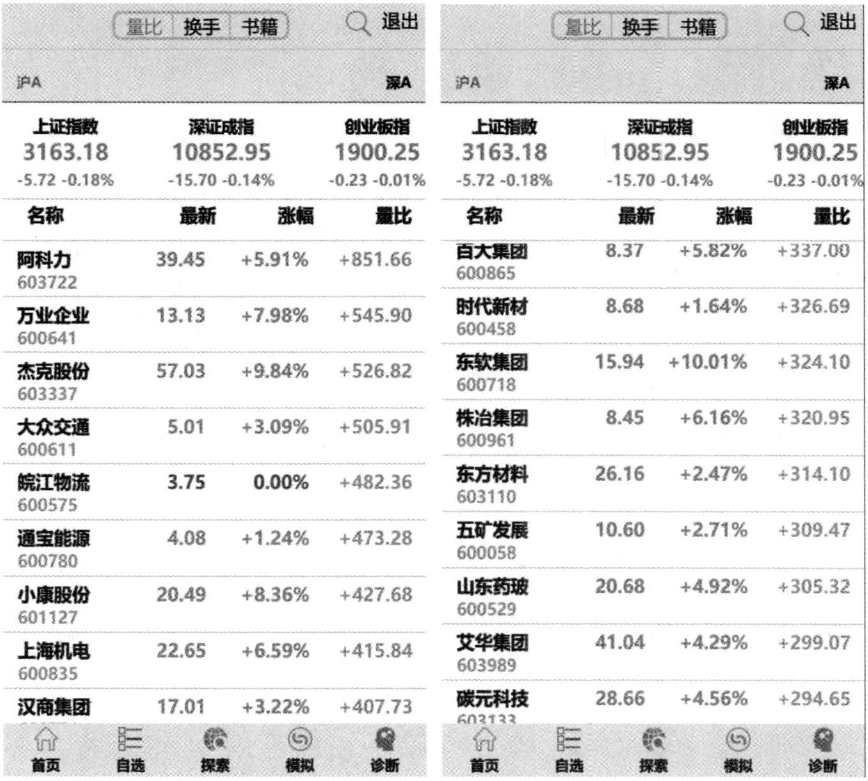

图 2-9 2018 年 4 月 2 日“沪 A”量比排名

如图 2-10 所示，这是通过逐个浏览“沪 A”量比排行榜中的个股 K 线图，找出的成熟度好的个股——五矿发展（600058）。

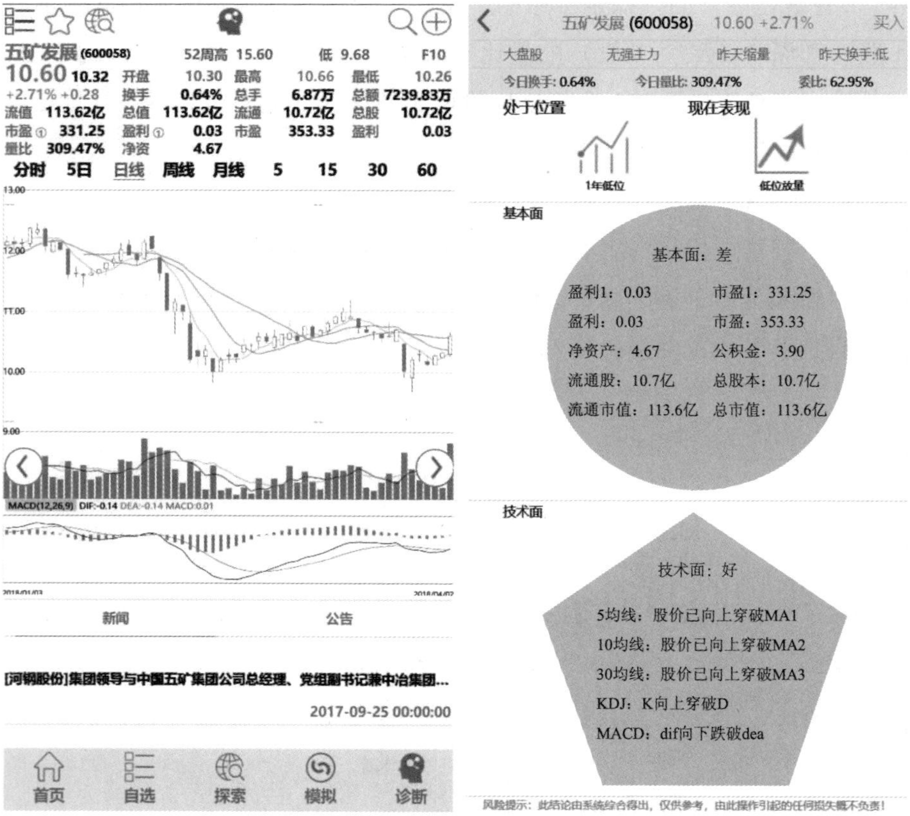

图 2-10　2018 年 4 月 2 日根据“沪 A”量比排名选出五矿发展

2. “深 A”量比排行榜。

在“智富之星”“探索”的“深 A”量比排行榜中（见图 2-11），进入分时图和 K 线图，逐个浏览，可以发现价量齐升成熟度好的个股，选择其到“自选股”中，并择机买入。

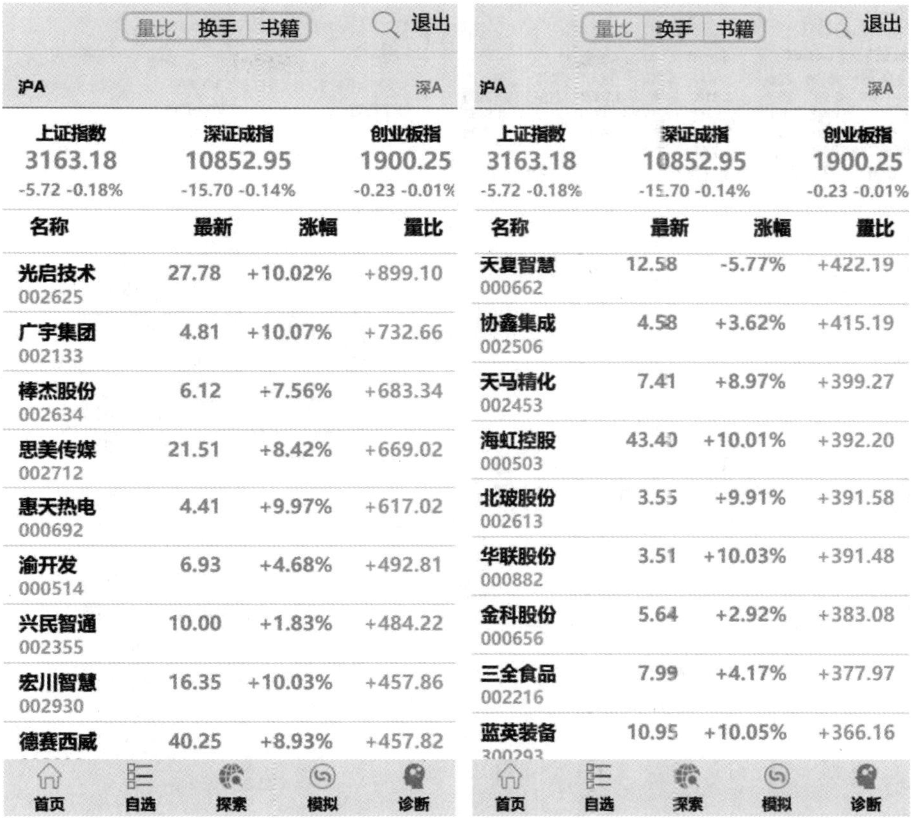

图 2-11 2018 年 4 月 2 日“深 A”量比排名

如图 2-12 所示，这是通过逐个浏览“深 A”量比排行榜中个股的 K 线图，找出的成熟度好的个股——跃岭股份（002725）。

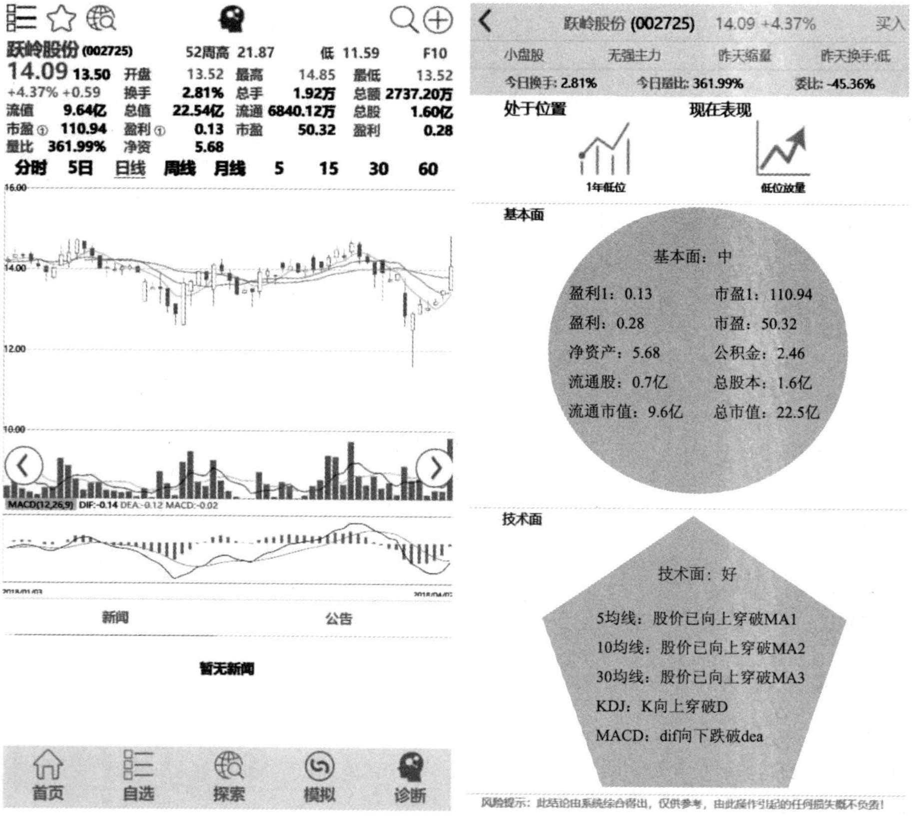

图 2-12 2018 年 4 月 2 日根据“深 A”量比排名选出跃岭股份

（四）沪强与深强

“智富之星”通过人工智能和大数据分析，每天都会筛选出上海证券交易所表现好的 100 只强势股生成“沪强”。同样，也筛选出深圳证券交易所表现好的 100 只强势股生成“深强”。投资者实时监控“沪强”和“深强”，再结合换手率和量比排名，当天就可以发现表现好、成熟度好的个股，把它们加入“自选股”，这就完成了炒股生命周期的第一步。然后，监控这些个股并择机买入。

下面给出“沪强”和“深强”的例子：

1. “沪强”列表。

如图 2-13 所示，在“沪强”列表中，进入分时图和 K 线图，逐个浏览，可以发现价量齐升、成熟度好的个股，选择其到“自选股”中，并择机买入。

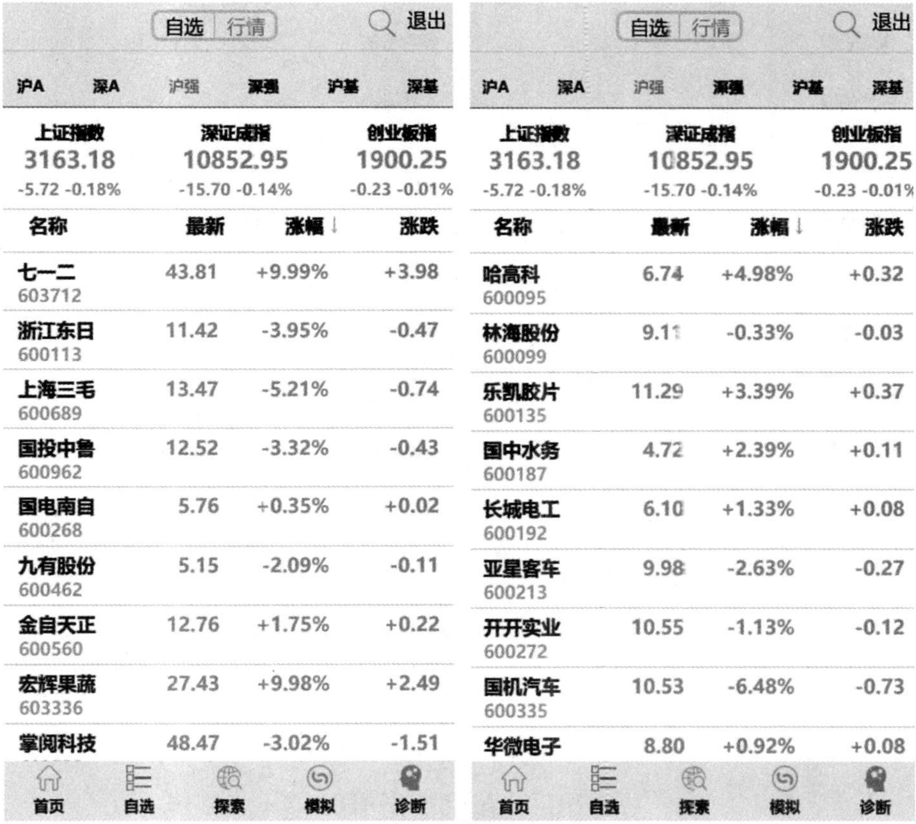

图 2-13　2018 年 4 月 2 日“沪强”列表

2. “深强”列表。

如图 2-14 所示，在“深强”列表中，进入分时图和 K 线图，逐个浏览，可以发现价量齐升、成熟度好的个股，选择其到“自选股”中，并择机买入。

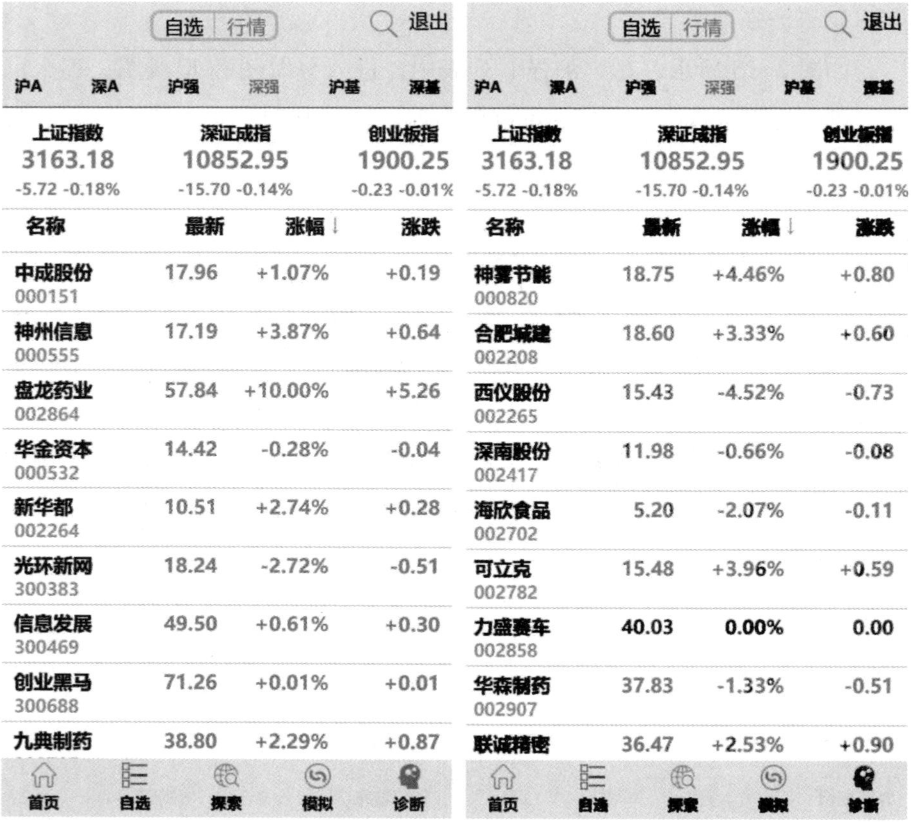

图 2-14 2018 年 4 月 2 日“深强”列表

四、如何卖出

在炒股生命周期中，买入股票后，需要对买入的股票进行实时监控，并寻找卖出时机。买得好，还要卖得合适，才能实现盈利或停止损失！

（一）停损卖出

如果买入股票后，近 2 天或一周内，股价没有按照预期的走势上升，此时就要考虑出局。认赔退出，实为上策。这样做不但可以退出资金来操作其他强势股，而且也能避免因股价进一步下跌带来的损失。俗话说得好："留得青山在，不怕没柴烧。"投资者一定要把损失控制在10%的幅度以内。巴菲特也有句投资名言：投资原则一，绝对不能把本钱丢了；投资原则二，一定要坚守投资原则一。

（二）获利卖出

如果买入股票后，股价上升，就证明买对了。但是，为避免坐"过山车"的情况出现，投资者要及时落袋为安。那么，投资者该如何决定卖出时机呢？本文总结了一些常见的卖出条件，具体情况见表2-2。

表2-2　卖出条件对照表

编号	条件	符合否
1	买入后，上涨幅度在5%~10%，短线需卖出；特别强势的个股可以持仓一周左右，涨幅达20%以上再考虑卖出	
2	个股急速拉升，短线赶快卖出	
3	个股或整个市场出现重大利空，开盘即卖	
4	顶部放量，价格无法创出近期新高	
5	顶部形态出现，如圆形顶、M头、头肩顶等，顶部放量且下跌，或者乖离率偏大	
6	短线技术指标走坏，如KD、MACD、均线等向下破位，出现死亡交叉	
7	高位换手率大，而且股价下跌	
8	通常开盘后第一个小时内，为较佳卖出时机	

五、人工智能诊断分析

有经验的投资者在决定介入一只股票时，事先通常都要详细了解该股的基本面、市场表现，以及股价处于什么位置等信息。要获得这些信息，投资者常常要花费很多时间。

为了节省投资者的时间，避免人工决策的主观性，“智富之星”研发了“人工智能股票分析专家系统”模块，它集基本分析、技术分析、人工智能和大数据技术于一炉，对个股进行全面系统的分析，得出的相关结论，可作为投资者决策时的重要参考。

投资者可以利用该模块全面诊断、评测任何一只股票，既可以把自己手中的股票逐一诊断和评测，又可以对任何感兴趣的股票进行诊断和分析。

下面给出一个例子来说明该模块的功能，这是 2018 年 4 月 15 日对天际股份（002759）分析后给出的结论（见图 2-15）。

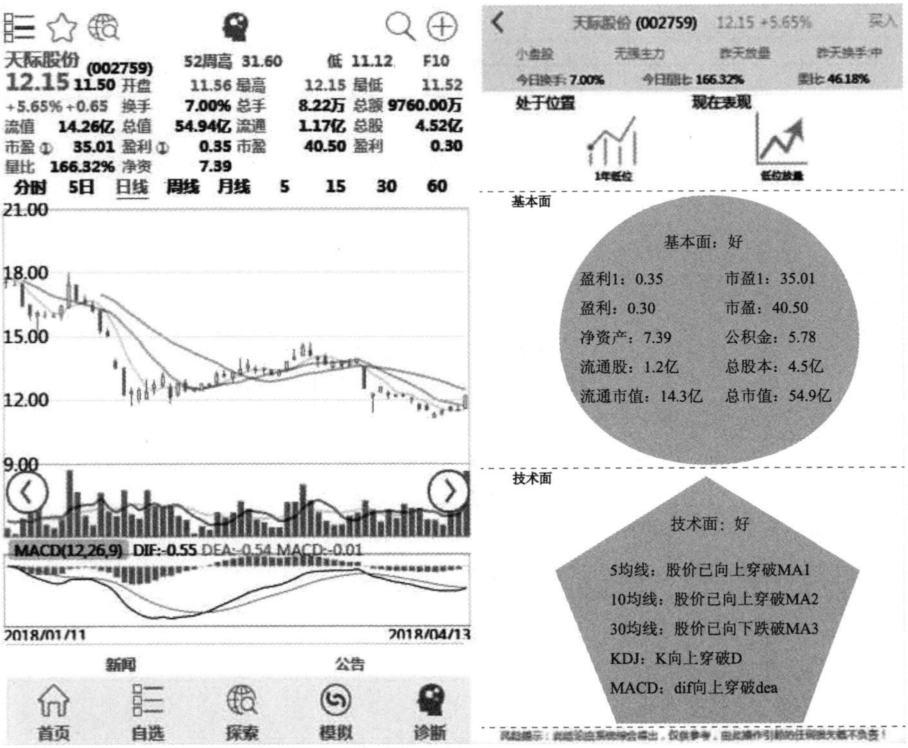

图 2-15　人工智能诊断天际股份

1. 第一行，为标题和结论部分：

天际股份（002759），12. 15，+5. 65%，买入。

2. 第二行，为诊断评测总结：

小盘股，无强主力，昨天放量，昨天换手：中。

3. 第三行，给出今日表现数据：

今日换手：7.00% 。今日量比：166.32% 。委比：46.18%。

4. 第四行，给出股价处于位置和市场表现：

处于位置：1 年低位。现在表现：低位放量。

5. 第五行，给出基本面概况：

基本面：好。

盈利 1：0.35 。 市盈 1：35.01。

盈利：0.30。 市盈：40.50。

净资产：7.39 。 公积金：5.78。

流通股：1.2 亿（股）。总股本：4.5 亿（股）。

流通市值：14.3 亿（元）。总市值：54.9 亿（元）。

6. 第六行，给出技术面概况：

技术面：好。

5 均线：股价已向上穿破 MA1。

10 均线：股价已向上穿破 MA2。

30 均线：股价已向下跌破 MA3。

KDJ：K 向上穿破 D。

MACD：DIF 向上穿破 DEA。

7. 第七行，为风险提示：

风险提示：此结论由系统综合得出，仅供参考，由此操作引起的任何损失概不负责！

第三章 基本图形理论

内容提要：

技术分析主图中用到的几种基本图形为：点线图、K线图和条形图。其中，尤以K线图为主。本章介绍了这几种图形的画法和意义。

价格在图形上的表示方法，有点线图、K 线图（阴阳线）、条形图（Bar Chart）等。

一、点线图

点线图是最简单的图形，只是将每天股价（一般为收盘价）连接起来，表示一种商品价格大致上的走势，如图 3-1 中的上面主图所示。

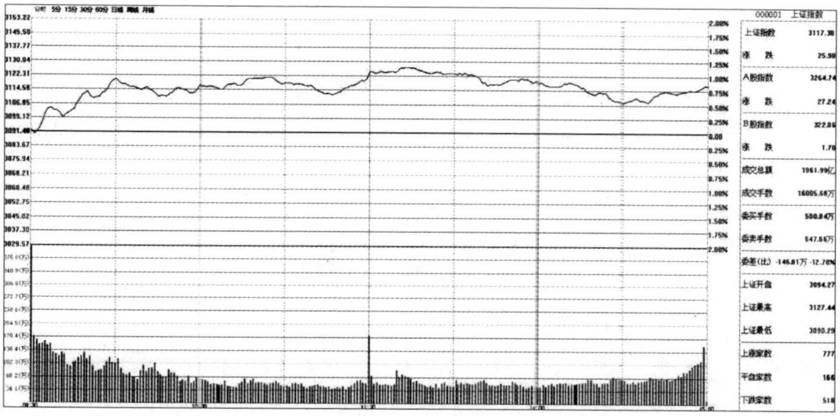

图 3-1 点线图

二、K 线图

K 线图，又称“蜡烛线”“阴阳线”或“酒井线”，见图 3-2 中的上面主图。据说它起源于日本的德川幕府时代，大阪米市商人用它来记录一天（一周、一月）当中价格的变化情况。

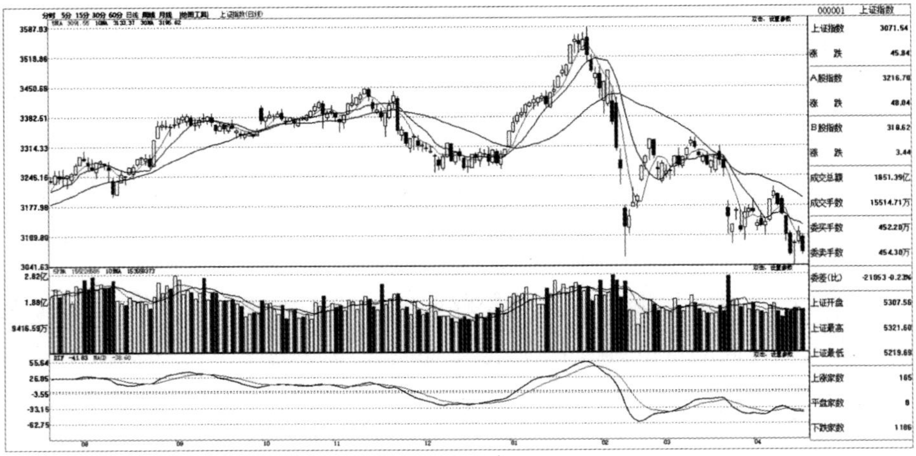

图 3-2 K 线图

三、条形图

条形图，又叫“柱状图（Bar Chart）”，其构造比 K 线图简单，是欧美股市的主要绘图方式。条形图的直线部分，表示了当日（或当周、当月）行情的最高价与最低价间的波动幅度。左侧横线代表开盘价，右侧横线则代表收盘价。在习惯用法上，常常省略左侧开盘价的横线，仅把最高价、最低价、收盘价标注于图形上。通常，开盘价只对当天行情走势有意义，对图形上的长期走势（大势）并不具备研究意义，见图 3-3 中的上面主图。

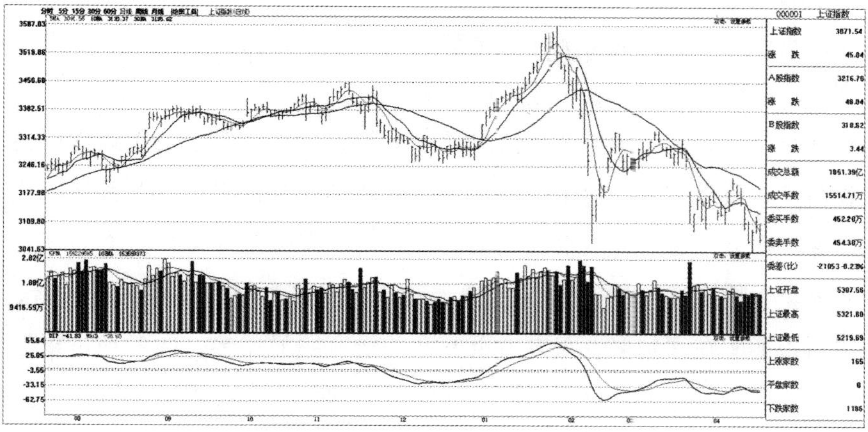

图 3-3 条形图

四、几种图形比较

K 线图所表达的含义，较为细腻敏感，充分显示出东洋派的精神。与条形图相比，K 线图似乎较易于掌握短期内价格的波动，也易于判断多空双方（买力与卖力）的强弱状态，作为买入和卖出的参考。

条形图则偏重对趋势面的研究，而且绘制起来非常简便迅速。实际上，喜欢用数字计算来做研究的欧美人士，几乎难以接受日式 K 线图那种近乎哲学艺术的表达方式。

事实上，K 线图和条形图两者之间并没有很大区别。重要的是投资者自身对个别股票或商品价格波动的敏感程度。

大致上来说，当天的开盘价开在哪里，充分反映了买卖双方的预期心理。也可以说开盘价是多空双方的楚河汉界，双方在此互相攻城略地。

然而，在多空的争战过程中，原始边界仅是一种象征性的符号——败退者以收复失地为目的，胜利者则步步进逼。此时，开盘价已不重要，重要的是双方的胜负结局及战果，它们以收盘价来体现。

开盘价具有意义的情况在于跳空，跳空意味着买卖双方有一方极力撤守到最后防线，也意味着一连串溃败的开始。

开盘价具有意义的第二个情况是上下影线过长，在于买卖双方的某一方长驱直入敌阵之后，由于后劲不足而退回到开盘价附近。这种情况代表价格盛极而衰，是行情变盘的开始。这种情况在股票综合指数的表现上尤为明显。根据前述原则，可以发现，剔除地位并非绝对重要的开盘价，K线图与条形图在评判多空双方力量方面并没有明显差异。两者均可根据作为结论的收盘价与最高价、最低价间的关系地位，来判断出多方与空方的实力。

每一幅条形图或K线图所显现的多空战果是类似的。投资者不要拘泥于使用何种图形，最重要的还是对大势的研判能力。

每个股票或商品均有其特性，投资者必须审慎研究。一般而言，“长红”（有人戏称“冲天炮”）之后，次日理应再涨。2017年11月21日深指收出长红的次日，却开始连续数日的下跌走势。这种反K线理论现象在国内股市中偶尔也能见到。

第四章 基本形态分析

内容提要：

技术分析基于历史会重演的假设。本章给出28种常见形态及研判方法。根据这些形态可确定买卖时机，并预测可能的涨跌幅度。

从技术分析图表上很容易看出，股价或其他商品的价格大多是沿着一定的趋势在变动，并非毫无规则地上下变化。这些趋势的方向可能是上升、下跌或横向发展；经历的时间可能很短，也可能很长。从这些“似是无常却有常”的变化中，便可归纳和整理出一些典型形态和结论。根据这些常见形态，便可研判投资标的的进出时机，并预测其可能的涨跌幅度。

根据历史会重演的假设，相似的图形可能会产生类似的结果。不过，在研判图表时，结论可能会因人而异。对股市未来走向的判断，有时会引起很大争议，判断是否正确，取决于投资者经验的丰富程度。

图形分析始于近百年前，在查尔斯·道出版了专门讨论图形研判技巧的著作之后，技术分析才真正开始变得有意义。

一、趋势线和趋势轨道

（一）趋势线

在图形分析中，趋势线是最基本的指标，它是在图形上每一个波浪最高点间，或最低点间的直切线。在上升市道里，将两个低点相连的连线，称为“上升趋势线”。在下降市道里，将两个高点相连的连线，称为“下降趋势线”。当一条趋势线在时间上涵盖数月之久，可称之为“主要趋势线”或“长期趋势线”。较短时间的趋势线可称之为“次要趋势线”或“短期趋势线”。见图 4-1。

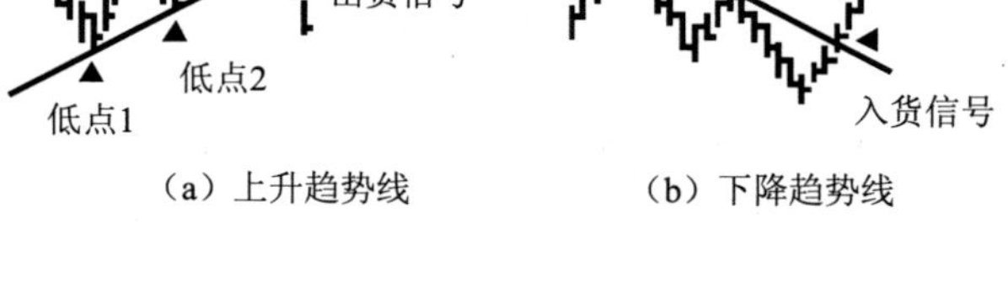

（a）上升趋势线　　（b）下降趋势线

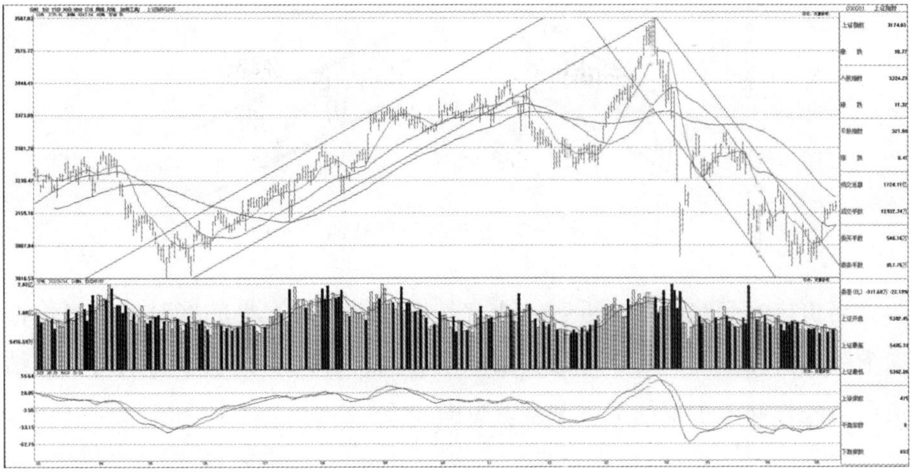

（c）主要和次要趋势线

图 4-1　趋势线

（二）支撑线与阻力线

趋势线在性质上又可分为支撑线及阻力线。

支撑线是图形上每一波浪最低点间的直切线。也就是说当股价在此线附近时，投资者具有相当高的买进意愿。

阻力线则是图形上每一波浪最高点间的直切线。也就是说股价在此线附近具有相当高的卖出意愿。

如果趋势线向上爬升，则称为“牛市”；反之，则称为“熊市”。牛市与熊市是欧美股市惯用的术语。国内，我们通常称之为“多头市场”与“空头市场”。

在两条平行的阻力线与支撑线之间所形成的范围，可称之为“趋势轨道”，也可分为上升轨道（上升趋势）与下降轨道（下降趋势），见图4-2。几乎所有的图形分析与诠释，均离不开上述这些趋势线的概念与原则。

一个有经验的股票或商品期货的交易者，会全心全意地关注趋势线的走向；然后，根据由它引发的买卖信号来进行交易。

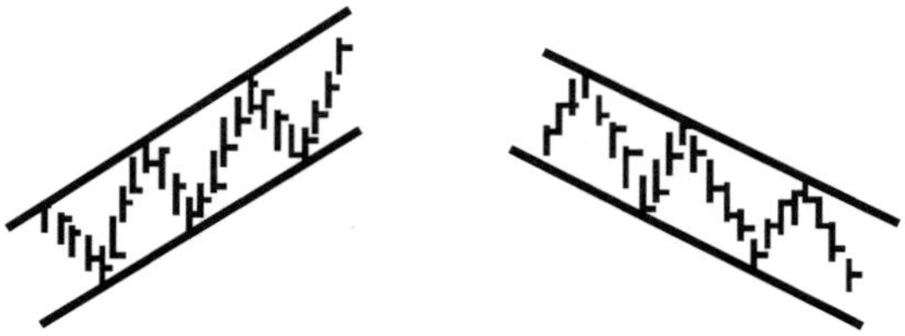

图 4-2　上升和下降轨道

当价格来到趋势线附近时，通常是投资者进行交易的好时机。当价格向下跌破支撑线时，可以考虑卖出做空。当价位向上突破阻力线时，应结束做空操作并考虑反向买进做多。见图 4-3。

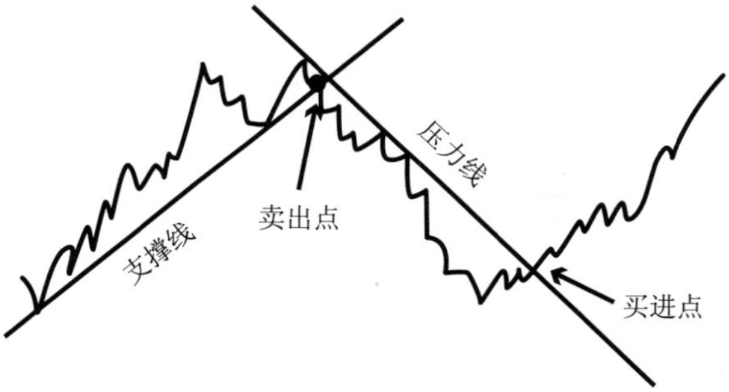

图 4-3　趋势线操作原则

上述交易原则，可以应用到其他图形上。图 4-4 显示了压力线与支撑线是一种水平的价位线，这个价位线也可称之为“关卡价”，它通常出现在整数价位上，如百元价位或千点大关。

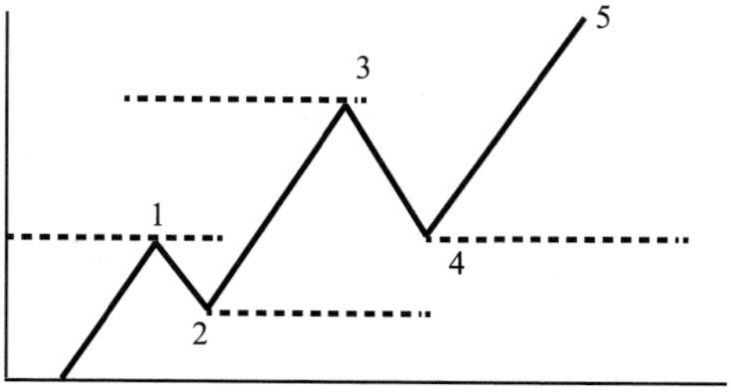

图 4-4　关卡价

通常情况下，这种关卡的阻力线被向上突破之后，即为买进时机，此时阻力线反成为支撑线，见图 4-5。当支撑线被跌破之后，即为卖出时机，此时支撑线反成为阻力线，见图 4-6。

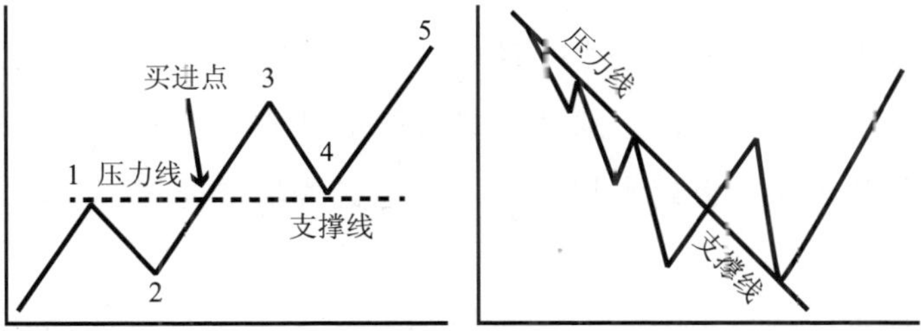

图 4-5　向上突破阻力线

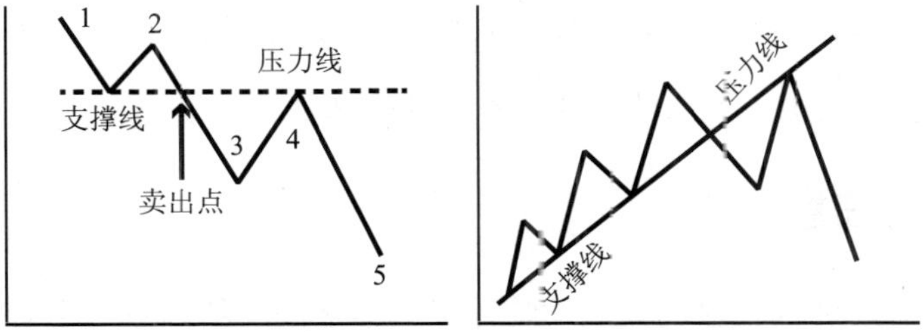

图 4-6　向下跌破支撑线

（三）分析意义

趋势线和趋势轨道表明，股价运动有其惯性：当股价向某固定方向移动时，它非常有可能沿着该方向继续移动。以下是关于趋势线（或轨道）的各种技术性含义：

1. 当上升趋势线（或轨道）被向下跌破时，为卖出信号；在没有跌破前，上升趋势线对每一次回落构成支撑。

2. 当下降趋势线（或轨道）被向上突破时，为买入信号；在没突破之前，下降趋势线给每一次回升带来阻力。

3. 一只股票沿着某条趋势线移动的时间越久，该趋势线就越可靠。因此，周线图和月线图中的趋势线较日线图中的更值得信赖。太短时间所形成的趋势线的分析意义不大。

4. 在形成上升趋势线的过程中，构成趋势线的短期底部的次数越多，这条线的技术性意义也就越大。例如，股价第三次回调到趋势线上，在那里获得支撑并形成第三个短期低点后又再次上升，其后又第四次在趋势线上获得支撑并上升，那么这趋势线的技术性意义就越来越大，以后所发信号的可靠性也越来越高。下降趋势线形成的过程、原理也同样如此。

5. 角度平缓的趋势线，技术性分析意义较大；太陡峭的趋势线由于不能持久，分析意义不大。

6. 当股价向上突破上升轨道的上限时，显示该股正进入消耗性上升阶段；反之，当股价向下跌破下降轨道的下限时，即是说该股已进入恐慌性下跌阶段。理论上，随后的走势都不可能持久。

（四）注意事项

1. 上升趋势线连接的是波动的低点，不是波动的高点；下降趋势线连接的是波动的高点，不是波动的低点。

2. 形成趋势轨道的一对线必须平行伸延出去。

3. 当股价突破趋势线时，突破的可信度可利用下列几点来判断：

（1）假如在日内突破了趋势线，但其收盘价又回到趋势线之内，这并不算是突破，可以忽略它，这条趋势线仍然有用。

（2）若收盘价突破了趋势线，突破幅度超过3%才可信赖。

（3）当股价向上突破下降趋势线时，需要有成交量的配合（成交量要放大）；但向下跌破上升趋势线时则不必如此（成交量可以不用放大）。

（4）当突破趋势线时出现缺口，这个突破是强而有力的。

4. 有经验的技术分析者，经常在图表上画出各种试验性趋势线。当证明其毫无意义时，就会将之擦掉，只保留具有分析意义的趋势线。此外，他们还会不断修正原来的趋势线，例如当股价跌破上升趋势线后又迅即回升到该趋势线上面，分析者就应该从第一个低点到最新形成的低点间重新画出一条趋势线，又或是从第二个低点到新低点修正出一条更有效的趋势线。

二、单日转势和两日转势

（一）形态特征

当一只股票持续上升一段时间后，在某个交易日中股价突然被急速拉高，但马上又遭受强大的抛压，不但把当日所有的升幅都完全抹去，而且可能还会多跌去一部分，并以全日最低价（或接近全日最低价）收盘。这种走势就叫“顶部单日转势”，见图 4-7（a）。

反过来说，假如一只股票持续下跌，一直跌到某交易日盘中突然掉头回升，并把当日的跌幅全部涨回来，这种走势就叫“底部单日转势”，见图 4-7（b）。

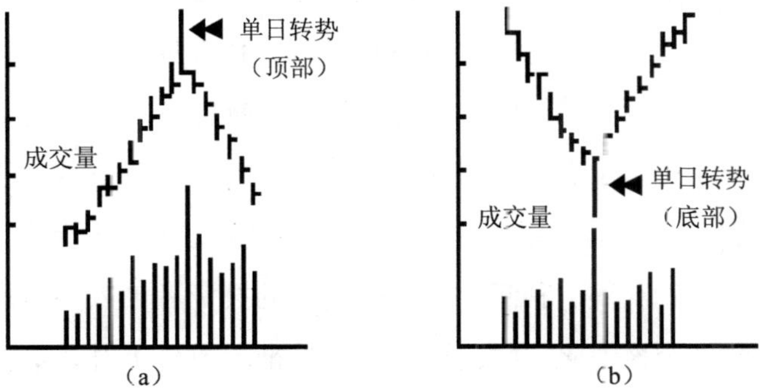

图 4-7 单日转势

两日转势就是上述形态的变形。

在上升过程中，某交易日该股股价大幅上升，并以最高价收盘。可是次日股价平开后，不但没有延续之前涨势，反而价格不断下跌，把昨日的升幅完全跌去，而且可能以昨日的最低价收盘。这种走势我们就称之为“顶部两日转势”，见图 4-8（a）。

同样地，在下跌过程中，某个交易日股价突然大幅滑落，但次日便完全收复失地，并以当日最高价收盘，这种走势就是“底部两日转势”，见图 4-8（b）。

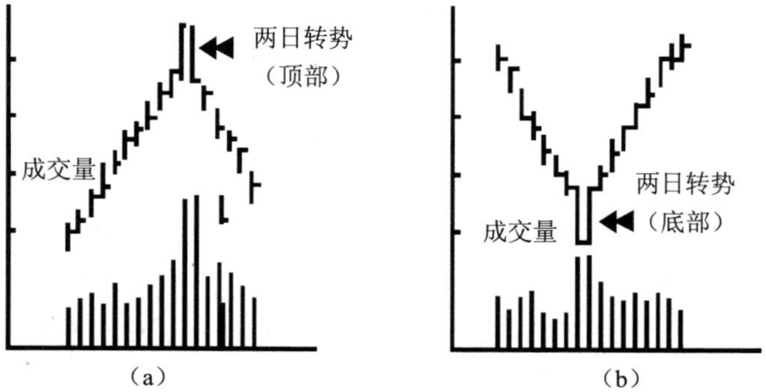

图 4-8　两日转势

（二）分析意义

下面以底部单日转势为例，来解释此现象出现的原因。

在下跌过程中，伴随着股价的不断滑落，越来越多的投资者无法承受损失，于是止损卖出。他们的卖出行为进一步推低了股价，更低的价格使得持仓的投资者更急于卖出，因此，导致某日股价急速下跌。当恐慌的投资者卖完之后，抛售压力突然消失，其他投资者受到新低价的引诱而尝试买入，并且马上就获得了利润，于是有更多的投资者加入买进的行列。由于较早时卖盘已全被消化，因此买盘很容易推动股价上升，甚至把当天的跌幅全部涨回。

单日转势现象告诉我们以下几点信息：

1. 当顶部单日转势出现时，大市暂时见顶；当底部单日转势出现时，大市暂时见底。

2. 顶部单日转势通常在消耗性上升的后期出现；底部单日转势则是在

恐慌性抛售的末段出现。

3. 顶部单日转势有时发生时间很短，比如距收盘 15 分钟时，交投突然大增，价格迅速朝反方向移动。

4. 两日转势的成交量和波幅同样巨大。在顶部两日转势中，第二个交易日会把前一交易日的升幅完全跌去；而底部两日转势则完全涨回前一交易日的跌幅。

5. 这并非是长期性趋势逆转的信号，通常在整理形态的顶（底）部出现；但也可能在长期性趋势的顶（底）点出现。

6. 可能会出现消耗性缺口。

（三）注意事项

1. 单日转势的典型特点是：成交量突然大增，价格的波动幅度很大，两者比平时都明显增大。如果成交量不高或当日价格波幅不大，单日转势形态就不能确认。

2. 当日股价在一两个小时内的波幅，可能比平时三四个交易日的更大。出现顶部单日转势时，股价开盘较上个交易日能高出许多；但很快形势便逆转过来，价格迅速朝反方向移动，当天的收盘价和上个交易日的相比几乎没有变化。而底部单日转势的情形则完全相反。

三、恐慌性抛售

（一）形态特征

恐慌性抛售是指股价在下跌的过程中，跌势越来越急，价格几乎以垂直的姿态下跌，在图表上形成十分陡峭的下降趋势线。一般来说，在下跌初期，股价跌势稳定而缓慢；然后，才达到恐慌的阶段，当出现歇斯底里的抛售时，跌势便告一段落。通常，恐慌性抛售结束后，随之而来的是一次急速的技术性反弹。

（二）分析意义

恐慌性抛售又称为“摆脱性抛售”，通常发生在熊市中。由于市场累积了太多持多仓的杠杆交易者，一段时间的下跌使得他们要补交更多的保证金，当部分人没能力缴付时，证券公司只能强制平仓。该做法使得价格进一步下跌，可能需要某些人再次缴付新的保证金，并且连累更多杠杆交易者斩仓。因此，股价便越跌越低，越跌越急。

当然，股价不断下跌之势，也有可能会促使非杠杆交易者失去信心而加入抛售行列，这会进一步加速之前的跌势。当斩仓盘抛售完毕时，股价也就开始回升。

1. 一般来说，恐慌性抛售会在跌市持续一段时期后才出现。一旦出现，就预示跌市将暂告一段落。

2. 一般来说，紧接着恐慌性抛售而出现的技术性反弹，将强而有力，幅度会在10%以上。

3. 恐慌性抛售的末期，可能出现许多缺口，该行为大多以单日转势或V形走势结束。

（三）注意事项

1. 股价越跌成交量越大，恐慌日的特征是波动激烈，而且有不寻常的成交量出现。若成交量不大，该形态也值得重视。

2. 恐慌性抛售的最低点不一定是该次跌市的底部，在反弹结束后，股价可能仍然会再次下跌。

四、消耗性上升

（一）形态特征

消耗性上升与恐慌性抛售的情形恰好相反，股价在上升时越升越急，最后几乎是以直线形式上升，形成极陡峭的上升趋势线，随后出现的是一次急速的技术性回落走势。例如，近些年的次新股炒作行情，股价在上涨一段时间后，一旦出现急速拉升走势，最终都出现了急速的技术性回落走势。

（二）分析意义

消耗性上升通常发生在牛市里，股价受到某些有利因素的刺激而上涨，吸引越来越多的人加入买进的行列。看着股价持续不断上升，准备买入的人会更加急不可待和不计成本的追入，使得价格升势越来越迅猛。

升势越猛便会吸引越多的跟风者追入，股价便如箭脱弦般飙升。而当这股购买力完全消耗殆尽时，股价便从高峰掉下来。

总而言之，其意义有如下内容：

1. 在股价持续上升一段相当长的时间后，消耗性上升才会出现。一旦出现，即表示升势快要结束。

2. 此现象表示市场已进入不理智状态，通常上升会维持一段较短的时间。

3. 会出现一次急速的技术性回落走势。

4. 上升的末期可能会出现许多缺口，而且多以单日转势或倒转 V 形结束。

（三）注意事项

1. 消耗性上升通常是整个上升市道的顶点，至少也是暂时性顶点位置所在。

2. 股价在消耗性上升时，每天高低点之间的波幅很大，市场情绪显得激动和不理智。

五、V 形走势和伸延 V 形走势

（一）形态特征

一个完美的 V 形走势，可分为以下 3 个部分：

1. 下跌阶段：通常 V 形的左边跌势十分迅猛，但持续的时间较短。

2. 转势点：V 形的底部十分尖锐，一般来说，其形成时间不长，仅两三个交易日；在最低点，成交明显增多；有时候转势点就在恐慌交易日中出现。

3. 回升阶段：接着股价从低点回升，成交量也随之增加。

令人称奇的是，一个完美的 V 形走势的上升阶段和下跌阶段非常对称，见图 4-9（a）。

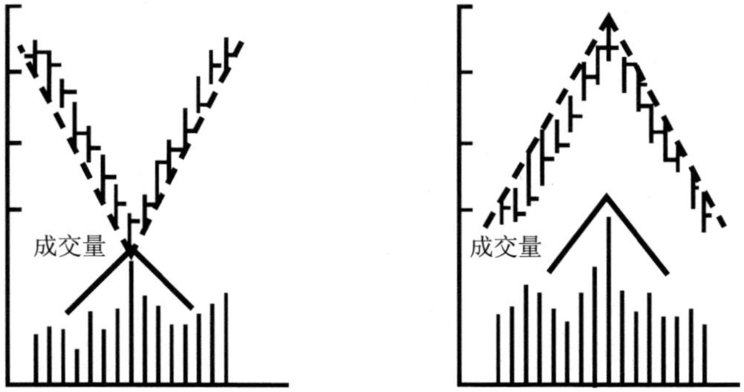

（a）理想的V形走势　　（b）倒转V形走势

图 4-9

伸延 V 形走势是 V 形走势的变形。

在 V 形走势形成期间，其上升（或下跌）阶段出现变异，出现一段横向发展的走势，之后该平台区域被突破，直至完成整个形态，见图 4-10（a）。

倒转 V 形（或称为“V 形顶”）和倒转伸延 V 形（或称为“伸延 V 形顶”）的形态特征，与上述情况刚好相反，见图 4-9（b）和图 4-10（b）。

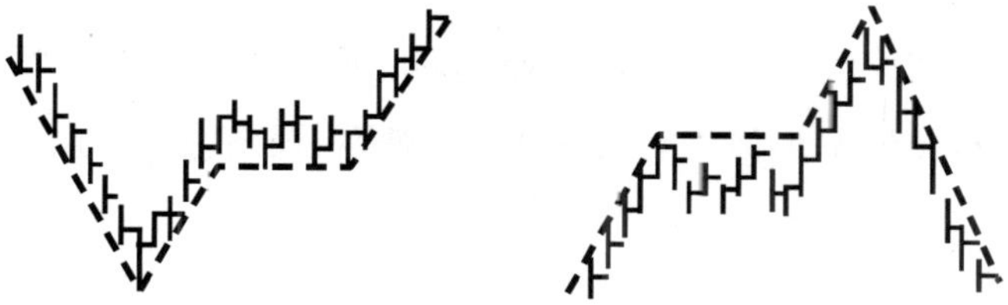

（a）伸延V形底走势　　（b）伸延V形顶走势

图 4-10

（二）分析意义

由于市场中卖方的力量很大（但卖出行为却很有秩序），使得股价稳定而持续的下跌。不过当这股卖出力量消失之后，买方的力量完全控制了整个市场，使得股价出现戏剧性的回升，几乎以下跌时同样的速度收复所有失地。因此，在图表上股价的走势，形成一个像 V 字形一样的移动轨迹。

倒转 V 形情形则刚刚相反，市场看好的情绪使得股价节节攀升，可是突如其来的某个因素扭转了整个趋势，股价以上升时同样的速度下跌。通常，此形态是由一些消息灵通的投资者所不能预见的因素造成的。

V 形走势是最难分析和预测的形态，只有当它出现后，我们才明白这是个转向形态，显示过去的趋势已被逆转。

伸延 V 形走势在上升（或下跌）阶段，其中某部分出现横盘区域。这是因为在形成该平台走势期间，部分人士对延续之前的走势没有信心，而当这股力量被消化后，股价才继续完成整个形态。

在伸延 V 形走势的横盘区，我们可以在其低点买进，耐心等待整个形态的完成。伸延 V 形与 V 形走势具有同样的预测后市能力。

（三）注意事项

无论是倒转 V 形，抑或是 V 形走势，成交量在转势点明显增加，使得整个形态的成交量，也像是一个倒转的 V 字形状。

股价在突破伸延 V 形横盘区的顶部时，必须要有成交量增加的配合；但在跌破倒转伸延 V 形横盘区的底部时，则不需要成交量的增加。

六、双重顶和双重底

（一）形态特征

当某只股票的价格上升到某个水平（成交量也随之放大）后开始回落，成交量减少。接着股价再次上升，成交量再随之增加，但无法创下新的成交记录，而股价上升到上次的顶点时再一次受阻而回落，股价的移动轨迹就像英文字母的 M。因此，上述走势被称为“M 形走势”或“双头形走势”，见图 4-11。

当某只股票持续下跌到某一水平后，出现技术性反弹，但回升的幅度不大，时间也不长；股价又再下跌，当跌至上次低点时却获得了支持，股价再一次回升。股价移动的轨迹就像英文字母的 W。在成交量方面，通常第二个底部的市场氛围十分沉闷，成交量少，该时间段内每个交易日的成交量都差不多。上述走势被称为“W 底走势”或“双重底”，见图 4-12。

无论是双头抑或是双底，都要求必须突破颈线（双头之颈线就是第一次高峰回落的最低水平；而双底之颈线就是第一次从低点反弹之最高水平），之后才能宣告形态正式完成。

（二）分析意义

股价的持续上升为中长期投资者带来了令其满意的利润，于是部分人会在市场上卖出，这股卖出力量令上升的行情转为下跌。当股价回落到某一水平时，激发了短期投资者的兴趣；另外，较早前卖出获利的投资者也可能会在此价位再次买入，于是行情开始恢复上升。

但与此同时，对该股信心不足而上次又未及时卖出的投资者，会因上次的下跌而觉得错过了一次在高价卖出的好机会。所以，当股价回升到上次的高点时，这些觉得错失了上次卖出机会的人，就马上在市场中抛出；再加上在低位获利回补的投资者也在此时卖出，强大的抛售压力使得股价再次下跌。

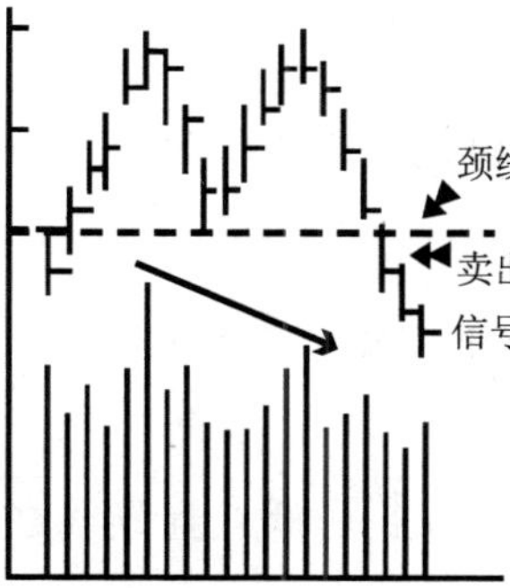

图 4-11　双头走势

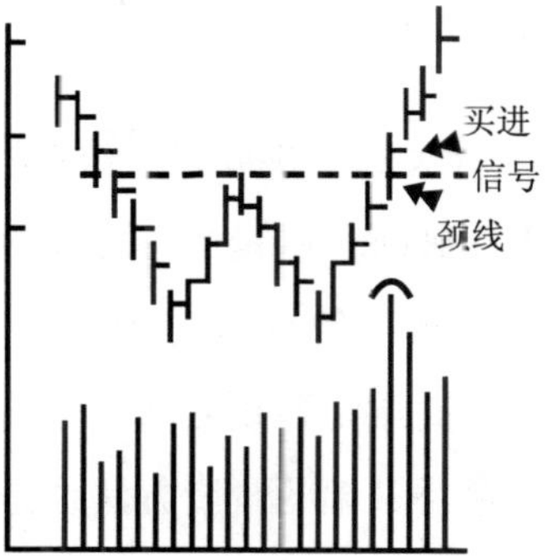

图 4-12　双底走势

由于在两次高点都受阻回落，投资者会认为该股已经无力再继续上升（至少短期内如此）。一旦市场达成共识，会有越来越多的投资者卖出，使得股价跌破上次回落的低点（即颈线），于是整个双头形态便告形成。

双底走势的情形则恰恰相反。股价的持续下跌令持股的投资者觉得现价太低而惜售；而另一些投资者则受到新低价的吸引尝试买入，于是股价呈现回升态势。当股价上升至某一水平时，新进场的短线投机买入者选择获利清仓，而之前惜售的投资者也趁回升时卖出。因此，股价又再一次下挫。

此时，对后市充满信心的投资者觉得他们错过了上次低点买入的良机，所以趁股价回落到上次低点时便立即跟进。当越来越多的投资者买入时，供不应求的力量便推动股价上升，并且还突破上次反弹的高点（即颈线），扭转了之前的下跌趋势。

双头或双底形态，告诉我们以下几点市场信息：

1. 这是一个转向形态。当出现双头形态时，即表示股价的升势已经终结，在可见的一段时间里股价转为下跌；当出现双底形态时，即表示跌势告一段落，在未来的一段时间里股价转为上升。

2. 通常这些形态出现在长期性趋势的顶部或底部（国内股市也经常在中期性趋势的顶部或底部出现）。因此，当双头形态形成时，我们可以肯定双头的最高点就是该股的顶点；而双底的最低点就是该股的底部了。

3. 当双头的颈线被向下跌破时，是一个可靠的卖出信号；当双底的颈线被向上突破时，则是一个可靠的买入信号。

4. 双头形态的最小跌幅的量度方法，是由颈线开始计起，至少会再下跌从双头最高点至颈线之间的距离。

双底最小升幅的量度方法也是一样，是从双底最低点到颈线之间的距离。股价在突破颈线后至少会上升这个距离。

（三）注意事项

1. 双头的两个高点并不一定在同一水平线上，二者差距在3%之内是可接受的。通常来说，第二个头可能较第一个头高出一些，原因是看好后市的一方，仍企图推动股价继续上升，可是却无力让股价比上次高点再多涨3%。

2. 一般来说，双底的第二低点都较第一个低点稍高，原因是有远见的投资者在股价第二次回落时已开始买入，令股价没法再次跌到上次的低点位置。

3、第一个头部形成后的回落低点，是最高点的10%～20%；第一个底部形成后的回升幅度，类似计算。

4. 两个高点（或低点）形成的时间超过一个月。

5. 双头的两个高峰都有明显的高成交量，这两个高峰的成交量同样尖锐和突出；但第二个头部的成交量较第一个头部显著减少，反映出市场的购买力已在转弱。

双底的第二个底部成交量可能较小；但在突破颈线时，必须出现成交量激增的现象，方可确认。

当双头形态被向下跌破颈线时，不需要成交量的增大来确认。

6. 通常在突破颈线后，股价会出现短暂的反方向移动，通常我们称之为“反抽”。对双底而言，只要反抽股价不破颈线（双头则股价不能高于颈线），则形态依然有效。

7. 一般来说，双头或双底的涨跌幅，都较事先量度出来的最小升/跌幅大。

七、三重顶和三重底

（一）形态特征

真正的三重顶形态和双重顶十分类似，或可说是双重顶的变形。三重顶各顶部相隔较远。在成交量方面，第二次上升的成交量较第一次为少，第三次的成交量较前两次更少。

三重底其实就是倒转的三重顶，其特性和双重底一样，见图4-13。

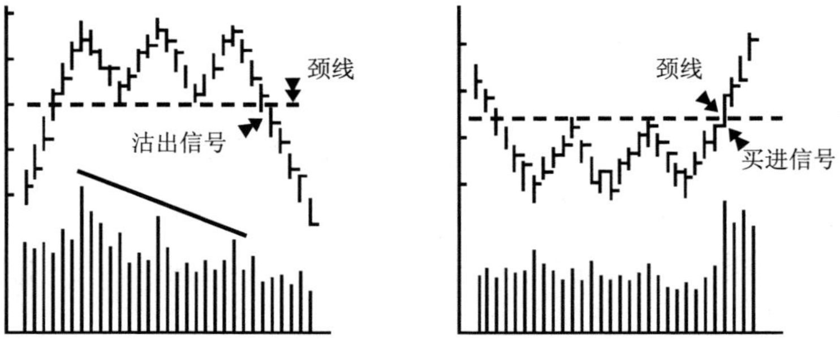

图 4-13　三重顶与三重底

（二）分析意义

当股价第二次从高峰回落，在跌到上次回落的低点时，由于多方的力量还没消耗完，市场中部分仍看好后市的投资者继续在此价位跟进，于是推动股价第三次回升，形成了三重顶。至于三重底的成因也是一样，看空的力量压制股价，令其再次回落到上次的底点，形成 3 个底部。

三重顶和三重底的分析意义，与双重顶和双重底的意义一样，读者可参考上节所述。

（三）注意事项

三重顶和三重底的走势很容易与长方形形态混淆起来，有时将其归为长方形形态可能更加恰当。因此，我们把那些头部不明显的、较平缓的头肩式形态，称为“三重顶（底）”。

当三重底颈线被向上突破时，成交必须大量增加；但三重顶向下跌破颈线时，则不需成交增加的配合。

三重顶和三重底必须突破颈线，形态才可以确认成立。

八、潜伏底

（一）形态特征

潜伏底指某只股票的价格在一个极狭窄的范围内移动，每日股价的波幅极小，而成交量也十分稀疏，在图表上的走势形态像横线一样。因此，该形态又被称为“线形底”。

经过一段时间的潜伏后，价格和成交量同时摆脱了先前的沉闷局面，股价大幅向上攀升，成交转趋旺盛，见图 4-14。

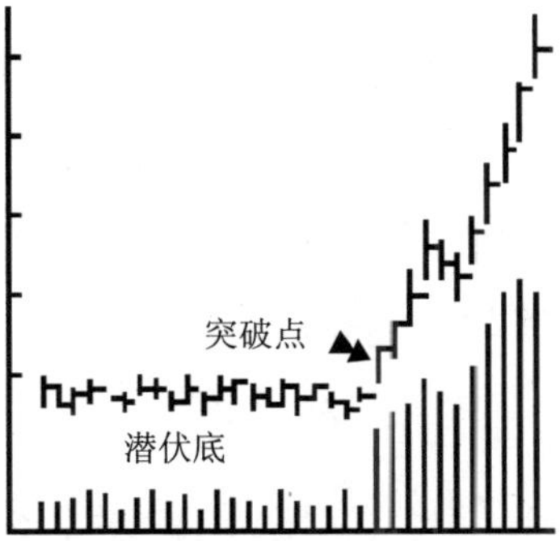

图 4-14　潜伏底走势

（二）分析意义

通常来说，潜伏底大多出现在一些平时交投不活跃的个股中。由于这些股票流通量小，公司发展前景缺乏想象力；又或是一向受到投资者们的忽视，从而买卖稀少，使得股票的供求处于平衡状态。

持有股票的人找不到急于卖出的理由，有意买进的也找不到急于追入的原因。于是，股价就在一个狭窄的区域里横向波动，既没有上升的趋势，也没有下跌的迹象，其表现令人感到很沉闷，就像是处于冬眠中的蛇一样，潜伏不动。

直到某一天，该股突然出现不寻常的大量成交。原因可能是受到某些突如其来的消息，例如收购、合并、公司盈利大增等的刺激，股价开始脱离潜伏底，大幅向上扬升。

在潜伏底中，有远见的投资者会在其形成期间不断做收集性买入。当形态被向上突破后，股价未来的上升之势将会强而有力，而且升幅很大。所以，当潜伏底被向上突破时，值得投资者马上跟进，不但将来的利润十分可观，而且风险很低。

（三）注意事项

1. 通常潜伏底在成交量小的冷门股中出现。
2. 投资者必须在长期性底部被明显向上突破时方可跟进。
3. 突破时的特征是成交量激增，股价每日的波幅增大。
4. 在突破后的上升途中，必须继续维持高成交量。
5. 在周线图和月线图中，该形态依然适用，而且和日线图具有同样的分析意义，不过成交量的变化则较难辨别出来。

九、碟形顶或圆形顶

（一）形态特征

股价经过一段时间的上涨后，升势虽然仍在持续，但速度已放缓，上升轨迹出现了改变。股价虽然不断创下新高，但较前一高点高不了多少便立即回落；可是稍做回落后却又迅速弹升。刚开始时，股价每一个新高点都较前一个为高；到了后来，每一个高点都略低于上一个。如果把该区域中的每一个短期高点连接起来，便可画出一个倒放的碟形，这就是碟形顶。有时候我们也称这些形态为“圆形顶”或“碗形顶”。

在成交量方面，该形态没有较明显的特征，有时在顶点的成交量会逐渐减少，也会构成一个碟形顶形态，见图 4-15。

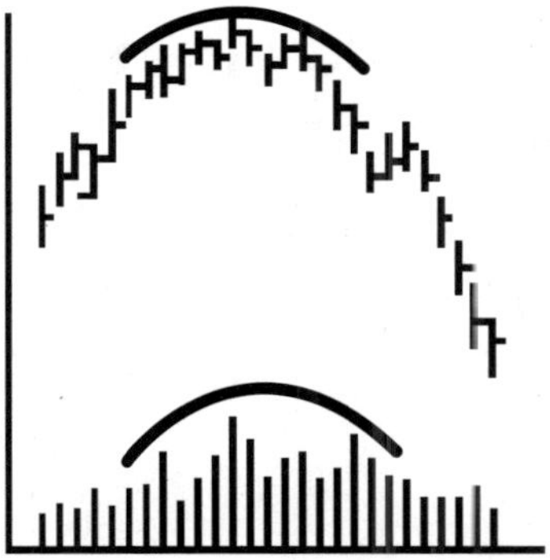

图 4-15 碟形顶形态

（二）分析意义

经过了一段时期的上涨后，买方只能继续维持原来的购买力，甚至开始趋弱。此时卖方力量逐渐增强，虽然不能立即把整个形势扭转过来（指转升为跌），但已把先前的涨势缓和下来。

随着卖方力量继续增加，一旦买卖双方的力量达到均衡。此时，股价会保持近乎不涨不跌的静止状态。

之后，卖方力量不断增强，当其开始压过买方时，股价就会回落。开始时，双方力量的此消彼长很稳定，股价仅慢慢下跌，跌势并不明显。但到后期，买卖双方的力量悬殊越来越大，到了卖方已完全控制市场时，跌势开始转急。

该形态告诉我们以下几点信息：

1. 这是一个转向形态，暗示一次大跌即将来临，未来的下跌之势将转急，幅度将转大。

2. 有远见或知内情的投资者，会在圆形顶尚未形成时逃顶离市；等圆形顶完全形成后，那些尚未来得及撤离的投资者也该马上卖出。

（三）注意事项

有时，当碟形头部形成后，股价并不会马上下跌，仍会横向发展形成徘徊区域，该徘徊区称作“碟柄”。一般来说，该碟柄很快便会被向下突破，股价继续朝着预期中的下跌趋势发展。

该形态大多出现在业绩稳定的优质股中，在投机性高的个股中很少出现。原因是这些优质股的主要投资者是基金和大户，他们希望获得稳定的投资收益，几乎没有投机心理。因而，股价不会有太大的波动。

十、碟形底或圆形底

（一）形态特征

碟（圆）形底和碟（圆）形顶走势刚好相反。股价在回落到低位时渐渐稳定下来，此时股票的成交量很少，只有那些看好股票前景或知内情的人才敢买入，但他们不会不计成本的抢筹，只会耐心地限价收集，于是股价就会形成一个圆形的底部。

在成交量方面：初时成交量会缓慢地减少到一个水平；然后才又逐渐增加；最后，成交量也像一个碟状。见图 4-16。

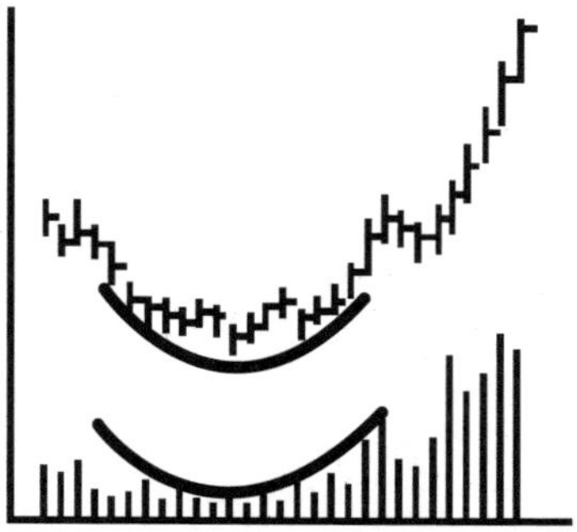

图 4-16　碟形底或圆形底走势

（二）分析意义

碟（圆）形底的分析意义大致和潜伏底相同，整个碟（圆）形底显示的是供求力量从供过于求逐渐转为供不应求。开始时卖方的力量不断减弱，于是成交量持续下降；但是，此时买方的力量仍畏缩不前。这时股价虽仍在下跌，但速度缓慢且幅度很小，其走势线渐渐接近水平。在底部时，买卖双方的力量达到均衡状态，因此，成交量非常小。此后，需求开始增加，价格随即上升，最后买方完全控制市场，价格大幅上扬，出现明显的突破性上升局面。

该形态告诉我们以下几点信息：

1. 这是一个转向形态，显示一次巨大的升市即将来临。

2. 投资者可以在升势转急之初追入。

（三）注意事项

1. 碟（圆）形底通常以一个长的、平底的形态出现在股价的低位，一般来说，该形态需要几个月时间才能完成。

2. 碟（圆）形底形成后，股价可能会反复徘徊，最终形成一个平台（碟柄），这时成交量已逐渐增大。在股价向上突破平台时，成交量必须显著增大。

3. 当碟（圆）形底出现时，如果成交量并不随股价上涨做弧形增加，则该形态不值得信赖，应该等待股价进一步变化后再做决定。

十一、头肩顶

（一）形态特征

头肩式走势是形态分析中最重要的一种分析形态。一个完美的头肩顶走势，可以划分为以下几个部分：

1. 左肩部分：当股价持续上升一段时间后，之前买进的投资者都有利可图。于是，有些投资者开始获利卖出，使得股价出现短期性的回落。在此期间，成交量很大，不过当股价回落时，成交量比之前上升到顶点时显著减少。

2. 头部：股价经过短暂的回落后，那些错过上次升势的投资者会在这次的调整期买进，从而推动股价回升，成交量也随即增加。不过，成交量的最高点较左肩部分明显降低。

当股价升破上次的高点时，那些对股票的发展前景没有信心和错过了上次高点获利平仓的人，又或是在回落低点买进做短线投机的人纷纷卖出。于是，他们又迫使股价再一次回落，成交量在这次回落期间也同样减少。

3. 右肩部分：恰好，股价下跌到上次的回落低点附近时，再获得支持而回升。那些错过了前两次上升机会的投资者在本次回升中开始跟进。可是，市场看多的情绪明显减弱，成交量较左肩和头部也大大减少，股价甚至未到头部高点便告回落，于是形成右肩部分。

如果把两次短期回落的低点用直线连接起来，便可以画出该形态的颈线，只要颈线被向下有效跌破，形态就正式形成，见图 4-17。

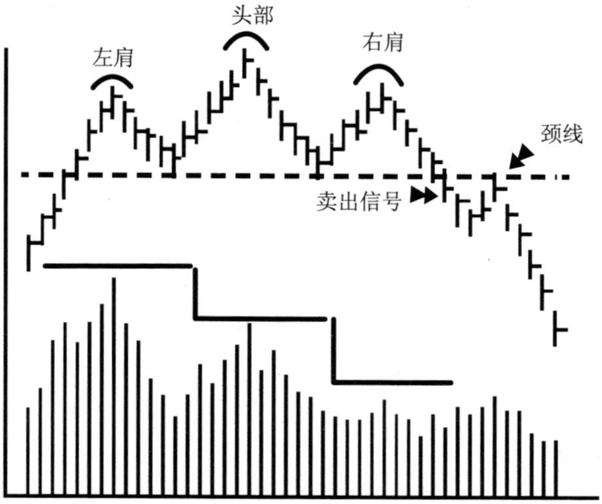

图 4-17　头肩顶形态

简单来说，头肩顶的形状呈现3个明显的高峰，其中位于中间的一个较其他两个的高点略高。至于成交量方面，则出现阶梯形的下降形态。

（二）分析意义

头肩顶是一个不容易忽视的走势。从该形态可以观察到多空双方的激烈竞争情况。股价先升后跌，再升再跌，买方最后完全放弃抵抗，卖方完全控制市场。

具体来看：初时，看多的力量不断推动股价上升，市场投资情绪高涨，成交量放大。

经过一次短期的回落调整后，股价继续上升，而且越过上次的高点。表面看来，市场依然健康和乐观，但成交量已大不如以前，反映出买方的力量在逐渐减弱中。

第三次的上升，股价已无力越过上次的高点，而成交量则进一步下降，此时差不多可以断定过去的乐观情绪已完全消散。未来的市场将疲弱无力，一次大幅下跌走势即将来临。

该形态告诉我们：

1. 这是一个长期性趋势的转向形态，通常会在牛市的末端出现。

2. 当最近一个高点的成交量较前一个小时，就暗示了头肩顶出现的可能性。当第三次回升股价没法升抵上次的高点，且成交继续下降时，有经验的投资者就会把握机会卖出。

3. 当头肩顶的颈线被向下跌破时，就是一个真正的卖出信号。虽然和最高点相比，此时的股价已回落了相当大的幅度，但跌势也只是刚刚开始，未卖出的投资者应该继续卖出。

4. 当颈线被向下跌破后，可根据该形态的最小跌幅量度方法，来预测股价会跌至哪一水平。该量度方法是：从头部的最高点画一条垂直线到颈线；然后，由右肩跌破颈线的这点开始，向下量出同样的长度，此时的价位就是该股将会跌到的位置。

（三）注意事项

1. 一般来说，左肩和右肩的高点大致相等，部分头肩顶的右肩较左肩为低。但如果右肩的高点较头部还要高，该形态便不能成立。

2. 如果其颈线向下倾斜，则显示市场非常疲乏无力。

3. 在成交量方面，左肩最大，头部次之，而右肩最少。然而，根据有关统计，大约有 1/3 的头肩顶的左肩的成交量较头部为多，有 1/3 两者的成交量大致相等，其余的 1/3 是头部的成交量大于左肩的。

4. 当颈线被跌破时，成交量不增加也值得信赖；如果成交量激增，显示市场的抛售力量十分强大，股价会在成交量增加的情况下加速下跌。

5. 在跌破颈线后，股价可能会出现暂时性的回升——反抽，此情形通常会在股价以低成交量跌破颈线时出现。不过，暂时回升不应该超越颈线水平。

6. 头肩顶是一个杀伤力十分强大的形态。通常，其跌幅大于量度出来的最小跌幅。

7. 如果股价在颈线水平回升时高于头部；又或是股价在跌破颈线后，回升时越过颈线，这可能是一个失败的头肩顶，不值得信赖。

十二、头肩底

（一）形态特征

与头肩顶的形状类似，头肩底只是将整个形态倒转过来而已。不过在成交量方面，两者则有不同。

在形成左肩部分时，股价在下跌的过程中，成交量显著增加，在左肩最低点回升时，则有减少倾向。接着股价再度下跌，并且跌破上次的最低点，成交量再次随着下跌而增加，较左肩反弹阶段时的交投为多。从头部最低点回升时，成交量也有可能增加。总之，对整个头部的成交量来说，会较左肩为多。

当股价回升到上次反弹的高点时，出现第三次回落。这时的成交量会明显小于左肩和头部，当股价跌至左肩的水平时，跌势便稳定下来。

最后，股价正式发动一次升势，且伴随着出现成交量大增现象。当其颈线被向上冲破时，成交量更是显著上升，此时整个形态便告成立，见图4-18。该形态又称作“倒转头肩顶”走势。

（二）分析意义

头肩底的分析意义和头肩顶一样，它告诉我们过去的长期性跌势已终结。股价连续下跌，虽然第二次的低点（头部）较先前的一个为低，但很快就掉头回升。接下来的一次下跌，股价未跌破上次的低点并再次获得支撑而回升，反映出看多的力量正逐步扭转市场之前的颓势。当两次反弹的高点（颈线）被向上突破后，显示看多的一方已完全把对方击败，买方代替卖方完全控制了整个市场。

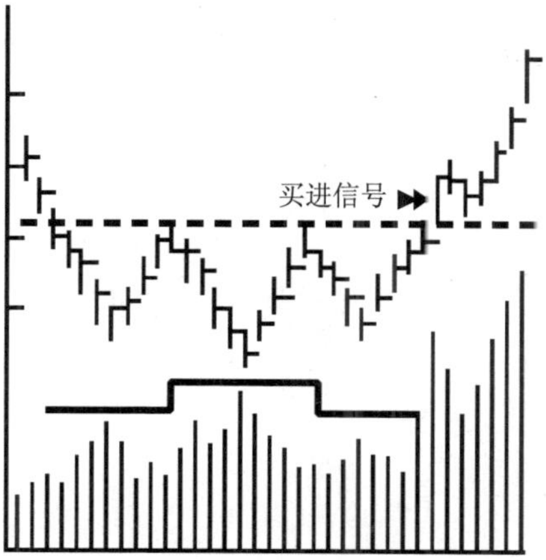

图 4-18 头肩底形态

以下是头肩底所发信号的含义：

1. 这是一个转向形态，通常在熊市的底部出现。

2. 当头肩底的颈线被向上突破时，就是一个真正的买入信号。虽然此时的股价和最低点比较，已上升了一定幅度，但升势只是刚刚开始，尚未买入的投资者应该继续追入。

3. 其最小涨幅量度方法是：从头部的最低点画一条垂直线相交于颈线；然后，在右肩突破颈线的这点开始，向上量度出同样的高度，此时价格就是该股将会涨到的位置。

（三）注意事项

1. 头肩底和头肩顶的形状差不多，主要的区别在于成交量方面。

2. 当股价向上突破颈线阻力时，必须有成交量激增来配合；否则，这可能是一个假突破①。不过，如果在突破后成交量逐渐增加，形态也可确认。

3. 一般来说，头肩底形较平坦，故需较长的时间来完成。

4. 在突破颈线后，股价可能会出现暂时性的回跌，但回跌不应跌破颈线；如果跌破颈线，又或是股价在颈线水平直接回落，并没能突破颈线，而且随后的下跌还跌破头部，这可能是一个失败的头肩底形态。

5. 头肩底是极具预测威力的形态之一。一旦获得确认，升幅大多会多于其最小升幅。

十三、复合头肩形态

（一）形态特征

复合头肩形态是头肩式（头肩顶和头肩底）的变形，其走势形状和头肩式十分相似，只是肩部、头部，或两者同时出现的次数，均多于一次。

---

① 假突破的意思是股价在突破后，出现和理论预期完全相反的变动。例如，往上突破后不升反跌，往下突破后不跌反升。这也是通常所说的“走势陷阱”。

任何类型的复合头肩组合都有可能在头肩顶或头肩底中出现，大致来说可划分为以下几大类：

1. 一头双右肩式形态：在形成第一个右肩时，股价并不马上跌破颈线，反而掉头回升。不过，回升却止于右肩高点之下，最后股价继续沿着原来的趋势向下，见图 4-19（a）。

2. 一头多肩式形态：一般的头肩式都有对称的倾向，故当两个左肩形成后，很有可能也会形成两个右肩。除了成交量外，图形左半部和右半部几乎完全相等，见图 4-19（b）。

3. 两头两肩式形态：在形成头部期间，股价一再回升；而且，回升至上次同样的高点水平才向下回落，形成明显的两个头部。我们可称之为"两头两肩式"走势。有一点必须留意：第二个头的成交量往往会较第一个小，见图 4-19（c）。

4. 多重头肩式形态：在一个巨大的头肩式走势中，其头部是以另一个小头肩式形态组成，整个形态一共包含两个大小不同的头肩形状。这种混合形态在走势图中极少出现，见图 4-19（d）。

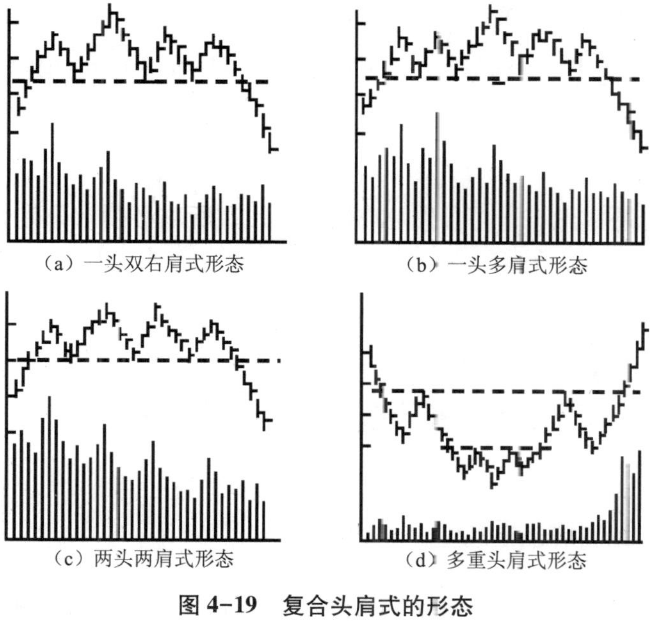

（a）一头双右肩式形态　（b）一头多肩式形态

（c）两头两肩式形态　（d）多重头肩式形态

图 4-19　复合头肩式的形态

（二）分析意义

复合头肩形态的分析意义和普通的头肩式形态一样。当在底部出现时，即表示一次较长期的升市即将来临；假如在顶部出现，显示市场将转趋下跌。

许多人都高估复合头肩形态的预期上升（或下跌）威力。其实，复合头肩形态的力量往往较普通的头肩形态为弱。在中期性趋势中出现时：复合头肩形态完成其最小升幅（或跌幅）后便不再继续下去；而普通头肩形态的上升（或下跌），往往比其量度出来的最小幅度为大。

不过，在长期性趋势（牛市或熊市）的尽头出现时，复合头肩形态具有和普通形态相同的威力。

（三）注意事项

1. 复合头肩形态的最小升幅/跌幅量度方法和普通的头肩形态的量度方法一样。

2. 复合头肩形态的颈线很难划出来。因为每一个肩和头的回落部分（复合头肩底则是回升部分），并不会全都落在同一条线上。因此，应该以最明显的两个短期低点（复合头肩底则是短期反弹高点）的连线，作为颈线。另外，又或是以回落（或反弹）到某价位次数最多的低（高）点的连线作为颈线。

3. 复合头肩形态有时会失败或出现变形，所以必须十分谨慎，切忌在未完全形成右肩时冒险“抢跑”。

十四、扩散三角形或喇叭形

（一）形态特征

股价总是处于不断上升和下跌的状态，其波动有时很有规律和秩序；

但是，有时却显得冲动和不理智。扩散三角形就很好地描述了市场的不理智和投资者情绪激动的现象。

当股价经过一段时间的上升和下跌后，再次上升和下跌，并且上升的高点较上次为高，下跌的低点也较上次的低点为低。整个形态以窄幅波动开始，逐渐向上下两方向扩大，如果把这期间的高点和低点分别连接起来，就可以画出一个头左尾右的三角形，这便是“扩散三角形”。扩散三角形的形状也像一个喇叭，因此，也称为“喇叭形”，见图 4-20（a）。扩散三角形在整个形态形成的过程中，成交量都保持着不规则的高成交状态。

扩散三角形又可细分为以下 3 种不同的形态：

1. 扩散的对称三角形，即喇叭形走势，见图 4-20（a）。
2. 扩散的上升三角形，形态的顶部成一水平线，见图 4-20（b）。
3. 扩散的下降三角形，形态的底部成一水平线，见图 4-20（c）。

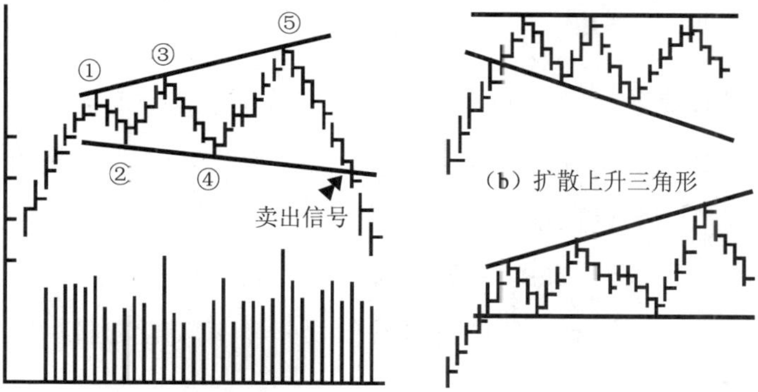

（a）扩散三角形或喇叭形　　（c）扩散下降三角形

图 4-20　扩散三角形形态

（二）分析意义

扩散三角形的形成，主要受投资者的情绪影响。通常，它在长期性上升趋势的最后阶段出现。这是一个缺乏理性和失去控制的市场，投资者受到市场炽烈的投机气氛或谣言所影响，当股价上升时便疯狂追涨；但是，他们对市场的前景（或公司前景）却一无所知，又或是没有信心，当股价下跌时又盲目地加入抛售者的行列。

他们冲动和杂乱无章的行为，导致股价不正常地大起大落。出现上升时，高点较上次为高，而低点则较上次为低。至于不规则出现且巨大的成交量，正反映出投资者激动的买卖情绪。

该形态告诉我们：

1. 这是大跌市来临前的先兆。该形态大多在大跌市来临前出现。因此，喇叭形可说是一个下跌形态，暗示升市将到尽头。但是形态却没有明确指出跌市出现的时间。

2. 当扩散三角形的下限被跌破时，形态便可确定，未离市的投资者就该马上撤离。

3. 扩散的上升三角形和下降三角形的形态，所含的分析意义也是一样，暗示未来市场将会下跌。

（三）注意事项

1. 一个理想的扩散三角形应该有 3 个高点，2 个低点。这 3 个高点一个比一个高，中间的 2 个低点则一个较一个低。当股价从第三个高点回跌，其回落的低点比前一个低点为低时，就可以假设该形态成立了，见图 4-20（a）。和头肩式一样，扩散三角形也属于“五点转向”形态。因此，一个平缓的扩散三角形也可看作是一个有较高右肩和下倾颈线的头肩式走势。

2. 该形态并没有最小跌幅的量度公式来估计未来跌幅的大小；但一般来说，跌幅都很大。

3. 该形态也有可能会向上突破顶部的阻力。尤其是扩散的上升三角形，其顶部是由两个处同一水平的高点连成，表示投资者在此水平因看淡后市而卖出。但如果股价以高成交量向上突破（收盘价超越阻力水平 3%），那么该形态最初的分析结论就要修正，它显示之前的上升趋势仍会持续，未来的升幅将十分可观。

此情形的出现并非是无迹可寻。当股价在形态内第三次下跌时，成交量渐渐减少，而不像过往出现不规则的高成交状态；又或是股价在第四次下跌时，在上次低点之上已获得支撑而回升，那么形态就有向上突破的可能，因为整个形态已从扩散三角形变为整理的头肩底形态。

4. 当喇叭形上限被向上突破时，理论上是一次消耗性上升的开始，显示市场的投资情绪进一步被激发。投资者已完全失去理性，疯狂且不计成本的追入。当购买力消耗完毕后，股价便会大幅下跌。

5. 扩散三角形极少在下跌市的底部出现。原因是股价经过一段时间下跌之后，投资者的购买意愿不强烈。扩散三角形由投资者的盲目行动和不理性情绪造成，在低迷的市场气氛中，难以形成该形态。

十五、菱形或钻石形态

（一）形态特征

菱形走势一般又称为“钻石形”走势，可以说是扩散三角形的变形或是伸延走势。

菱形走势的左半部发展和扩散三角形一样，第二个上升高点较前一个为高，回落的低点也较前一个为低；但是，当第三次回升时，高点却不能超越第二个高点，随后的回落低点却又较上一个低点为高。该形态是股价波动从不断向外扩散转为向内收窄的状态，其右半部的变化其实就是一个对称三角形形态。把扩散三角形和对称三角形结合起来，就是菱形走势。由于该形态又像一颗钻石，所以又得名钻石形。

对于成交量的变化，前半部和扩散三角形一样，具有大和不规则的特征；但当发展到后半部时，交投会呈现减少的情况。见图 4-21。

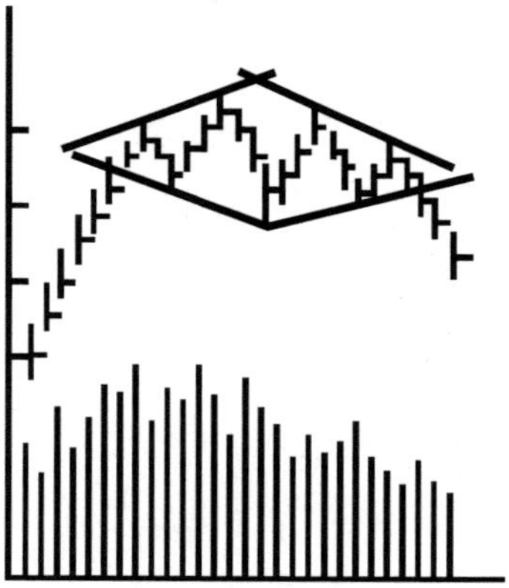

图 4-21　菱形走势

（二）分析意义

当股价越升越高之际，投资者显得冲动和失去理智。因此，价格波动幅度增大，成交量也大增（其情形与扩散三角形一样，读者可参考该节内容，在此不再赘述）。但是，投资者的情绪很快冷静下来，成交量开始减少，股价波幅收窄，市场从高涨的上升意愿转为观望，投资者等待市场进一步的变化再做新的投资决定。

在整个形态形成的过程中，投资者的情绪从激动热烈逐渐转为猜疑彷徨；而当股价下跌时，就显示出市场情绪进一步转为悲观了。

该形态具有以下几点指示意义：

1. 这是一个转向形态，通常在涨市的顶部出现。

2. 当菱形右下方的支撑被跌破后，就是一个卖出信号；但如果股价向上突破右上方阻力，而且成交量激增，就是一个买入信号。不过，虽然该形态十有八九预示着下跌，但是往上突破的可能性依然存在。

3. 其最小跌幅的量度方法是：从股价向下跌破菱形右下限开始，量度出形态内最高点和最低点的垂直距离，该距离就是未来股价将会下跌的最小幅度。

（三）注意事项

1. 该形态极少在跌市的底部出现。因为跌市中人们的投资意愿不强，没法形成菱形的左半部分，所以该形态不可能出现。

2. 但是，菱形走势可能会在跌市或升市的中途出现。这个时候，此形态扮演的是整理形态的角色。因此，当投资者在图表上看到该形态时，必须要待股价出现明显突破走势后，才可付诸行动。

3. 形态破位后的跌幅，往往较最小跌幅大。

4. 该形态较容易产生虚假的突破信号。因此，股价必须出现 3% 以上的突破幅度（以收盘价为准），方能确认。

5. 一般图表出现的菱形形态，未必和理论上所说的左右两部分完全相等，投资者必须凭经验做出判断。

十六、对称三角形

三角形是图表中最常见的一种形态。如果我们能够充分掌握，对我们的投资决策会有很大的帮助。

三角形共可分为 4 种不同的形态：

1. 扩散三角形；

2. 对称三角形；

3. 上升三角形；

4. 下降三角形。

由于扩散三角形属于转向形态，而其他的 3 种三角形走势属整理形态。因此，这里把扩散三角形和其他的三角形分开讨论。扩散三角形前面已提及，现在介绍一下其他 3 种三角形，先介绍对称三角形。

（一）形态特征

对称三角形主要由价格在特定范围内的一系列波动而形成。股价在某一水平出现了徘徊争持的局面，每一次短期回升的高点都较上次低，与此同时，每次短期回落，其低点都较上次为高；而成交量在此期间呈现下降的倾向。

如果把这些短期高点和低点，分别以直线连接起来，就可以画出一个上下相称的三角形，而这两条线最终会相交于一点。对称三角形也被称为“敏感三角形”，见图 4-22。

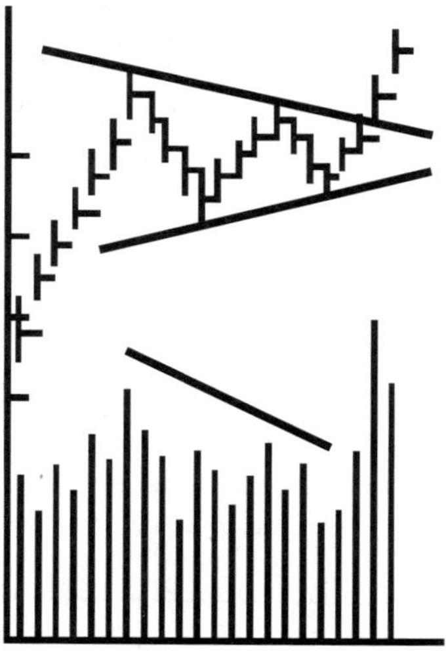

图 4-22 对称三角形

（二）分析意义

对称三角形的形成，是因为买卖双方在该段价格区域内势均力敌，供求暂时达到平衡所导致。股价从第一个短期性高点回落，跌势很快便被买方所消化，并推动价格回升。但买方对后市没有太大的信心，又或是对其发展前景有点犹疑。因此，股价未能回升到上次高点已告掉头，出现再一次下跌走势。

在股价下跌阶段中，那些想抛售的投资者不愿意以太低价格贱售，或对其发展前景仍存有希望，所以回落的压力不大，股价尚未下跌到上次的低点便已告回升。买卖双方的观望性争持使得股价的波幅日渐缩窄，形成了此一形态。

成交量在对称三角形形成的过程中不断减少，正反映出多空双方对后市犹豫不决的观望态度，这使得市场暂时沉寂下来。

该形态所显示的信息是：

1. 一般情形下，该形态属于整理形态，即股价经过这段时间的徘徊调整后，会延续原来的趋势。股价在上升或下跌过程中，都有可能出现这种形态。该形态也可说是一个不明朗形态，反映了投资者对后市感到迷惘，没法做出买卖决策的事实。

2. 投资者必须在买卖双方的其中一方明显获胜后，才可以采取相应的买卖行动。如果股价往上冲破阻力（必须有成交量大增来配合），就是一个短期买入信号；反之，如果往下跌破（在低成交量情况下跌破），便是一个短期卖出信号。

3. 对称三角形的最小升幅量度方法是：当股价往上突破时，从形态的第一个上升高点开始划一条和底部平行的直线，可以预期股价至少会上升到这条线才会遇到阻力。至于股价上升的速度，与形态开始之前相同。因此，利用该方法可以估计出该股最小升幅的价格水平和所需的完成时间。该形态的最小跌幅量度方法也是一样。

（三）注意事项

1. 一个对称三角形的形成，必须要有明显的两个短期高点和短期低点出现。

2. 在该形态完成之前，应该不断按照市场最新变化加以修订。例如，股价从第三个低点回升，虽然轻微向上突破从高点连成的阻力线，但缺乏成交量的配合，股价又告回落在形态中。分析者这时候就该放弃原有的连线，通过第一和第三个短期高点，重新修订出新的对称三角形。

3. 股价越接近三角形的尖端，未来突破的冲击力也就越小。股价在整个形态的1/2至3/4左右突破，所发出的指示信号最准确。如果价格在对称三角形内移动，超过了3/4部分，甚至走到了形态的尖端才告突破，此时所发出的买卖信号意义不大，不宜相信。

4. 对称三角形的突破，必须以收盘价突破形态的3%以上方可确认。

5. 如果股价向上突破该形态，一定要有成交量增加来配合，否则就不值得信赖；如果是往下跌破，就必须要有低成交量才可相信。

有一点大家必须注意，假如对称三角形向下跌破时有极大的成交量，这可能是一个错误的跌破信号，股价向下破位后，并不会走出理论中的下跌行情。如果股价在三角形的尖端向下破位，且有高成交量的伴随，假突破的信号尤为准确——股价仅下跌一两个交易日后便迅即回升，开始一次真正的上升走势。

6. 虽然对称三角形大部分属于整理形态，不过也有可能在升市的顶部或跌市的底部中出现。据统计，对称三角形中大约有3/4属整理形态，而余下的1/4则属转势形态。

7. 对称三角形被突破后，可能会出现短暂的反方向移动（反抽）。上升的反抽止于高点相连而成的支撑线；下跌的反抽则受制于低点相连的阻力线。如果股价反抽后的结果与上述情况有异，之前的突破可能就是假的。

十七、上升三角形

（一）形态特征

股价在某个位置遇到相当强大的卖压，从低点回升到该位置便告回落，但市场的购买力比较旺盛，股价未回至上次低点即告弹升，这种情形持续下去，导致股价在一条阻力线下的波动日渐收窄。如果把每一个短期波动的高点连接起来，可画出一条水平的阻力线；而每一个短期波动的低点则可相连出一条向上倾斜的支撑线，这就是上升三角形。

上升三角形中成交量的表现和对称三角形相似，在形态形成的过程中不断减少。通常，在上升三角形中，上升波段的成交量较大，而下跌波段的成交量则较小，见图 4-23。

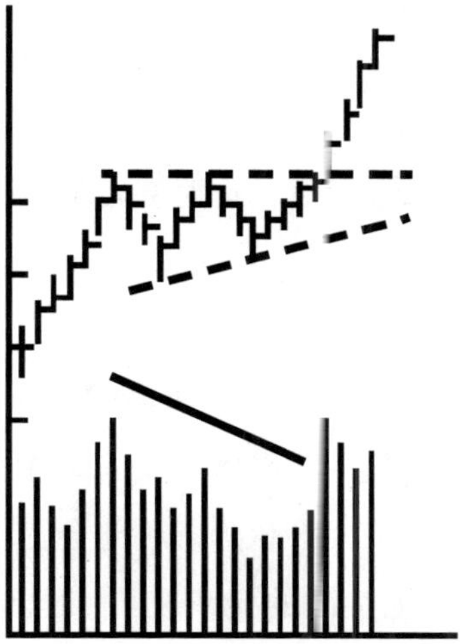

图 4-23 上升三角形

（二）分析意义

上升三角形反映的是买卖双方在该范围内角力的现象，并且买方的力量已稍占上风了。

卖方在特定的股价水平不断卖出，虽然他们并不急于出手，但又不看好未来的走势。于是，当股价每次涨到他们心中认为理想的卖出水平时便即卖出，这可能是一种很有计划的市场行为，是那些手持重仓的投资者在预先设定的价位做有计划的卖出。他们在同一价格的卖出行为造就了一条水平的供给线。

不过，市场的购买力很强，买方不待股价回落到上次的低点，便急不可耐地买进。因此，形成一条向上方倾斜的需求线。另外，也可以解释为部分人士有意把股价暂时压低，以达到进一步大量吸筹之目的。

上升三角形所显示的信号是：

1. 它属于整理形态，大部分的上升三角形都在上涨的过程中出现，且暗示有向上突破的倾向。

2. 在向上突破上升三角形顶部水平的供给阻力线时（并有成交量激增来配合），就是一个短期买入信号。

3. 其最小升幅的量度方法和对称三角形相同，从第一个短期回升高点开始，划出一条和底部支撑线平行的线，股价突破该形态后，将会以形态形成前的速度上涨到这条线的位置，有时甚至是超越它。

（三）注意事项

1. 该形态在形成期间，可能会出现轻微的变异——股价稍为跌破形态之后又重新回到形态之内。这时，技术分析者须根据第三或第四个短期性低点，重新修订出新形态。有时，该形态可能会变异成另外一些形态。

2. 虽然上升三角形往上突破的概率较大，但也有下跌的可能。因此，投资者应在形态被明显突破后，再采取相应的买卖行动。如果股价往下跌破形态的幅度达 3%（收盘价计算）以上，则投资者宜暂时卖出。

3. 当上升三角形被向上突破时，如果没有成交量激增现象的支持，信号可能出错，投资者应放弃该指示信号，继续观察股价进一步的发展情况；如果该形态被向下跌破，则不需要成交量增加来配合，信号仍然有效。

4. 上升三角形越早突破，信号越真实。假如股价反复走到形态的尖端位置后才突破，则该突破不足为信。

十八、下降三角形

（一）形态特征

下降三角形的情形和上升三角形恰好相反，股价在某特定水平出现稳定的购买力。因此，股价每回落至该水平便会回升，形成一条水平的需求线；可是市场的卖出力量却不断加强，导致股价每一次波动的高点都较前次为低，于是形成一条向下倾斜的供给线。成交量在整个形态形成的过程中，一直很少，见图 4-24。

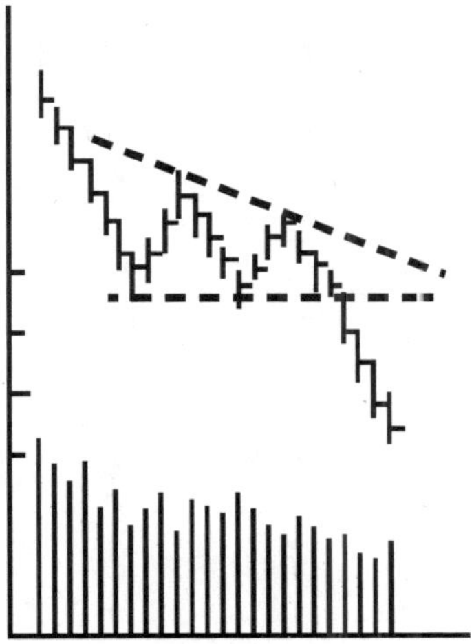

图 4-24　下降三角形

（二）分析意义

虽然下降三角形的形成，同样是多空双方在某价格区域内角力的结果。然而，多空力量的强弱，却与上升三角形所显示的情形完全相反。

空方的信心不断增强，不等股价回升到上次的高点便再卖出；而多方坚守着某一价格，并以此为防线，使得股价每次回落到该水平便获得支撑。

此外，该形态的形成也可能是有人在托价出货，直到持仓卖完为止。

下降三角形所显示的信号是：

1. 这是个整理形态，通常出现在跌市中，而且具有往下破位的倾向。

2. 当购买力消耗殆尽时，一旦卖方把水平的需求线击破，就是一个短期的卖出信号。

3. 其最小跌幅的量度方法和上升三角形相同。

（三）注意事项

1. 虽然该形态反映出卖方的力量占优势（供给线向下倾斜），形态被向下跌破的概率较高；但是，过去的图表表明，也有向上突破的可能性存在。因此，投资者宜在形态明显突破后，方可采取行动。

2. 如果下降三角形被向下跌破，无须大成交量来配合。一般在跌破后3天左右，成交量会呈现增加的趋势；但如果形态被向上突破，就必须有成交量明显增加来配合了。

3. 当形态被向下跌破后，有时可能会出现假性回升，回升将会受阻于下降三角形的水平线。

4. 和其他三角形形态相同，下降三角形越早突破，出错的概率越低。

十九、上升楔形

（一）形态特征

股价经过一段时间的大幅度下跌之后，出现强烈的技术性反弹。当价格弹升到一个相当的水平时，又再掉头回落。不过，这次下跌的幅度和速度较为轻微与缓和，可以说是技术性反弹过程中的正常调整。股价在未跌至上次低点时，已得到支撑而上升，并且越过上次高点，形成一浪高于一浪的走势。第二次的上升达到另一高点水平，股价再度回落。

如果把两个短期的低点连成一条直线，把两个短期的高点连成另一条直线，便可画出两条直线同时向上倾斜的三角形状，并且下面的直线较上面的更陡峭。这两条线最终会相交于一点，就形成了上升楔形，见图4-25。在形成楔形的过程中，成交量不断减少。

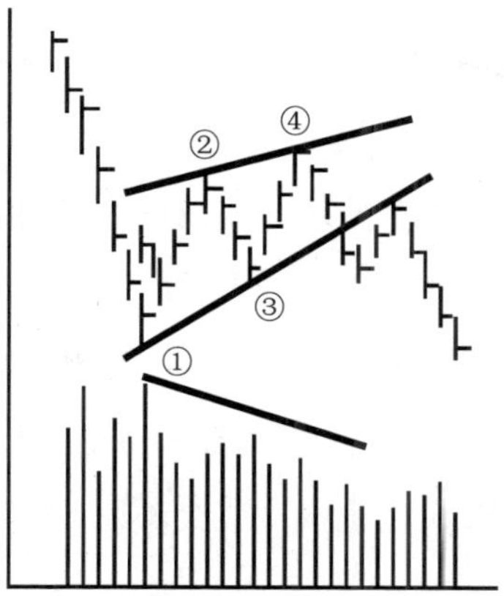

图 4-25　上升楔形

（二）分析意义

许多投资者对上升楔形有误解，认为既然上升三角形只有一条上倾的线（底线），已意味着上升的倾向；那么上升楔形有两条线同时向上倾斜，其蕴藏的上升力量应该更大。

然而，实际的情形却相反。上升三角形顶部的供给线，显示卖方在一定的价位才肯卖出，当卖方力量完全被买方所压制时，股价便会在卖出压力顿失的情况下弹升。但上升楔形所显示的需求变化却不一样，上面上倾的供给线虽然显示市场没有太大的卖出压力，可是每一个新的短期上升波浪所表现出来的力道，都较上一个为弱，这是投资者对后市缺乏信心的表现。市场对该股（或大市）的兴趣渐渐减弱，成交量的逐渐下降正反映出这一事实。

因此，从该形态中可知道以下几点信息：

1. 这是一个整理形态，常在熊市的回升阶段中出现。该形态的形成，显示跌市还没有结束，这只不过是一次下跌后的技术性反弹而已。

2. 当其下限支撑被跌破后，就是一个卖出信号。

3. 虽然该形态没有公式来量度其最小跌幅；但是，一般来说，至少会把上升楔形所有的升幅都完全跌去，未来可能还跌得更多。因为，该形态基本只会在下跌趋势中出现，此时市场的底部还没有到来。

（三）注意事项

1. 只要图形上出现了 4 个短期性波动的高点和低点，就可以假设上升楔形已形成，见图 4-25。由于上升楔形和上升通道[①]容易混淆。所以，在升市中应该放弃在图形中寻找该形态。原因是升市中可能会忽略短期性高点④，只利用低点①和③，画出（可修订出）一条上升通道。

2. 如果在上升楔形形成过程中，成交不跌反增，形态可能有假，必须小心。

3. 在跌市中出现的上升楔形，虽然大部分都是往下破位；但是，如果出现向上突破，而且成交量也有明显增加，形态可能会出现变异，发展成一条上升通道。这时，我们应该改变原来偏空的看法，市场（或股价）可能会沿着新的上升通道，开始一次新的升市。

4. 一般来说，上升楔形需要 3 个星期以上的时间来完成。

5. 上升楔形的上下两条线收敛于一点，股价在形态内移动时，只会做有限度的上升，最终会向下破位。理想的跌破点是从第一个低点开始，直至尖端这段距离的 2/3 处。

有时，股价可能会一直移动到上升楔形的尖端之外，稍做上涨后才大幅下跌。

二十、下降楔形

（一）形态特征

下降楔形的形状就是上升楔形的倒转形态，见图 4-26。股价从高点①

---

① 上升通道中的上下两条线，必须平行地伸延出去。

回落，跌至低点②回升，但未抵达上次高峰又再度下挫，形成新的高点③，随后的回落低于上次的低点，但很快便再一次上升。如果把①和③的短期高点，②和④的短期低点分别以直线连接起来，便可画出二条同时下倾的线，如此形成的形态，就是下降楔形。成交量方面，在下降楔形中也同样有减少的趋势；而且，股价越接近楔形的尖端，成交越少。

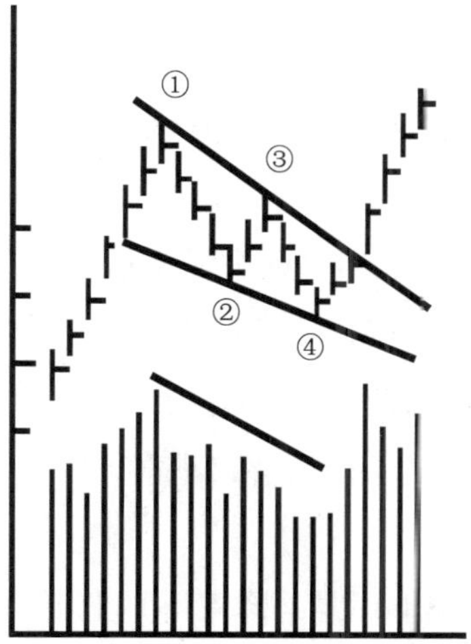

图 4-26 下降楔形

（二）分析意义

除了形状是由上升楔形倒转过来之外，其分析意义也和上升楔形相反。股价在经过一段时间上涨之后，出现了获利回吐走势。虽然下降楔形的需求线（底线）往下倾斜，似乎表明市场的承接力量不强；但是，新一波的回落幅度较上一波小，将之解释为卖出力量正在减弱可能更加恰当，而且，成交量在此阶段减少。

下降楔形具有以下几点指示信息：

1. 这也是个整理形态，通常在中长期涨市的回落调整阶段中出现。该形态的出现告诉我们涨市尚未见顶，这仅仅是上升过程中的正常调整现象。

2. 一般来说，该形态大多是向上突破。当其上限阻力被突破时，就是一个买入信号。

3. 该形态和上升楔形一样，虽然没有公式量度其最小升幅；但普遍来说，至少会升至下降楔形的第一个高点的水平。此外，这是涨市中的一个调整阶段，所以股价再向上超越楔形的高点，是很常见的现象。

（三）注意事项

1. 当下降楔形向上突破时，应该有成交量增加来配合，如此信号才可靠。

2. 下降楔形和上升楔形有一点明显不同：上升楔形在跌破下限支撑后，经常会出现急跌；但下降楔形在向上突破阻力后，股价可能会横向发展，形成徘徊区域或碟状形态，成交仍然十分低迷。之后，股价才慢慢开始上涨，成交量也随之增大。此情形出现时，我们可待股价在走出徘徊闷局后，再考虑跟进。

3. 楔形（无论上升楔形还是下降楔形）上下两条线必须明显地收敛于一点。如果形态太过宽松，它形成的可能性就该怀疑。

4. 如果下降楔形不涨反跌，甚至跌破下限支撑，形态可能变异为一条下降通道。这时，投资者对后市的看法，就应该随着市势的变化而做出修正了。

5. 由于绘图纸张有两种：一种是方格纸，另一种是半对数图纸，两者画出来的图形在该形态上会有些出入。

方格纸由于保持着相同的比例，股价从高位跌至低位时，以价格计算，其跌幅会越来越小（但下跌的百分比可能相等）。因此，容易形成下降楔形的形状，不过这样得到的下降楔形是不太标准的。半对数图是以股价变动的百分比来计算的，这里所说的下降楔形就是在半对数图中出现的形态。

二十一、长方形走势

（一）形态特征

股价在某范围之内出现多空争持局面。当价格上涨到某水平时遇阻回落，但很快股价便获得支撑而回升，可是回升到上次同一高点时再一次受阻，而回落到上次低点时则再次得到支撑。

股价便在这短期高点和低点之间涨涨跌跌。我们把这些短期高点和低点分别以直线连接起来，便可以绘出一条通道，这通道既非上倾，也非下降，而是平行发展。这就是长方形形态，也有分析者称之为“箱形”走势，见图 4-27。

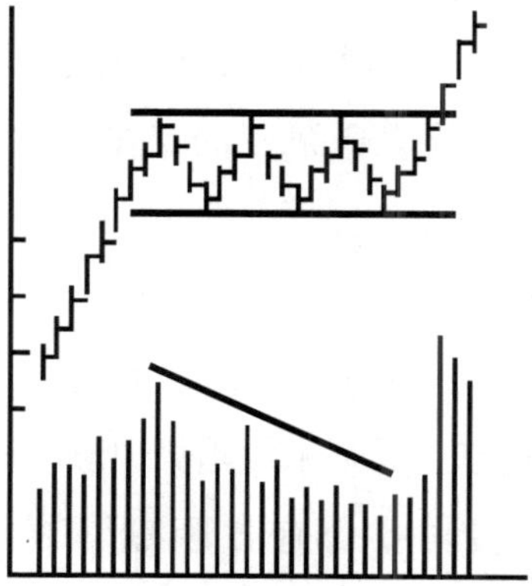

图 4-27　长方形走势

（二）分析意义

该形态明确告诉我们，多空双方的力量在该范围之间完全达到均衡状态。在此期间，谁也占不了谁的便宜。看多的一方认为其下限位置是很理想的买入点，于是股价每回落到该水平便立即买入，形成了一条水平的需求线。与此同时，看空的投资者对股市没有信心，认为股价难以升越其上限位置。于是，当股价回升至该价位水平时，随即卖出，形成一条平行的供给线。

从另一个角度分析，长方形也可能是由投资者因后市发展不明朗，投资态度变得迷茫和不知所措而造成。因此，当股价回升时，一批对后市缺乏信心的投资者选择退出。而当股价回落时，一批憧憬着未来发展前景的投资者选择买进，由于双方实力相当，于是股价就来回在这一段区域内波动。

根据美国有关书籍介绍，在过去美国证券管理委员会没有干涉市场交易时，长方形走势是由一些有计划的市场买卖行为所导致的。某些大户得到内幕消息，知道消息公布后股价将会大涨，他们希望于在消息公布前大量买进该只股票，于是利用自身的力量，把股价压制在某水平之下，以摆脱一些不知情的投资者和其他跟风的人，这就是我们经常听到的“压价入货”了；又或是大户要在某水平之上把货清仓，为避免股价越卖越低，于是当股价回落至某水平时，便停止卖出，而且还把股价推高，引诱那些不知内情的投资者跟进，以期达到派发的目的，这就是所谓的“托价出货”了。

该形态告诉我们以下几点信息：

1. 一般来说，这是属于整理形态，当市道进入“牛皮上落”① 阶段时，便有可能形成此一形态。其未来的趋势和形态形成前的趋势相同。

2. 在涨市或跌市的过程中，都有出现该形态的可能。

3. 当向上突破上限阻力时，就是一个买入信号；反之若往下跌破时，则是一个卖出信号。

4. 其最小涨/跌幅的量度方法是：长方形内最高和最低价的距离，就是形态被突破后，股价至少可上涨（下跌）的幅度。

---

① 牛皮市指盘整行情，上落指在盘整区域的上轨遇阻回落。

（三）注意事项

1. 在长方形形成的过程中，除非有突发性的消息扰乱，否则，其成交量应该是不断减少的；如果在形态形成时，成交持续畅旺，或有不规则的高成交出现，形态出现的可能性就值得怀疑。

2. 该形态虽然属于整理形态，但也有可能在涨市的顶部或跌市的底部出现。因此，我们必须等形态明确地往其中一方突破后，再采取相应的买卖行动。

3. 当股价突破长方形上限的水平时，必须有成交量激增来配合；但是，如果跌破下限水平时，就无须高成交量来配合，突破信号也值得信赖。

4. 长方形被突破后，股价经常出现反抽。这种情形发生在长方形中的机会比在三角形中为多，其概率约为 40%。通常会在突破后的 3 天至 3 星期内出现。

5. 向上突破长方形后的“假性回跌”（反抽），将在顶线水平之上遇到支撑；往下跌破后的“假性回升”，将受阻于底线水平之下。

6. 在该形态中，出现假突破的概率较三角形为少；不过，该形态发生“太早突破”① 的机会却较三角形为多。

7. 一个波幅较大的长方形，较一个波幅狭窄而长的长方形形态更具威力。

二十二、旗形走势

（一）形态特征

顾名思义，旗形走势的形态就像一面挂在旗杆上的旗帜，其中又分为上升旗形和下降旗形两种。

① 太早突破指股价在突破形态后，很快又返回形态之内的走势。

该形态通常在急速而又大幅波动的市场中出现。

股价在一段极短的时间内，出现喷射性或十分陡峭的大幅飙升或下跌（当形成下降旗形时）走势。这时，成交量也随之大大增加。接着股价遇到阻力，出现暂时性回落或回升。可是这次回落的幅度不大，股价只回落了二三个价位便即弹升，成交量这时有明显地减少，不过股价的回升却不能抵达上次的高点，成交量也无法继续增加。随后的再次下跌使得股价稍低于前一个低点，成交量进一步减少。

股价经过一连串紧密的短期波动后，形成一个略微向与原来趋势反方向倾斜的长方形，这就是旗形走势。

再把该形态形成的过程简单地复述一下：股价在经过陡峭飙升后，形成一个紧密、狭窄和略微向下倾斜的价格密集区域。我们把这密集区域的高点和低点分别连接起来，就可以画出两条平行而又下倾的直线，这就构成了上升旗形，见图 4-28（a）。

下降旗形则与之相反，股价在出现急速或垂直的下跌走势后，形成一个狭窄、紧密和略微上倾的价格密集区域，像是一条小上升通道，这就是下降旗形，见图 4-28（b）。在旗形形成过程中，成交量显著地逐渐减少。

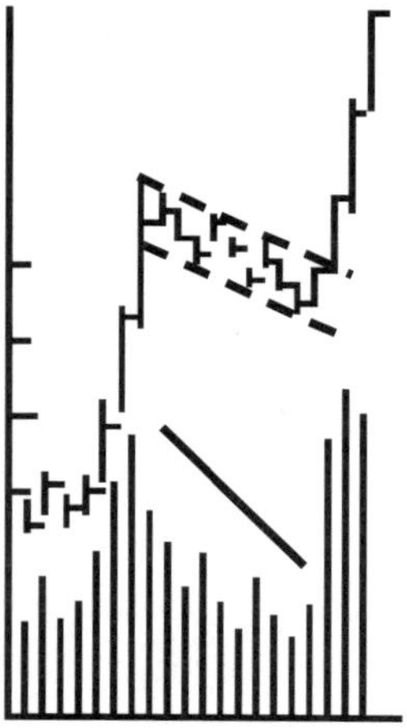

（a）上升旗形

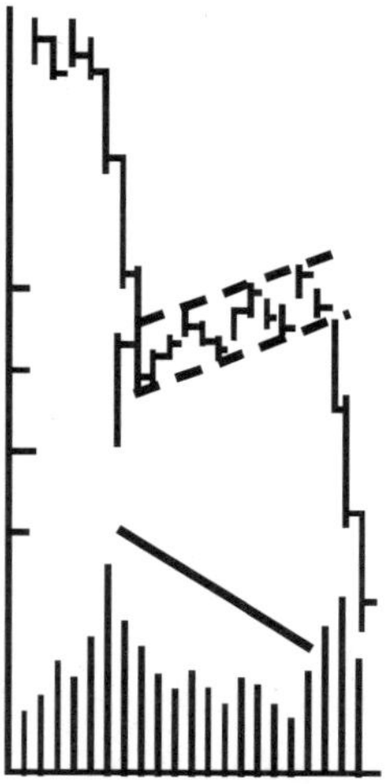

（b）下降旗形

图 4-28　旗形走势

（二）分析意义

股价的突然大幅上升开始面临强大的获利回吐压力，成交量也在股价急升过程中创下一个短期最高纪录。接着，成交量见顶回落，股价也向下回落。不过，大部分投资者对后市依然充满信心。因而，此次回落的速度并不快，幅度也不大，成交量不断减少，反映出抛压在股价回落过程中不断减弱的事实。

许多投资者对该形态都有一种误解，以为此时股价软弱无力。其实该形态可看成一座长途赛跑中的“茶水驿站”，让参赛健儿在该驿站略微补充些水分和稍做喘息后，再继续原来的赛程。

该形态给予我们的指示有以下几点：

1. 这是一个整理形态，形态完成后股价会继续沿原来的趋势方向移动。也就是说，上升旗形将会向上突破，而下降旗形则会往下跌破。

2. 大部分上升旗形在牛市第三期中出现。因此，该形态暗示升市可能进入尾声。下降旗形大多在熊市第一期中出现。该形态如果在熊市第一期中出现，显示大市（或股价）将可能出现垂直式的下跌走势。因此，在这个阶段中形成的旗形十分狭小，可能仅耗时三四个交易日便告完成。如果在熊市第三期中出现，旗形形成的时间变长，但形态被跌破后，继续下跌的幅度有限。

3. 该形态可量度出最小涨/跌幅。其量度的方法是，突破旗形（上升旗形和下降旗形相同）后最小涨/跌幅度，相等于整支旗杆的长度。至于旗杆的长度，则是从形成旗杆的突破点开始，直到旗形的顶点为止。

4. 股价在突破形态后的移动速度和形成形态前的速度一样。也就是说突破旗形后，股价将会出现急速的飙升或下跌走势。

（三）注意事项

1. 该形态必须在急速上升或下跌之后出现，成交量则必须在形态形成期间不断显著减少。

2. 当上升旗形往上突破时，必须有成交量激增来配合。奇怪的是，过去的图例显示，当下降旗形向下突破时，成交量也是放大的。

3. 形态必须在 4 个星期之内，向预期中的方向突破。当形态超过 3 个星期尚未出现突破时，我们就该提高警惕，小心形态估计有误。

4. 假如形态在形成期间，成交量并没有减少，仍维持不规则的大成交量，这可能是假的旗形。形态将可能出现与理论方向相反的突破（即上升旗型往下突破，而下降旗形则是向上突破）。换言之，大成交量的旗形形态暗示市况可能出现逆转，而该形态此时也不是整理形态。

因此，成交量的变化在旗形走势中十分重要，它是观察和判断形态真伪的唯一标准。

二十三、楔形旗

（一）形态特征

楔形旗和旗形的形状十分相似，都好像是一面挂在旗杆上的旗。但是，这两面旗帜有明显的不同之处：楔形旗是一面三角形的旗，而旗形旗是一面四方形的旗。

股价在急速上升后面临回吐压力，但略微下跌后便很快上涨，不过回升的力量很弱，未能升至上次高点又再度下挫，而且形成的低点还较上次低点稍低。股价就在几个价位间涨涨跌跌，形成一个紧密、短小的楔形，楔形的两条线同时往下倾斜，见图 4-29（a）。

当股价急速下跌时形成的楔形旗，其两条线则是同时往上倾斜，见图 4-29（b）。至于成交量，在形成楔形旗期间，将会急剧减少。

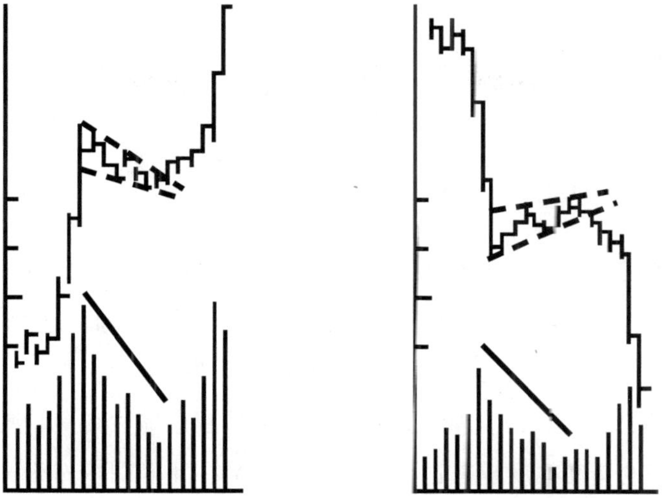

（a）　　（b）

图 4-29　楔形旗

（二）分析意义

楔形旗和旗形形态的分析意义完全相同，反映的是股价经过大幅波动后，从灿烂归于平淡的过程。然而，这段时间十分短暂，接着股价又再次出现急剧的大幅波动。

股价经过急速上升（或下跌）后，出现正常的技术性调整。股价往原来趋势相反方向移动，但是，市场货源不多，抛售力量（下跌时则是购买力量）也不强。因此，这段时间成交量很少，股价变动范围很小，在突破的前夕，股价更被压迫至一个狭窄的范围之间，这时候成交量减至最小。在上涨阶段中（见图 4-29（a）），这个现象反映出抛压已枯竭；在下跌阶段中（见图 4-29（b）），这个现象则表示购买力已衰竭。因此，股价会在接近形态尖端时跳出形态之外，延续原来的趋势。

该形态的指示信号和旗形大同小异，其中包括：

1. 这是一个整理形态，形态完成后股价将朝原来的趋势方向继续移动。

2. 当楔形旗向上突破时，就是一个买入信号；往下跌破时，则是一个卖出信号。

3. 该形态的最小涨/跌幅的量度方法和旗形走势一样，突破形态后的最小涨/跌幅度，相等于整支旗杆的长度。

（三）注意事项

1. 该形态必须在急速的上升或下跌走势之后出现，当股价在某个水平停顿下来时，所出现的调整空间极狭窄（即差价很小，而一般来说旗形的波动空间较宽），而且，其波动的次数较旗形为少。

2. 和旗形比较，成交量在该形态形成的过程中减少得更快更多。究其原因是价格的变动幅度越来越小。如果成交量在此期间依然很大，形态估计可能有误。

3. 形态必须在 4 个星期之内向预期的方向突破，突破点大多在三角形的尖端部分。

4. 楔形旗的突破并非是直线走势，突破后也非直线上涨（或下跌），而是沿着一条弧形趋势线抵达预期的目标位。至于成交量也并非激增，而是缓慢增加来配合。

二十四、头肩整理形态

（一）形态特征

前面曾经讨论过头肩式是一个转向形态，当它出现时，即表示过去的趋势已告一段落，未来大市（或股价）将朝着相反的方向移动。

不过，有时候头肩形态也可能是一个整理形态。它给我们的启示是股价将再继续沿之前的方向移动，而并非扭转原来的趋势。

有些投资者可能会以为头肩式可成为转向形态和整理形态，很容易互相混淆，其实不然。以下是辨别头肩式属哪一种形态的方法：

1. 头肩转向形态：

（1）头肩顶：跌市中出现。

（2）头肩底：涨市中出现。

2. 头肩整理形态：

（1）头肩顶：在涨市中出现时，见图 4-30（a）。

（2）头肩底：在跌市中出现时，见图 4-30（b）。

在形状方面，头肩整理形态和头肩转向形态基本上一样。同样都有一个突出的头部，一个左肩与一个右肩，两肩高度大致相等。而颈线就是辨认形态确立的主要标准。

至于成交量，在形成头肩整理形态的过程中，它有不断递减的倾向。

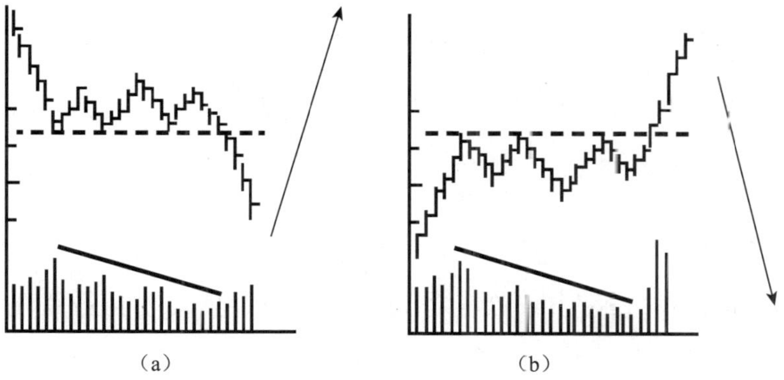

图 4-30　头肩整理形态

（二）分析意义

头肩底的形成可以描述为：股价上升到某个水平后出现获利回吐现象，经调整后价格又复上升，但升至上次高点水平时再一次受阻，而且回落的低点还低于上次低点，幸而股价很快出现第二次回升。可惜，第二次回升依然没法突破前高点的阻力而回落。不过这一次的回落，当跌至左肩部分水平时，便不再下跌，而是接着回升并穿越之前的高点，然后延续原来的上升趋势。

头肩底是一个低价收集性买入的区域，而在升市中出现的头肩整理形态（头肩底）则可以说是一个中途收集性买入区域，被那些错过了第一次买入机会的人视作另一次买入的良机。其间的走势看起来似乎是多次到顶不破，上升阻力十分强大，其实是压价入货而已。

至于头肩顶，则是一个高价派发性卖出的区域，而跌市中出现的头肩整理形态（头肩顶），乍看是股价在某个水平（即颈线）似乎得到强大支撑，其实，只是另一次的卖出机会，这是部分大户正在托价出货。那些赶不及在跌市来临前卖出的投资者，正趁机脱身。

该形态具有以下几点分析意义：

1. 虽然涨市中出现的头肩底暗示后市股价有上涨的倾向，跌市中出现的头肩顶暗示有下跌的倾向；但是稳健的投资者应待形态明显突破后再采取买卖行动。

2. 当头肩整理形态向上突破颈线时，就是一个买入信号；而往下跌破颈线时，则是一个卖出信号。

（三）注意事项

1. 虽然头肩转向形态的最小涨/跌幅有办法量度；但在头肩整理形态中，这量度公式却不适用。换言之，该形态无法量度其最小涨/跌幅。

2. 复合头肩整理形态，例如一头多肩式、多头多肩式等很少在图形上出现。

3. 当头肩底整理形态向上突破颈线阻力时，必须要有大量成交来配合；但头肩顶整理形态往下跌时，则不必有成交量增加来伴随。

二十五、扇形走势

（一）形态特征

前面曾经讨论过碟形走势（或圆形底）。扇形走势其实就是重复的碟形底，它们接连出现在一次漫长的股价上升过程中。成交量在回落形成底部时减少，回升时做弧形增加，碟形底重复出现时，成交量也做同样变化，见图 4-31。

图 4-31 扇形走势

（二）分析意义

和碟形形态一样，扇形也代表着上升的意义。不过，股价上升的步伐稳健而缓慢，并非是大幅上升。股价每当升势转急时，便马上遭受回吐的压力；但是，回吐的压力不强。当成交量减少到一个低点时，另一次上升又将开始，股价就是这样反复上涨。该形态告诉我们：

1. 这是一个上升形态，每一个碟形的底部都是一次理想的买入机会。

2. 当该形态得以确认时，股价波动的形式将会一直持续，直到图表上出现其他形态为止。

（三）注意事项

1. 在扇形走势中的每一个碟形，其底部至最高点，差价为 20%～30%。每一个碟形形成的时间需要 3 ～7 个星期，少于 3 个星期的情况一般很少。

2. 从成交量的变化可见：大部分投资者都在股价上升时进入（因此成交量大增）；但是，当股价回落时，他们却又畏缩不前（因此碟形底成交减少)。其实，当分析者在图形上发现该形态时，应该在成交最低迷时跟进。因为扇形走势总是在升势转急时回落。

3. 价格非常低的股票，才会以这种走势来完成整个升市。

二十六、扇形线理论

(一) 形态特征

在经过一段时间的上升后，大多数时候股价会在某区域间开始震荡，形成某些形态。如果我们将初始上升的低点（中期性低点）和高位徘徊的各个低点分别用直线连接起来，便可以画出多于一条的上升趋势线，这些趋势线像一把扇子一般，出现很规则的移动。每一条趋势线形成的角度大致相等，人们常把这些趋势线称为“扇形线”。

下跌时的情形也一样，若把中期性高点与低位徘徊时的各个短期性高点分别以直线连接起来，也可以画出一组像扇子般散开的下降趋势线，也同样是扇形线，见图 4-32。

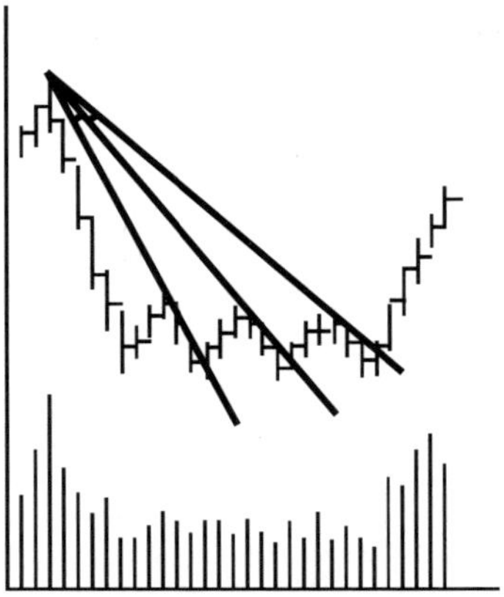

图 4-32　扇形线

（二）分析意义

大部分的转向形态都在其范围之内，多空双方反复争持一段时间后，若辅以不同的趋势线，就可以更加清楚地估计到股价未来的变化，有助于进一步辨别形态的真伪和未来的趋势。

当股价突破一条维持多时、颇为陡峭的趋势线（上升或下降趋势线）时，市场会出现一次急速的短期性变动，但尚不足以扭转原来的趋势，股价很快又沿原来方向运动（即下跌时虽向上突破了下降趋势线，但回升不久后又再度继续回落；上升时情况则相反），形成新的趋势线。

当这条新趋势线被向上突破时，股价再一次经过急速的短期性变动后，重新恢复原来的趋势，形成第三条趋势线。直到第三条趋势线也被向上突破，原来的趋势才真正被逆转过来。

扇形线的分析意义包括：

1. 这是中期（或长期）性趋势逆转的信号。

2. 在涨市与跌市中同样有可能出现。

（三）注意事项

1. 当第二条扇形线形成时，便可预期第三条扇形线也将出现，这 3 条线之间的角度基本相同。因此，当第二条扇形线被突破时，不宜采取任何买卖行动，宜等第三条扇形线被突破时再做买卖决策。

2. 3 条扇形线之间的角度十分接近。因此，当第二条形成时，已可估计到第三条扇形线出现的位置，从而可预测股价的阻力（或支持）价位。

二十七、缺口

缺口在技术性分析中占有十分重要的地位。自从有股票图表开始，缺口就一直引起分析者们的注意。不过，利用缺口分析未来趋势变化并不容易，而且有关缺口的理论，也经常引起分析者的争论。这并非是缺口理论的问题，而是因为有些一知半解的人对缺口理论缺乏全面的认识，加上分辨不清缺口的种类所导致的。因此，在实际应用方面，分析者们的意见经常出现分歧。

（一）形态特征

当某一天股票的最低价较上一个交易日的最高价还要高，又或是某一天的最高价比上一个交易日的最低价还要低时，很明显，这两个交易日的价格没有重叠，即股价出现了一段没有成交的真空区域，这区域就是缺口，或称为“裂口”，见图 4-33。

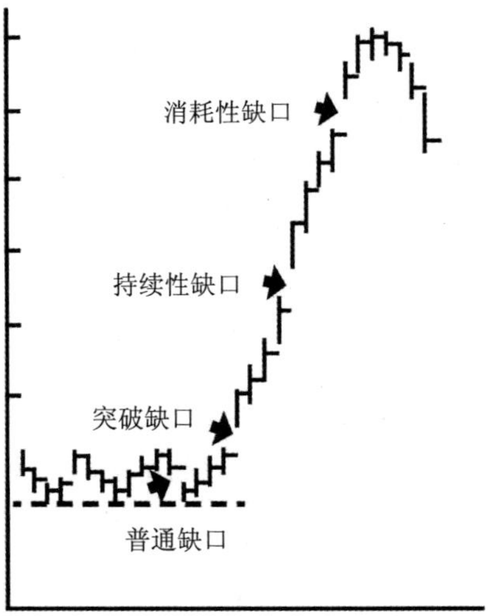

图 4-33　缺口

缺口的种类很多，大致来说可分为以下 5 种：

1. 普通缺口；
2. 除息缺口；
3. 突破缺口；
4. 持续性缺口；

5. 消耗性缺口。

如果后面股票在缺口位置成交，这种市场行为称为“填补缺口”，见图 4-33 中的普通缺口。

讨论了缺口的形状后，下面我们进一步详组说明不同缺口形态的不同特征：

1. 普通缺口。

这类缺口通常在密集的交易区域中出现。因此，许多需要较长时间形成的整理或转向形态，如三角形、长方形等，在其中都可能有这类缺口形成。

2. 除息缺口。

股票每年都有派息、送红股或发行认股证等事情发生，虽然这是股东应得的利益，可是市场会在截止过户当日在市价中除权，除权时在图形上留下的缺口就称为“除息缺口”。

3. 突破缺口。

当形态的主要支持线或阻力线被突破时，股价极有可能是以跳空的形式来完成，这种缺口就是突破缺口。

形成这种缺口的原因是，某水平的阻力经过多空双方长时间的争夺后，供给的力量完全被吸收，卖方暂时缺乏筹码，买方被迫要以更高价买入。又或是某水平的支撑经过一段时间的争夺后，购买力量完全被消耗，卖方须出更低价才能找到买家。因此，这便形成缺口。

有时，趋势线的突破，或平均线的升破与跌破，都有可能形成缺口，这也是突破缺口。

4. 持续性缺口。

在上升或下跌途中出现的缺口，就可能是持续性缺口。这种缺口不会和突破缺口混淆，在任何一段离开某个形态或密集交易区域后的急速上升或下跌行情中，所出现的缺口大多是持续性缺口。这种缺口可帮助我们估计未来后市的波动幅度。因此，这种缺口也被称为“量度性缺口”。

5. 消耗性缺口。

和持续性缺口一样，消耗性缺口也是伴随快速的、大幅的股价波动而出现的。在急速的上升或下跌行情中，股价的波动并非是匀速的，而是越来越急。这时候，价格的跳升（或跳空下跌）可能发生。这种缺口就是消耗性缺口。

（二）分析意义

1. 普通缺口并无特别的分析意义，一般在几个交易日内便会完全填补，它只能帮助我们辨认清楚某种形态的形成。

2. 除息缺口是毫无技术性意义的缺口，可以不予理睬。

3. 突破缺口的技术分析意义较大，它经常在重要的转向形态（如头肩式）发生突破时出现。此种缺口可协助我们辨认突破信号的真伪。如果股价以一个很大的缺口跳离形态，可见这突破强而有力，突破信号是可信的。

另外，当突破缺口出现时，股价未来的波动会较没有出现突破缺口的波动更剧烈。换言之，一个形态伴随着突破缺口被突破后，随后的上升（或下跌）速度和幅度会更快和更大，往往较量度的最小涨/跌幅为大。因此，当两只不同股票同时出现突破时，我们应该选择买入有突破缺口出现的一只，而不是升幅较小的那一只。

4. 持续性缺口的技术性分析意义最大，只要我们能够将之辨认出来，便可以利用该缺口来推测未来股价进一步的变化。

这类缺口的出现，预示后市将继续沿原来的趋势移动。而且，还可以量度出股价未来的最小涨/跌幅。其量度的方法是从突破点开始，到持续性缺口起点的垂直距离，① 就是未来股价将会上涨或下跌的幅度。或者可以说："股价未来所走的距离，跟过去已走的距离一样长。"

5. 消耗性缺口的出现，表示股价目前运行的趋势将暂告一段落。如果

① 突破点到持续缺口的距离，也是未来股价可能上涨的距离。

在上升趋势中出现，即表示股价即将下跌；若在下跌趋势中出现，就表示股价即将回升。不过，消耗性缺口并非意味着市道会完全转向，仅意味着有转向的可能。

根据过去的图形统计，当消耗性缺口出现时，股价至少会出现短期的调整。所以，这种缺口很快便会填补，一般填补的时间在 2~5 个交易日。

注意事项：

1. 许多分析者都有一种误解，认为缺口必会填补。因为缺口是一段没有成交的真空区域，反映出投资者当时的冲动行为。当投资情绪平静下来时，投资者会反省过去的行为，认为有些过分，于是缺口便告补回。

上述论调在某种程度上是正确的，不过并非所有类型的缺口都会填补。其中突破缺口、持续性缺口未必会填补。只有消耗性缺口和普通缺口才可能在短期内补回。因此，缺口填补与否对分析者观察后市的帮助不大。

2. 普通缺口大多数在整理形态中出现，在转向形态中则较少发生。因此，当一些不明朗形态（如三角形、长方形）中出现缺口时，可以预期该形态属于整理形态。

3. 突破缺口出现后会不会马上填补，可以从成交量的变化中观察出来。

如果在突破缺口出现之前有大量成交，而缺口出现后成交相对减少，那么迅速填补缺口的概率只是 50%；但假如缺口形成之后成交明显大量增加，股价在远离形态时，仍保持大量的成交，那么缺口短期被填补的概率就很低了。就算出现反抽，也会在缺口以外。

4. 股价在突破某区域时急速上升，成交量在初期时较大，之后，随着股价上升而不断减少。此时，股价开始横盘整理，一旦多方取得压倒性胜利后，成交量又迅速增加，图形上便会形成一个巨大的缺口。之后，成交量又随着股价的上涨而再次减少。这就是持续性缺口形成时的成交量变化情形。

5. 通常，形成消耗性缺口的当天成交量最高（但也有可能在成交量最高的次日出现），接着成交量开始减少。显示市场购买力（或抛压）已经消耗殆尽，于是股价很快便告回落（或上升）。

6. 持续性缺口的量度方法，在使用方格纸和半对数图表时略有不同。使用方格纸的话，股价上升时会超过量度公式所预期的幅度，下跌时这种情形则较少出现。所以，持续性缺口的量度公式直接用于半对数图上较准确。

7. 在上升或下跌的过程中，可出现多于一个的持续性缺口。

8. 在一次上升或下跌的过程中，缺口出现越多，显示其趋势越快接近终结。例如：当升市出现第三个缺口时，暗示升市快告终结；当第四个缺口出现时，短期下跌的可能性加大。

9. 持续性缺口与消耗性缺口很难分辨开来，以下是几种可以参考的分辨方法：

（1）消耗性缺口一般较宽阔；不过“宽阔”没有一定的定义，只有凭经验去决定。

（2）一般来说，在消耗性缺口出现之前，可能会出现至少一个持续性缺口。因此，当急速的上升或下跌阶段出现第一个缺口时，不妨假定是持续性缺口，但对随后出现的每一个缺口，我们必须越来越提高警惕。尤其是当缺口的宽度较前一个为宽时，有可能就是消耗性缺口。

二十八、岛形转向

（一）形态特征

股市持续上升一段时间后，有一天，忽然呈现缺口性上升，接着股价在高位徘徊不前，很快地价格又出现缺口性下跌。两边的缺口大约在同一价格区域出现，令高位的价格徘徊区域在图形上看来就像是一座岛屿，两边的缺口令这岛屿像一座孤岛。

有时，两边缺口所形成的岛形，只用一个交易日就可形成。在形成岛形转向期间，成交量十分巨大，见图 4-34。

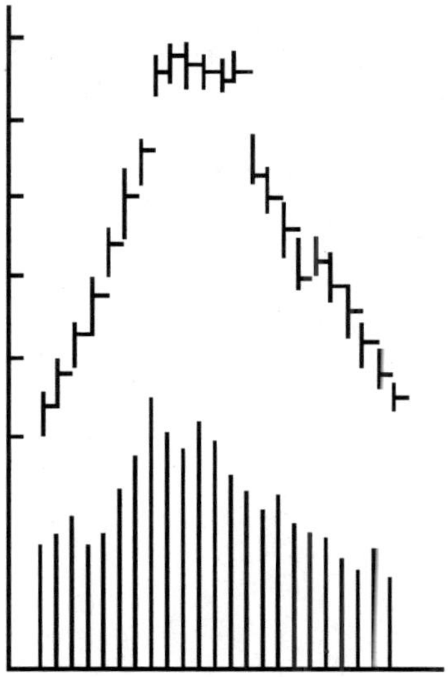

图 4-34　岛形转向

股价在下跌时形成岛形转向的情形也一样。

（二）分析意义

股价不断上升，让原来想买入的投资者开始在预期的价位买进。随后出现的持续升势使投资者忍不住开始不计成本的抢入，于是，形成一个上升缺口。可是，股价却没有因为出现这样的跳升而继续上涨，反而在高位遇到阻力，多空双方经过一段短期的斗争后，空方胜出，使得股价出现缺口性下跌。之后股价持续下跌一段时间，走势与岛形转向形成之前的上升走势类似。

该形态告诉我们：

1. 岛形本身并非是转向形态，但是这种图形却经常在长期或中期性趋势的顶部或底部出现。

2. 这两个缺口在很短时间内先后出现，最短用时可能只有一个交易日，这种情况也可称作“单日转势”；不过，有些岛形形成的时间也可能长达几天甚至几个星期。

3. 形成岛形的两个缺口大多在同一水平的价格范围之内。

4. 岛形也可能在一些形态，如头肩式、三角形或长方形等形成的过程中出现。

5. 岛形转向以消耗性缺口开始，突破性缺口结束。该情形是以缺口填补缺口，之前的缺口将被完全填补。

第五章 K线图及其图形研判

内容提要：

在股票行情分析软件中，通常用K线图作为主图，再结合几条移动平均线来研判股价走势，主图下面是成交量和MACD等其他技术指标图。本章主要介绍K线图的画法、意义及研判方法。

一、K线图的表示方法

用一条K线即可表示出当天的开盘价、收盘价、最高价、最低价，故K线是相当简便、精确且最为基本的一种技术分析图形。它与其他技术分析图形一起使用，可以较准确地预测股价走势。

K线以纵轴表示价格，横轴表示时间（5分钟、15分钟、30分钟、60分钟、一日、一周或一个月）。横轴若以每日为单位，则称为“日线”；以周为单位则称为“周线”；以月为单位则称为“月线”。类似地，还可分为点线图、条形图等，前面章节已述。

K线图和条形图一样，均能表示出股价的开盘价、最高价、最低价、收盘价，只不过K线更为细腻，以红绿实体来代表股价的升跌。

换句话说，当开盘价比收盘价高时，就将开盘价和收盘价之间涂绿，并连接上最高价与最低价，此图称为“阴线”，代表行情下跌。其所连接的最高价与最低价，即称为“上影线”“下影线”。

当收盘价比开盘价高时，就将开盘价与收盘价之间填为红色，然后再连上最高价与最低价，此图称为“阳线”，代表行情上涨。

图5-1给出了K线图的表示方法。

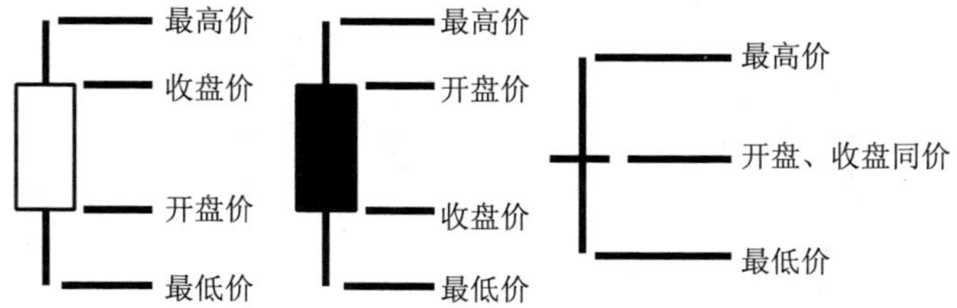

图5-1　K线图的表示方法

介绍了K线图之后，接下来便讨论如何根据K线图来判断股价的走势。

根据K线来判断股价走势需要积累经验。不过，学会看图并不困难。只要投资人稍微花一点时间亲自画K线，一旦熟练之后，对于股价涨跌情形、涨跌幅度，或什么情形代表已达到顶部、什么情况代表筑底完成等均可一目了然，而且越画越熟悉K线图的特性，更能掌握适当的买卖时机。

此外，随成交量的增加而大幅震荡的股票，代表买卖双方正在激烈斗争，由K线图也可预测买卖双方孰胜孰败。

用一条K线来研判行情时，可由K线的长短，阳线、阴线之别，影线的上下位置、长短，来揭示股价未来的走势。但是，仅靠一条K线的变化，无法掌握市场的整体趋势。因此，投资人也必须了解两条以上K线的组合情形，在不胜枚举的组合当中，本书只介绍具有代表性的几种组合（由左往右移动）。

二、单一阴阳线判断法

（一）阳线

图形	通称	图形判读法
	下影阳线	暗示上升力强
	收盘光头阳线	强力上升线
	开盘光头阳线	上升力强，但应谨慎进出
	光头阳线	趋势强劲

续表

图形	通称	图形判读法
	小阳线	行情扑朔迷离
	极阳线	行情混乱，涨跌无法估计
	上影阳线	暗示行情走低
	上吊线	行情看涨

（二）阴线

图形	通称	图形判读法
	光头阴线	弱线、在高档出现暗示行情极坏
	开盘光头阴线	行情看坏
	收盘光头阴线	出现于低档表示有反弹的迹象
	极阴线	行情不明朗
	下影阴线	行情虽软，但底部具支撑力

（三）同时线

图形	通称	图形判读法
—	四值同时线	交易不旺，投资人观望
	T 字线	行情出现转机
	下长同时线	行情出现转机
	倒 T 字线	位于高挡表示行情疲软
	十字线	买卖双方之攻防点，暗示转盘

三、卖出信号

（一）十字线

在高价圈出现十字线（开盘收盘等价线），并留下上下影线，其中上影线较长，见图 5-2。此情形表示股价经过一段时间上涨后，位置已经相当高，欲振乏力，开始要走下坡。这是明显的卖出信号。

（二）覆盖线

股价经过连续数天扬升之后，隔日高开，随后买盘不愿追高，大势持续滑落，收盘价跌至前一日阳线之内，见图 5-3。这是超买之后引发卖压涌现，获利了结盘开始大量抛出，股价即将下跌。

图 5-2　十字线

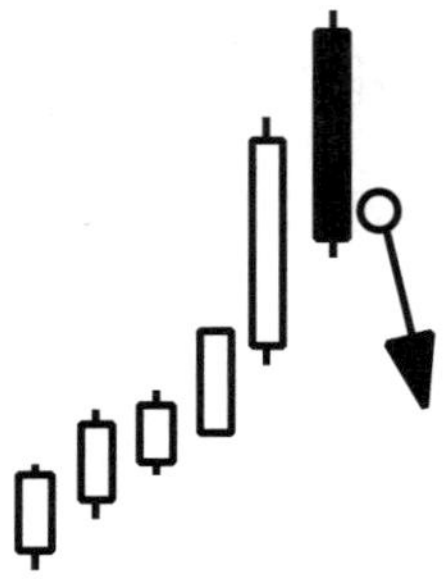

图 5-3　覆盖线

（三）孕育线（阳线缩在较长的阳线之内）

股价经过连续数天扬升之后，隔天出现一根小阳线，但它被包含在前日之大阳线之中，见图 5-4。这种情形表示股价上升乏力，是暴跌的前兆。

（四）孕育线（阴线缩在较长的阳线之内）

股价经过连日扬升后，隔日收阴线，并且阴线被包含在前一日的大阳线之中，见图 5-5。这种组合也代表上涨力道不足，是股价下跌的前兆。若隔天再出现一条上影阴线，更可判断为股价暴跌的征兆。

图 5-4　孕育线（阳线缩在较长的阳线之内）

图 5-5　孕育线（阴线缩在较长的阳线之内）

（五）上吊阳线

股价高开，先前的买盘因获利了结而杀出，使得大势随之滑落；但低位又逢多方有力承接，股价再度攀升，形成了下影线，其长度为实体的3倍以上，见图5-6。此图形看起来似乎买盘转强；然而，宜慎防主力拉高出货，空仓者不宜贸然介入，持股者宜逢高抛售。

（六）跳空

走势图中连续出现3根跳空阳线后（见图5-7），卖压必现，一般投资人在第二根跳空阳线出现后，即应先行获利了结，以防股价回落而惨遭套牢。

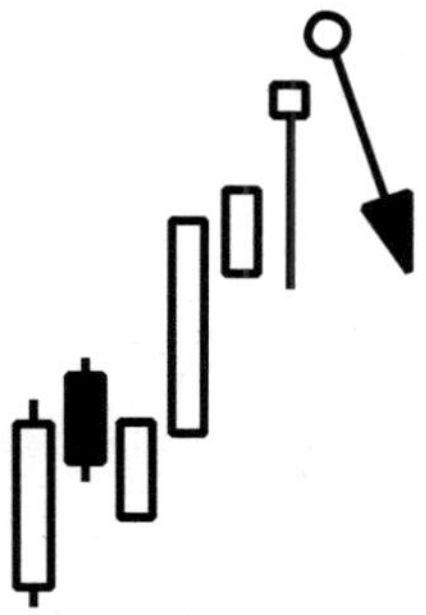

图5-6 上吊阳线

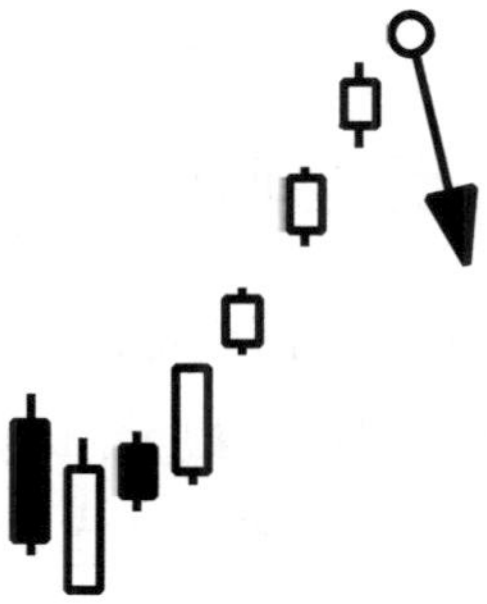

图5-7 跳空

（七）最后包容线

在股价经过持续数天的上涨后，出现一根阴线，隔天又低开高走拉出一根大阳线，将前一日的阴线完全包住，见图5-8。这种现象看来似乎买盘增强，但只要隔日行情的开盘价出现比大阳线的收盘价低，则投资人应该断然抛出持股。

若是隔日行情的开盘价高于大阳线的收盘价，也有可能出现覆盖阴线，投资人应慎防。

（八）孕育十字线

亦即今日的十字线完全包含在前一日的大阳线之中的情况，见图 5-9。此状态代表买盘力道减弱，行情即将回软，股价下跌。

图 5-8　最后包容线

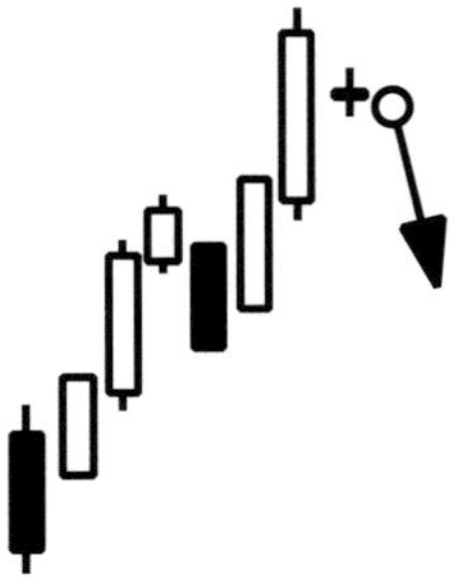

图 5-9　孕育十字线

（九）反击顺沿线

此处所称的顺沿线是指自高位顺次而下出现的两根阴线。为了打击此两根阴线所出现的一根大阳线（见图 5-10），看起来似乎买盘力道增强了。但是，投资人须留意这只不过是根“障眼线”，主力正在拉高出货，它也是投资人难得的逃命线，宜抛出持股。

（十）尽头线

持续涨升的行情一旦出现此图形（见图 5-11），表示上涨力道即将不足，行情将回落盘整，投资者宜先行获利了结。这也是一根“障眼线”，小阳线并没有超越前一日的最高点，说明上涨乏力，股价将下跌。

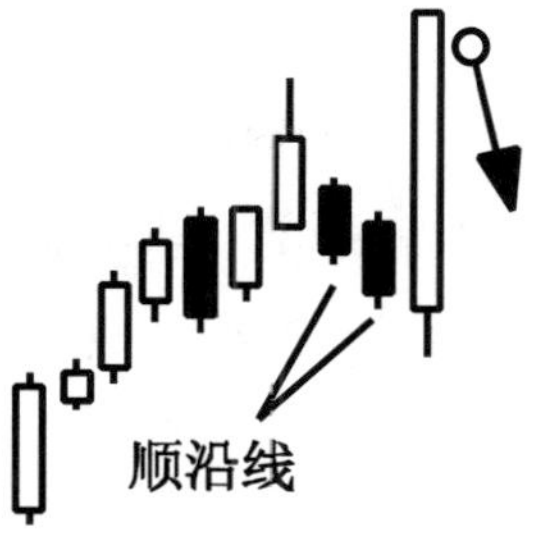

图 5-10 反击顺沿线

图 5-11 尽头线

（十一）跳空孕育十字线

当股价跳空上涨后拉出 3 根大阳线，随后又出现一根十字线（见图 5-12），代表短期涨幅过大，买盘不愿追高，持股者纷纷卖出，这也是融券者千载难逢的放空好机会，股价将暴跌。

（十二）舍子线①

行情跳空上涨形成一根十字线后，隔日却又跳空拉出一根阴线（见图 5-13），暗示行情即将暴跌。此时股价涨幅已经相当大，无力再往上冲，以致跳空而下，这是卖出信号，在这种情况下，成交量往往也会随之减少。

图 5-12 跳空孕育十字线

图 5-13 舍子线

① 舍子线是指十字线后面的阴（或阳）线。

（十三）跳空下降

在连续多日下跌并出现向下跳空阴线之后，突然出现一根上涨的阳线（见图 5-14）。此情形是股价回光返照的征兆，宜把握时机卖出持股，否则股价会继续下跌。

（十四）八段高峰获利了结

如图 5-15 所示，当股价创出第八个新高时，即应获利了结，就算此时不脱手，一旦股价创出第十三个新高时，必须清仓。

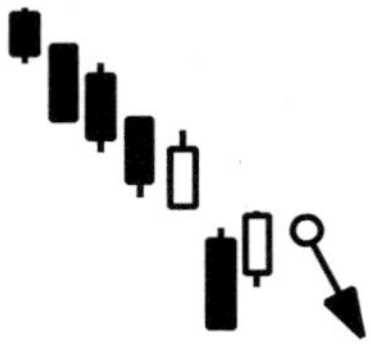

图 5-14　跳空下降

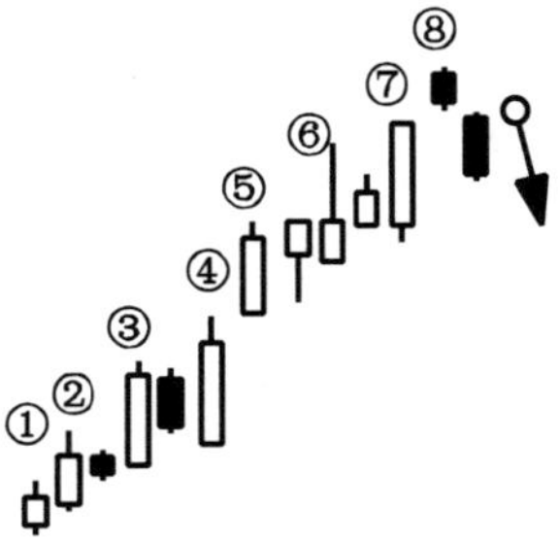

图 5-15　八段高峰获利了结

（十五）三颗星

如图 5-16 所示，在下跌行情中出现这种走势，是抛出持股的好机会，股价将再往下探底。

（十六）下跌三天后的大阳线

行情在持续下跌中出现一根大阳线，此大阳线将前 3 天的跌幅完全抹掉（见图 5-17），此时是绝好的逃命机会，投资者宜尽快出脱持股，股价将持续下跌。

图 5-16　三颗星

图 5-17　下跌三天后的大阳线

（十七）顺沿线

在行情连续上涨一个月以上后，出现连续两条下降阴线（见图 5-18），即可判断前几日的高价为天价，上涨已乏力，股价即将下跌。

（十八）暴跌三杰

在股价大涨后，连续出现 3 根阴线（见图 5-19），即为卖出信号，这是股价暴跌的前兆。行情将出现一个月以上的回调整理走势。

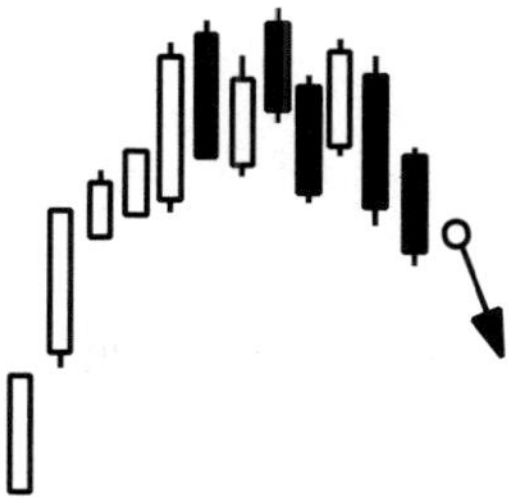

图 5-18　顺沿线

图 5-19　暴跌三杰

（十九）跳空下降二阴线

在下降行情中又出现跳空下跌的连续两根阴线（见图 5-20），这是股价暴跌的前兆。通常在两根阴线出现之前，会有一小段反弹行情，如若反弹无力，连续收出阴线时，表示买方大崩盘，股价将继续往下探底。

（二十）低档盘旋

通常，市场的整理时间在 6~11 天，若接下来出现跳空阴线，则为大跌走势的起步阶段（见图 5-21）。也就是说，前段时间的盘整行情只不过是下跌中途的休整走势，股价将继续下跌。

图 5-20　跳空下降二阴线

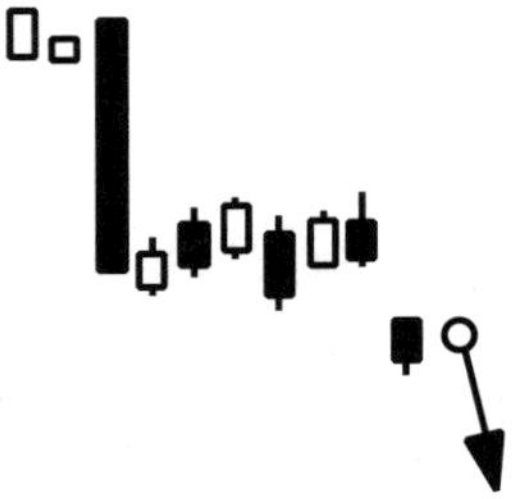

图 5-21　低档盘旋

（二十一）下降覆盖

在高位震荡行情中，先出现一根包容性的大阴线，隔日又收出一根下降阳线，接下来再出现覆盖线（见图 5-22），则暗示行情已到达顶部，此时投资者应该清仓。

（二十二）下降插入线

在连续下降阴线中，突然出现一根低开高走的阳线（见图 5-23），此时为卖出时机，股价必将继续下跌。

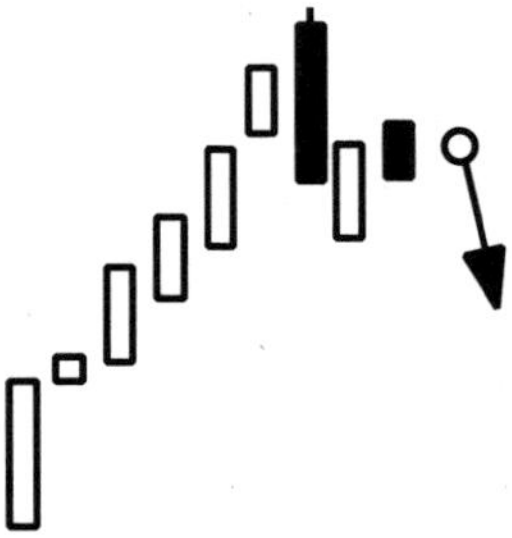

图 5-22　下降覆盖

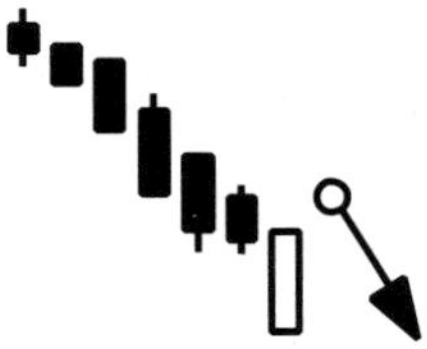

图 5-23　下降插入线

（二十三）下降三法

行情在持续性下跌走势中，突然出现一根大阴线，隔天起却又连续出现 3 根小阳线，这并不代表筑底完成；接下来若再出现一根大阴线（见图 5-24），则为卖出时机，股价必将继续往下探底。

（二十四）高档五阴线

股价涨幅已大，走势图中连续出现 5 根阴线（见图 5-25）。这种情形表明股价开始进入盘局，此时若成交量开始萎缩，更可确信未来行情不妙。

图 5-24　下降三法

图 5-25　高档五阴线

（二十五）弹头天价

在天价区股价并没有进行箱形整理，反而呈现平稳的横向波动，其走势像个子弹头的圆顶（见图 5-26），代表股价将回档整理。

图 5-26　弹头天价

（二十六）M 形信号

所谓 M 字形（或称“倒 W 形”），是指行情出现第一个高点后，开始回落；当其第二次上涨时，却因大量卖盘涌现，无法向上突破第一个高点。股价在第一个高点附近形成第二个高点后，开始下跌（见图 5-27）。这种形态类似英文字母 M，故称“M 字形”。这是明显的卖出信号。

图 5-27　M 形信号

四、买进信号

（一）反弹线

在之前的底部区域，当行情出现长长的下影线时（见图 5-28），往往即为买进时机，投资人即可买进；或为了安全起见，可等行情回升之后再买进。若无重大利空出现，未来行情必定反弹。

（二）两颗星

在上涨行情中，连续出现这种类似十字线的情形即称为“两颗星”（见图 5-29）。此后股价上涨，再有成交量放大配合，即为可信度极高的买进时机，股价必再出现另一波上涨行情。

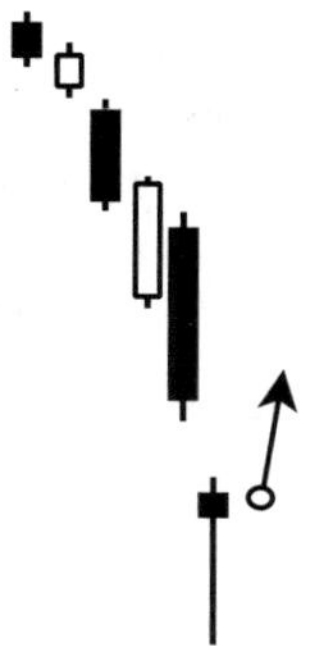

图 5-28 反弹线

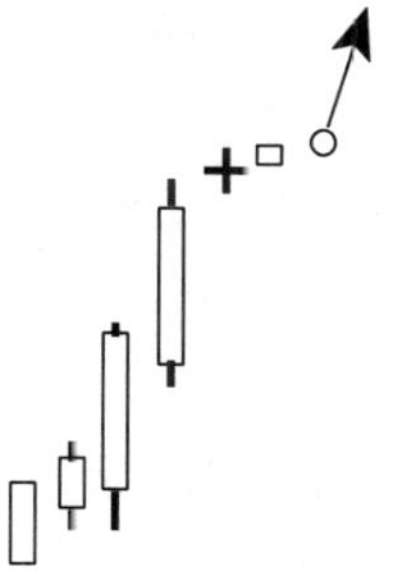

图 5-29 两颗星

（三）舍子线

在大跌行情中，跳空出现十字线（见图 5-30），这暗示着筑底已经完成，为反弹之征兆。

（四）跳空上扬

在上涨行情中，某日跳空拉出一条阳线后，即刻出现一条下跌阴线（见图 5-31），此为股价加速上涨的前兆，投资人无须惊慌，也不必抛出持股，股价必将继续上升。

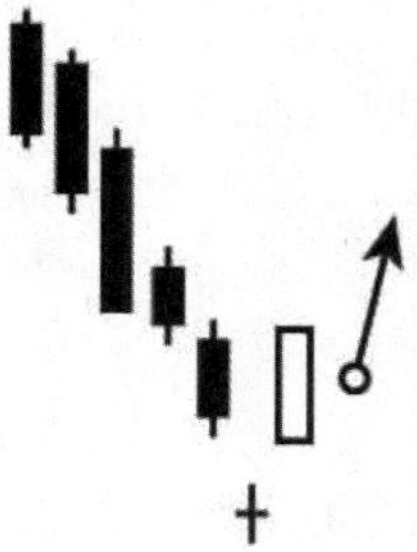

图 5-30 舍子线

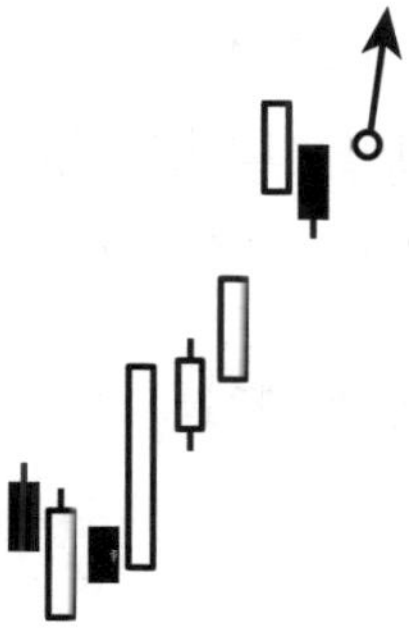

图 5-31 跳空上扬

（五）最后包容线

在连续的下跌行情中出现小阳线，隔日即刻出现包容的大阴线（见图5-32）。此种情况代表股价筑底完成，行情即将反弹。虽然图形看起来呈现弱势，但卖方的筹码均已出尽，股价必将反弹而上。

（六）下档五阳线

在底价区内连续出现5根阳线（见图5-33），暗示逢低接盘的力道不弱，底部已形成，股价将开始反弹。

图5-32　最后包容线

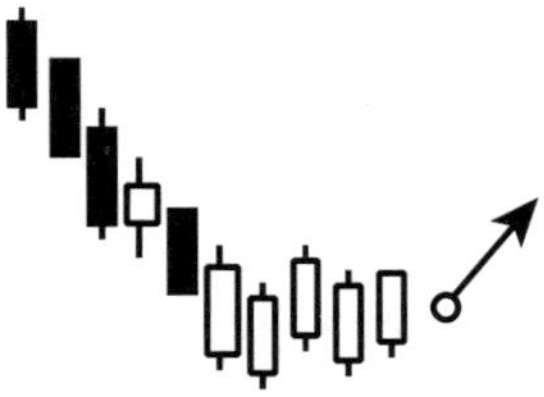

图5-33　下档五阳线

（七）下降阴线

股价在上涨途中，一旦出现3根连续下跌阴线，即为逢低承接的大好时机；当第四天的阳线超越前一天的开盘价时（见图5-34），表示买盘强于卖盘，应立刻买进以待股价扬升。

（八）反弹阳线

确认股价已经跌得很深，当某一天行情出现阳线——反弹阳线时，即为买进信号，若反弹阳线附带着长长的下影线（见图5-35），表示低档已有主力大量承接，股价将反弹而上。

图 5-34 下降阴线

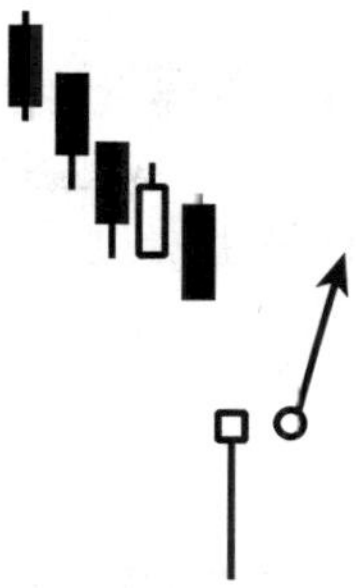

图 5-35 反弹阳线

（九）上档盘旋

股价随着强而有力的大阳线上涨，在高位会稍做整理（见图 5-36），也就是等待大量换手。随着成交量的扩大，即可判断另一波涨势即将出现。上档盘整期为 6~11 天，若时间过长则表示上涨无力。

（十）阴线孕育阴线

在下跌行情中，出现大阴线的次日，走出一根完全被大阴线包容在内的小阴线（见图 5-37），这种情形表示卖盘出尽，走势有变盘的迹象，股价将开始反弹。

图 5-36 上档盘旋

图 5-37 阴线孕育阴线

（十一）并排阳线

股价在连续上涨过程中，某日跳空收阳线，隔日又出现一条与其几乎并排的阳线（见图 5－38）。如果下一日股价高开，则可期待大行情的出现。

（十二）超越覆盖线

行情在上涨途中若是出现覆盖线，表示已达高价区。此后若是出现创新高的阳线（见图 5-39），表示行情有转暖的迹象，股价将会继续上涨。

图 5-38　并排阳线

图 5-39　超越覆盖线

（十三）上涨插入线

在行情震荡走高之际，出现覆盖阴线的隔日，收出一根下降阳线（见图 5-40），这是短期的回档走势，股价必上涨。

（十四）三根大阴线

在下跌行情中出现 3 根连续大阴线（见图 5-41），是股价见底的征兆，行情将转暖，股价将会上扬。

图 5-40　上涨插入线

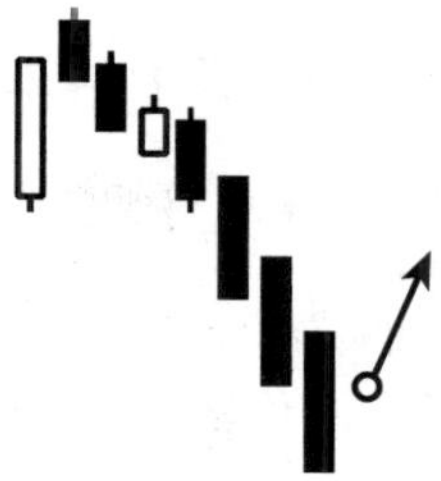

图 5-41　三根大阴线

（十五）五根阴线后一根大阴线

当行情阴阳交错拉出 5 根阴线后，再出现一根长长的大阴线（见图 5-42），即可判断股价已到底部。如果隔日高开，即可视为反弹已经开始。

（十六）两根插入线

如图 5-43 所示，这暗示逢低接盘的力道强劲，股价因市场变盘而呈上升之势。

图 5-42　五根阴线后一根大阴线

图 5-43　两根插入线

（十七）上升三法

行情在上涨过程中，大阳线之后出现 3 根连续小阴线（见图 5-44），这是蓄势待发的征兆，股价将会上升。

（十八）连续下降三颗星

确认股价跌幅已深，于低档盘整跳空出现连续 3 条小阴线（极线），这是探底的前兆，如果第四天出现十字线，第五天出现大阳线，则可确认底部已筑成，股价将反转直上。具体情况见图 5-45。

图 5-44　上升三法

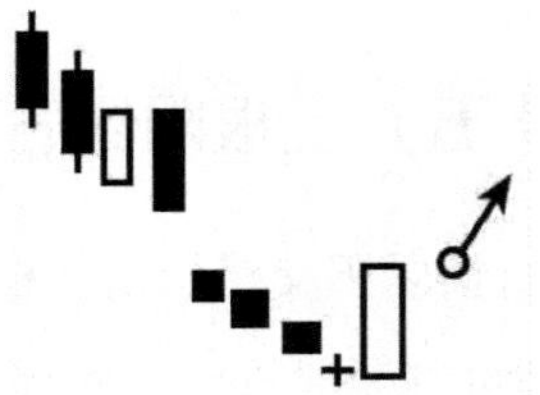

图 5-45　连续下降三颗星

（十九）三空阴线

当行情出现连续 3 根跳空下跌阴线时（见图 5-46），为强烈的买进信号，股价即将反弹。

（二十）向上跳空阴线

如图 5-47 所示，该图虽不代表会有大行情出现，但可能出现 7 天左右的涨势，为买进时机。

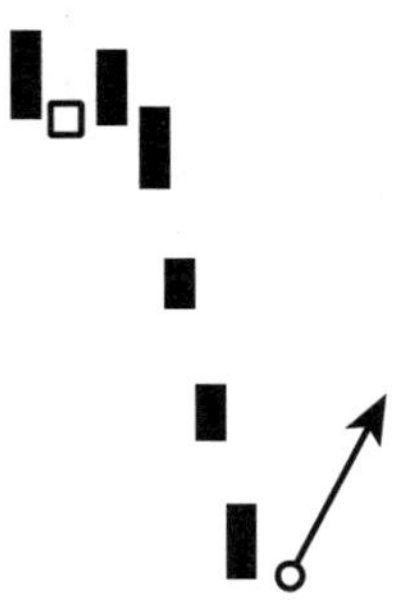

图 5-46　三空阴线

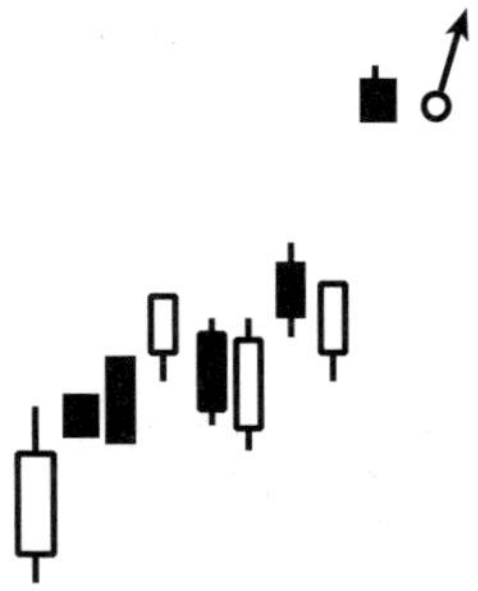

图 5-47　向上跳空阴线

第六章 OX图（点数图）

内容提要：

OX图也称“点数图”，也是类似K线和条形图一样的技术分析主图。本章介绍OX图的画法及研判方法。

一、OX 图原理

除点线图、K 线图与条形图外，OX 图（Point and Figure Chart）也是一种主要的图形表示方法。OX 图是一种非常实用的技术工具，不论在价格是否改变涨跌方向，还是在价格能否创新高（低）方面，它均能使投资者有效掌握实际的买卖信号。

与条形图形一样，OX 图也是以价位的变化来绘制图形。只不过条形图的绘制是每日各画一条线，较容易看出市场在固定时段内的价位变化；而 OX 图则完全以涨跌方向的变化来绘制图形，它既能充分表现价格涨者恒涨、跌者恒跌的特性，也较能体现图形中的变化。

制作 OX 图时，若手工画图，则须用到方格纸。不过现在一般均利用电脑来绘制（见图 6-1）。

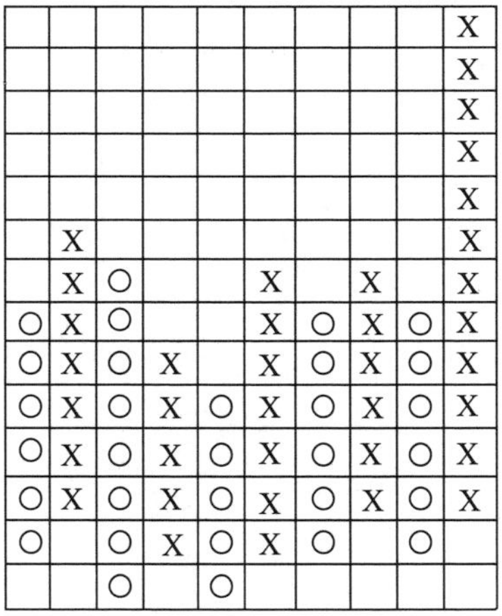

图 6-1　OX 图

在图 6-1 中，每一小方格（横格）所代表的价位变动大小，即所谓“格值”，各种商品有所不同。对于黄金或白金，理想的格值应该设定为 1 美元或 0.5 美元；而对于白银或大豆，格值应设定为 0.1 美元；美元兑换日元现汇则可设为0.2美元。对于国内股市而言，格值将视股价的高低而定，一般可定为0.2元人民币左右。

每一格值所代表的价位大小，或多或少会影响图形的变化。格值设定越小，图形变化越敏感，也越复杂。对于长期投资者而言，应使用较大的格值。

OX图传统的绘制方法为：当价格上涨时，以“X”记号画进方格；价格下跌则以“O”记号代表。绘制原则可以参考图6-2，这是标准的3格转折OX图绘制原则。

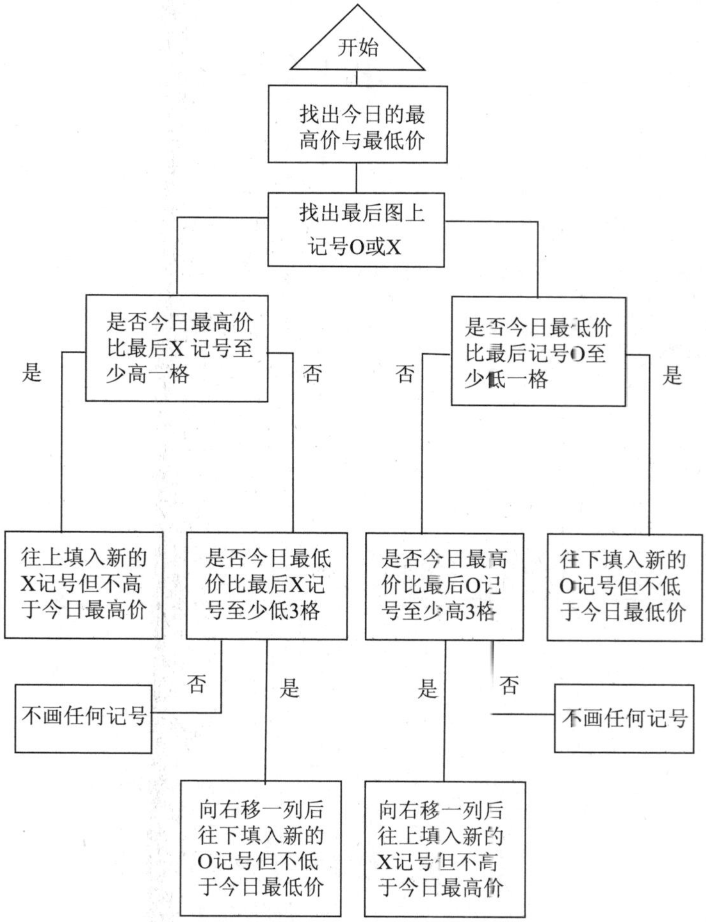

图6-2　OX图绘制原则

“转折（Reversal）”代表着当价格要从上涨趋势转向下跌时，究竟要下跌几个格值，才可以将画 X 的记号转列开始画 O。

以图 6-2 的原则而言，转折数为 3，即当价格下跌必须超过 3 个格值时，才可以转列划 O。反之，当价格上涨必须超过 3 个格值时，才可以转列划 X。

从 OX 图与条形图或 K 线图的比较中便可发现，OX 图较容易掌握图形的变化，而且更精简。

二、OX 图的买卖信号

OX 图可以较明显、清晰地判断出支撑与阻力的位置。对于买卖点较容易掌握，同时也易于设定停损点。

如图 6-3 所示，价格向上突破双头的压力线时，突破即为买进点，也为空头回补的停损点；反之，如图 6-4 所示，为卖出信号。

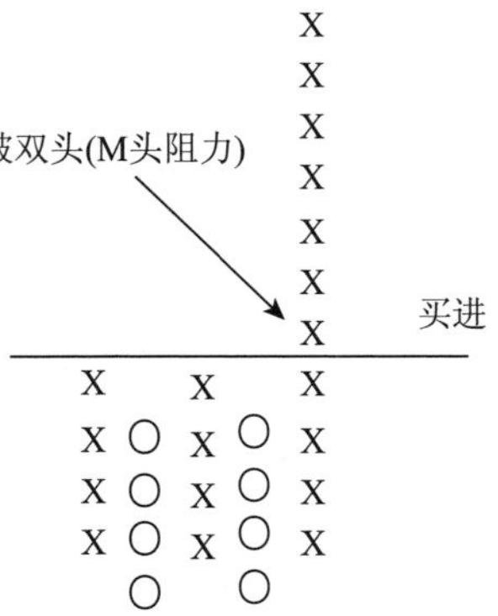

图 6-3　突破双头

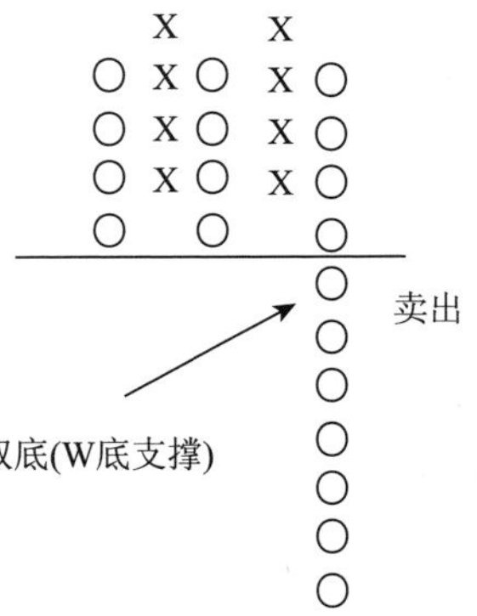

图 6-4　跌破双底

如图 6-5 所示，价格突破上升趋势的阻力线，价格突破之前一浪高于一浪，多头节节进逼，直至空头弃守，使价格向上突破阻力线，此为买进信号；反之，如图 6-6 所示，为卖出信号。

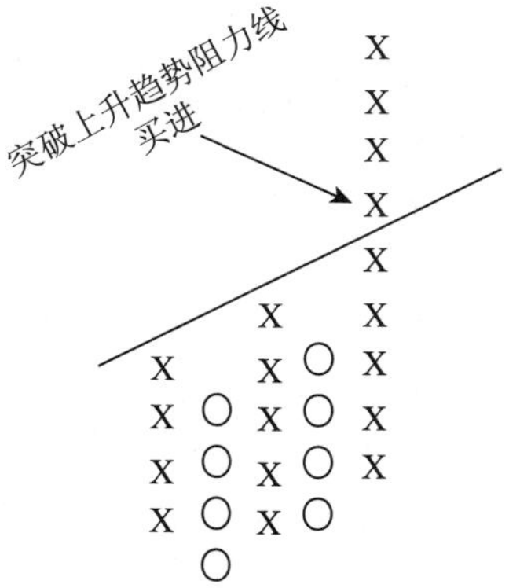

图 6-5 突破上升趋势阻力线

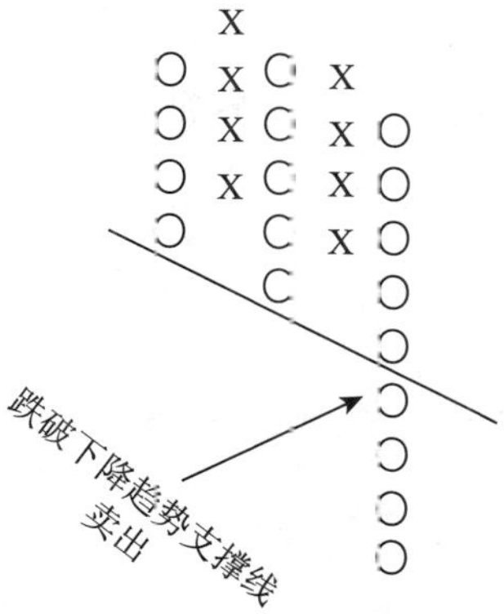

图 6-6 跌破下降趋势支撑线

如图 6-7 所示，价格跌破上升趋势的支撑线，为卖出信号；反之，如图 6-8 所示为买进信号。

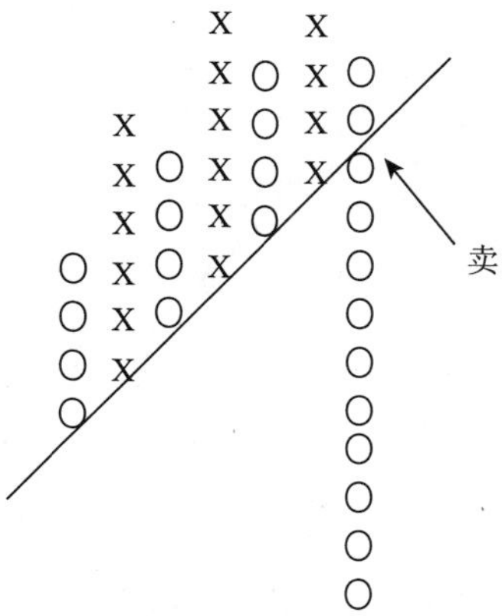

图 6-7 跌破上升趋势支撑线

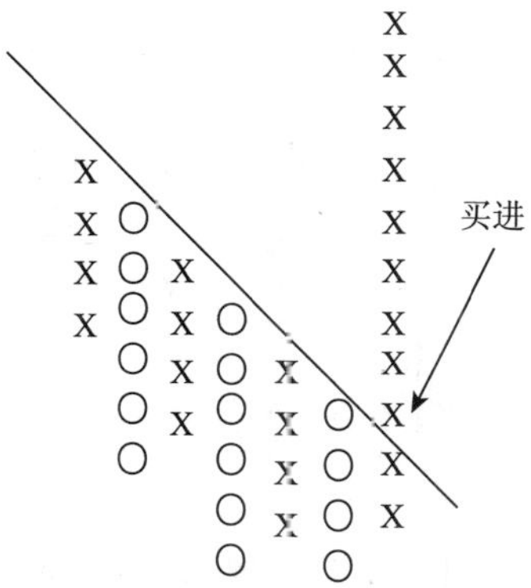

图 6-8 突破下降趋势阻力线

如图 6-9 所示，价格向上突破敏感（正）三角形，突破之前多空双方势均力敌，直至多头力量转强，股价上涨，此时为买进信号；反之，如图 6-10 所示，为卖出信号。

如图 6-11 所示，价格向上突破上升三角形，为买进信号；反之，如图 6-12 所示，价格跌破下降三角形，为卖出信号。

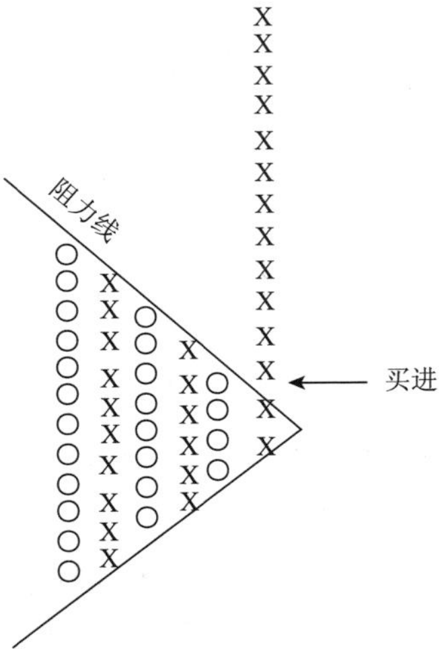

图 6-9 突破敏感三角形

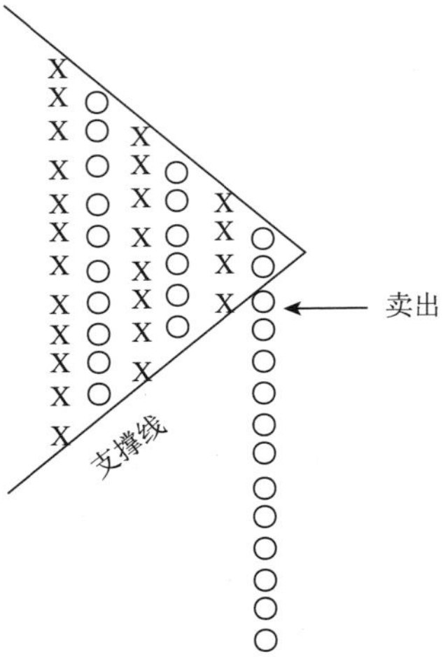

图 6-10 跌破敏感三角形

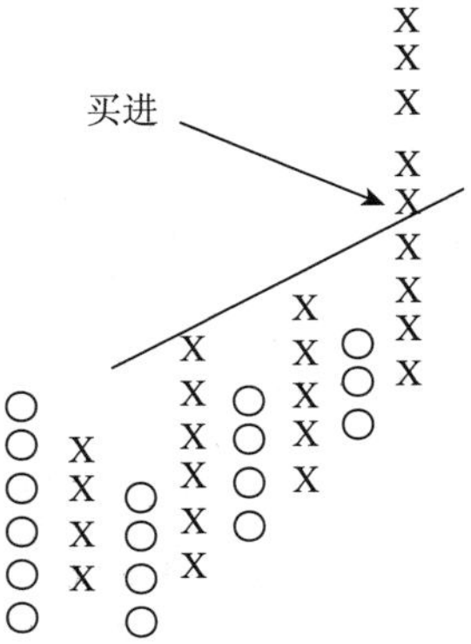

图 6-11 突破上升三角形

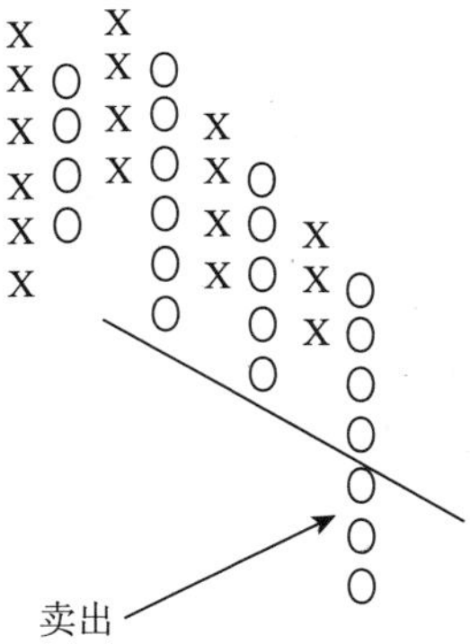

图 6-12 跌破下降三角形

三、OX 图的目标价位测定

OX 图在计算目标价格时，测量价位涨跌幅度的基准有两种：第一种是横轴列数；第二种是纵轴行数。

通常在预测目标价位之前，首先应确定阻力线与支撑线的关卡位置，确定出关卡之后，才可以得知价格突破之后，会涨跌到什么价位。

1. 横轴列数目标价位的测定。

根据价格在一定幅度之内上下来回变动次数来计算。来回次数越多，所积聚的力量也就越大。

计算公式为：

（1）上涨目标价位。

$$H_{up} = PL + (W \times RV)$$

其中，H_{up}代表价格将上涨的目标价位；PL 为价格的基期最低价；W 为基期的横轴列数，但不包括突破的一列；RV 为格值×转折数。

（2）下跌目标价位。

$$H_{dn} = PH - (W \times RV)$$

其中，H_{dn}代表价格将下跌的目标价位；PH 为价格的基期最高价；W 为基期的横轴列数，但不包括突破的一列；RV 为格值×转折数。

具体情况见图 6-13。

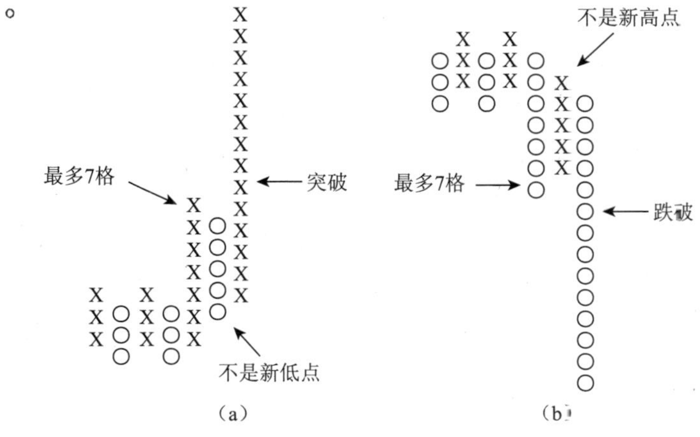

图 6-13 OX 图目标价位测定

2. 纵轴行数目标价位的测定。

纵轴行数目标价位的计算方法是测量该种股票价格的波动幅度。价格从低位的反弹幅度，或者从高位的回落幅度，均可以根据其主要的价格动向，来计算其反弹或回吐的目标值。

（1）下跌反弹目标价位=当前最低价格+（最低价格首次反弹格数×每格格值×转折数）。

（2）上升回落目标价位=当前最高价格-（最高价格首次回落格数×每格格值×转折数）。

第七章 未平仓合约

内容提要：

未平仓合约指一张在市场内尚未平仓的期货合约（可能为买进或卖出）。本章介绍了未平仓合约的概念，同时对其与价格涨跌的关系进行了讨论。

一、未平仓合约的概念

未平仓合约为商品期货与期权市场上的特有概念。所谓未平仓合约是指一张期货合约（可能为买进或卖出），尚未在市场内被投资者平仓[①]，亦即投资者仍然持有该合约。

未平仓合约的总数，是交易所清算完所有会员在一个营业日结束后的数据汇集报告。未平仓合约是对买卖双方中单独一方的计算，并非多头及空头的总和。在市场内，未平仓合约的多头合约总数一定等于空头合约的总数。

二、未平仓合约增减与价格涨跌关系

未平仓合约的增减与价格涨跌有着相当大的关系。若投资者拥有一张未平仓合约，意味着他正在承担市场剧烈波动的风险。此时投资者除非持续看好后市，否则，就应立即获利了结平仓，甚至认赔了事。因此，从未平仓合约数量的增减与价格涨跌的比较，投资者可以判断市场的观点是看多还是看空。两者之间的关系，有下列 4 种情况的比较：

（一）未平仓合约数量增加，价格上涨

技术性显示市场内部看好，部分新多头及空头加入市场，导致未平仓合约数量增加。价格上涨表示市场内多头态度较空头积极，因为多头愿意付出较高的价格买入；而空头态度较为被动谨慎，仅愿择高放空。相关研究报告指出，在这种情况下，后市价格看好，上涨的概率高达 80%以上。

---

① 平仓意指将买进合约予以卖出，或将卖出合约予以买进，完成一买一卖的手续。

（二）未平仓合约数量减少，价格上涨

技术性显示市场内部看跌。市场内部分空头确认先前的放空是项错误的决定。因此，不得不以较高的价格买进认赔平仓，促使价格上涨，也促使未平仓合约数量减少。在这种情况下，价格的上涨仅归因于空头回补，并无新多头进场。此时，后市下跌的概率接近 80%。

（三）未平仓合约数量增加，价格下跌

技术性显示市场内部看跌。市场内空头积极放空，此时多头力量薄弱无法承接大量卖盘。因此，未平仓合约数量持续增加，价格也逐步滑落。在这种情况下，后市下跌的概率高达 90%以上。

（四）未平仓合约数量减少，价格下跌

技术性显示市场内部看好。市场部分多头获利回吐，导致价格下跌；而空头又不愿杀得更低，有些空头甚至开始买入平仓，使得未平仓合约数量减少。此种情况显示市场价格见底，跌势即将结束，后市看好的概率接近 90%。

归纳上述 4 种情况，可以得知：当未平仓合约数量的增减与价格的涨跌同方向时，技术性后市看好；而当两者的变化反方向（背离）时，后市看跌。如表 7-1 所示，此为两者之间关系的比较结果。

表 7-1 未平仓合约数量与价格的变化对后市的影响

价格	未平仓合约	市场内部变化	预期后市
上升	增加	多头买进	上升
上升	不变	多头空头买进	上升
上升	减少	空头加补	下跌
下降	增加	空头卖出	不变
下降	减少	多头了结	上升
牛皮	增加	多空相等	中性
牛皮	不变	多空相等	中性
牛皮	减少	多头了结、空头回补	中性

表 7-1 的内容，仅为一般性的结论。拉瑞·威廉则提出了独特的看法。他认为：当价格牛皮震荡，未平仓合约数量减少时，显示市场内技术性看好，原因是大户相信短期内价格会突破阻力线而上涨，见图 7-1；当价格牛皮震荡，未平仓合约数量增加时，则显示大户正在抛售，他们认为价格终将会跌破支撑线，见图 7-2。

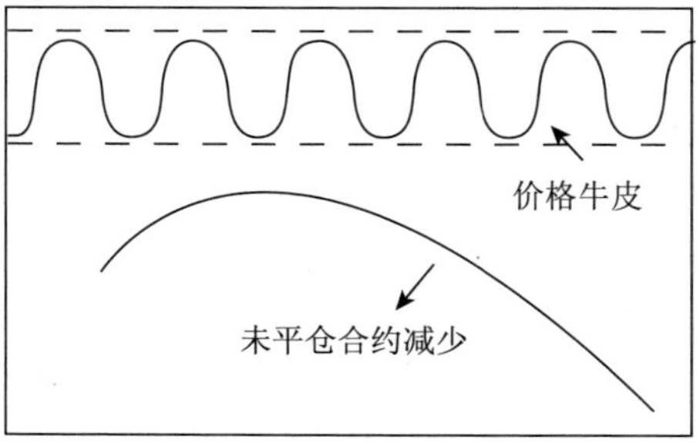

图 7-1　价格牛皮震荡，未平仓合约数量减少

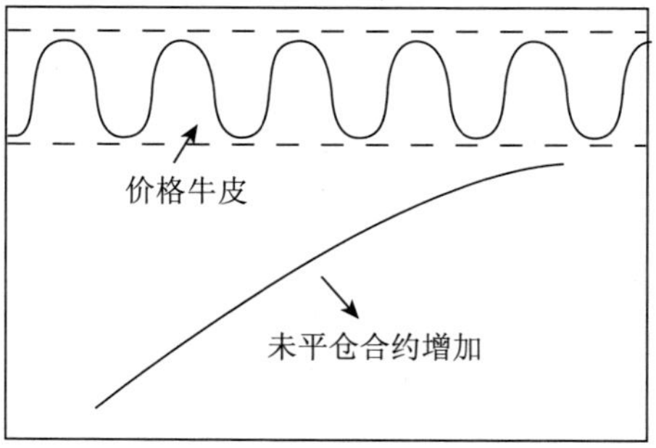

图 7-2　价格牛皮震荡，未平仓合约数量增加

第八章 波浪理论[①]

内容提要：

艾略特认为，股价的波动，与大自然的潮汐一样，具有相当程度的规律性。通常，波浪理论是用来分析大势的。依据波浪理论的观点，股价的波动从牛市到熊市的完整周期，包括了5个上升波浪与3个下降波浪。

① 本章部分文字、图表等，转引自：PRECHTER R R Jr，FROST A J. Elliott wave principle: key to market behavior［M］. Gainesville：New Classics Library Publications，1998.

一、波浪理论基本知识

波浪理论是技术分析大师艾略特于 1939 年发表的分析方法，也是现今运用较多且很难掌握的分析方法。艾略特认为股价的波动，与大自然的潮汐一样，具有相当程度的规律性，即股价的波动也是一浪跟着一浪，而且周而复始。因此，投资者可以根据这些规律性，来预测价格未来的走势。

依据波浪理论的观点，股价的波动从牛市到熊市的完整周期，包括了 5 个上升波浪与 3 个下降波浪，见图 8-1。

每一个上升的波浪，称为“推动浪”，见图 8-1 中的 1 浪、3 浪、5 浪；每一个下跌波浪，是前一个上升波浪的“调整浪”，见图 8-1 中的 2 浪、4 浪。2 浪即为 1 浪的调整浪，4 浪即为 3 浪的调整浪。在整个大循环中，1 浪至 5 浪是一个大推动浪，a、b、c 3 浪则为大调整浪。

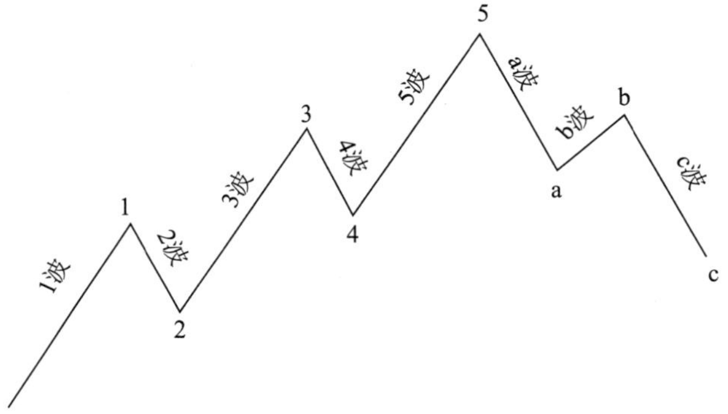

图 8-1　波浪的基本形态

在每一对上升的推动浪与下跌的调整浪组合中，又浪中有小浪，也同样以 8 个波浪来完成较小的价格波动周期，见图 8-2。一个大的价格波动周期涵盖了 34 个小波浪。

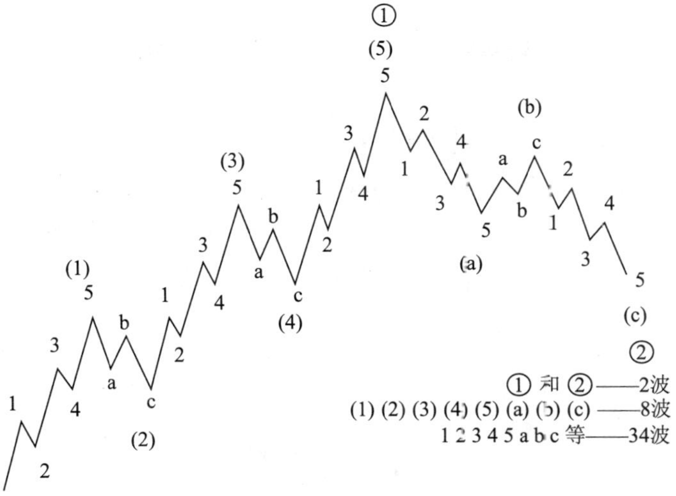

图 8-2 大循环周期

如图 8-3 所示，它涵盖了 144 个更细小的波浪。

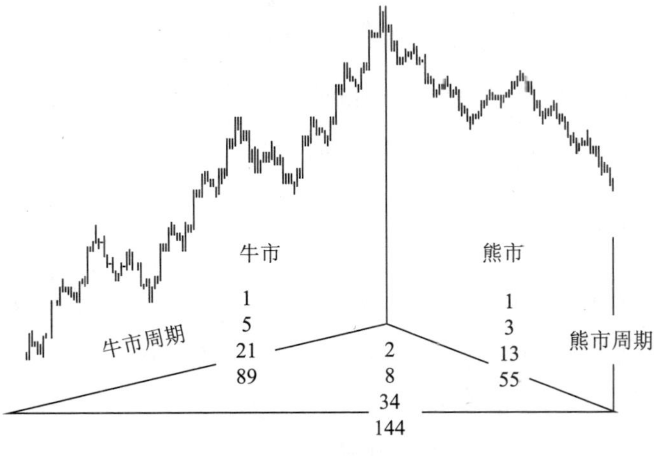

图 8-3 完整的市场周期

波浪循环的级数，一共划分为 9 级。在不同的级数中，每一波浪数字各有习惯性的标示法，见表 8-1。

表 8-1　波浪级数标示法

波浪级数	上升浪（上升五波浪）	调整浪（下降三波浪）
超级循环	（Ⅰ）（Ⅱ）（Ⅲ）（Ⅳ）（Ⅴ）	(A)(B)(C)
循环	Ⅰ Ⅱ Ⅲ Ⅳ Ⅴ	A B C
长期	①②③④⑤	a b c
中期	(1)(2)(3)(4)(5)	(A)(B)(C)
短期	1 2 3 4 5	a b c
微型	（i）（ii）（iii）（iv）（v）	(a)(b)(c)

二、波浪的特性

将波浪理论与道氏理论相比较，可以发现艾略特受查尔斯·道的影响非常大。道氏认为在一个上升的多头市场中，可分为 3 个上涨的阶段；艾略特则将之与自然界的潮汐循环相比拟，总结出波浪理论。

然而，艾略特本人并没有将这些波浪的特性加以详细说明。最初将不同波浪的特性加以详细解说的，是罗伯特·派瑞特。在其《艾略特波浪理论：市场行为的关键》一书中，每一波浪的特性如下：

（一）1 浪

几乎半数以上的 1 浪属于打底形态。其后的 2 浪调整幅度通常很大。由于此段上升行情出现在空头市场的反弹过程中，缺乏买气，加上来自空头的卖压，经常使之回跌较深。另外，一半数量的 1 浪，出现在长期盘整底部完成之后。这类的第一浪，升幅较可观。

（二）2 浪

此浪下跌的幅度很大，可能调整第一浪的 38.2%或 61. 8%，也可能会吃掉第一浪升幅的 100%。让市场人士误以为熊市尚未结束。当行情跌至接近底部（第一浪起涨点附近，投资者会出现惜售心理），成交量逐渐缩小时，才结束第二浪的调整。出现传统图形中的转向形态，例如头肩底、双底等。

（三）3 浪

第三浪的涨势可以确认是最大、最有爆发力的。跳空上升缺口在第三浪中很常见，它可协助投资者对第三浪的确认。该段行情持续的时间通常是最长的。此时，市场内投资者信心恢复，成交量大幅度上升，这是确认第三浪的另外的可靠依据。尤其是价格在突破第一浪的高点时，正是道氏理论所谓的买进信号。

这段行情的涨势非常猛烈，一些图形上的关卡能非常轻易地被突破，甚至产生跳空缺口，出现价格狂飙的局面。由于其涨势过于猛烈，第三浪经常出现波浪延长的情况。

数浪的第一个规则就是，第三浪必须长于第一浪和第五浪。第三浪的涨幅通常是第一浪的 1. 618 倍，也可能达到 2. 618 倍或其他倍数。当确认了目前的行情是第三浪后，任何一笔交易都应顺势而为，应该逢低买入，而不应逆市沽空。

（四）4 浪

第四浪通常以较复杂的形态出现，比如倾斜三角形等。此浪的最低点常高于第一浪的最高点。其终结点有下列 4 种可能情况：

1. 调整至第三浪的 38. 2%处；
2. 回吐至低一级的第四浪范围之内，也即第三浪中的第Ⅳ浪；
3. 如果以平坦形或“之”字形出现，c 浪与 a 浪的长度将会相等；
4. 可能与第二浪的长度相等。

数浪的另一个规则就是，第四浪的底不能低于第一浪的顶。第四浪接近尾声时，动力指标通常会出现极度抛售的情况。

当一组 5 个波浪的上升周期完成之后，根据第四浪的特性，该组 5 个波浪的第四浪低点，通常是下一次调整市道见底的位置。

（五）5浪

在股票市场中，第五浪的涨幅通常小于第三浪。且第五浪经常出现失败的情况，所以其涨幅不见得会很大；但在商品期货市场中，则往往出现相反的情况，即第五浪经常是涨幅最大的波浪，且常常出现波浪延长的现象。在第五浪中，二三线股票常常是市场上涨的主导力量，其涨幅会大于一线股票。

第五浪的上涨目标，通常可以通过下列两个途径做出准确预测：

（1）如果第三浪属于延长浪，则第五浪的长度将会与第1浪的长度相等；

（2）第五浪与第一浪到第三浪的长度，可能以61.8%的比率互相维系。

第五浪应该可以再划分为低一级的5个波浪。以上升力度分析，第五浪通常远不如第三浪，成交量的情况也一样。因此，在动力指标的走势图上，第五浪虽价格仍在上涨，但动力却减弱，出现背离现象。由于第五浪的上涨力度有减弱的倾向，有时股价会形成斜线三角形的形态，或称为“上升楔形的消耗性走势”。在上升楔形完成之后，市势预期会急转直下，股价以很快的速度跌到上升楔形开始的位置。

至于市场心理，普遍会出现一面倒的乐观情绪，与上升力度减弱及成交量下降的现象来对照，这也是一种背离现象。另外值得注意的地方，就是第五浪有时会出现失败形态，即其顶点不能越过第三浪的顶点。不过，此类形态较罕见，辨别的重点在于数出第五浪中完整的5个波浪。

（六）A浪

A浪是3个调整浪中的第一个波浪。在A浪中，大多数投资者认为上涨行情尚未结束，此时的下跌仅是暂时现象。实际上，走势逆转在第五浪通常已有警告信号，如量价背离或技术指标上的背离。多数A浪可以再分出低一级的5个波浪，在这种情况下，根据顺流5个浪的基本原则，主流趋势将会依照 A 浪方向运行，而 B 浪的反弹将达到 A 浪长度的 38.2%、50%或 61.8%。不论“之”字形还是平坦形的调整走势，B 浪永远以 3 个浪的组合出现。B 浪不可能再划分为低一级的 5 个波浪。如果 A 浪以 3 个波浪的组合运行，则 B 浪可能以不规则的形态而稍微超越 A 浪的起点。在此类形态中，B 浪可能是 A 浪长度的 1.236 倍或 1.382 倍。

（七）B 浪

通常情况下，B 浪的成交量不是很大，一般而言是多头的逃命阶段。然而，其上升形态很容易使投资者误认为市场正在展开另一波涨势，形成所谓“多头陷阱”。

（八）C 浪

C 浪是调整波浪的最后一个阶段，通常跌势强烈。它具有第三浪类似的特性，即跌幅大、持续时间较长。C 浪应该可以再划分出低一级的 5 个波浪，代表整个调整走势已经走完，市场将可能会走出上涨行情。

在平坦形的调整浪之内，C 浪低点多数会低于 A 浪低点。两者常见的比率是 1，即 A 浪与 C 浪的长度相同。如果整个调整市势以不规则调整浪形态出现，C 浪必会跌破 A 浪的低点。在这种情况下，C 浪的长度通常是 A 浪的 1.618 倍。

另一方面，A、B、C 浪以“之”字形运行时，A 浪与 C 浪的长度将会倾向于一致。换言之，C 浪的低点自然会低于 A 浪的低点。

三、波浪理论的基本原则

（一）交替原则

波浪理论中的交替原则是指调整浪的形态以交替的方式出现，即以单式与复式两种方式交替出现。

如果第二浪是单式调整浪，那么第四浪便会是复式调整浪；如若第二浪为复式，则第四浪便为单式，见图 8-4。

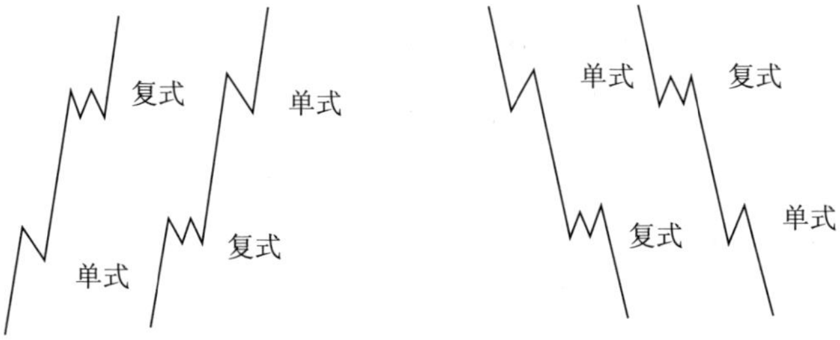

图 8-4　调整浪交替出现的形态（一）

在其他情况下，在一个较大级次的调整浪中，当以平实形“a、b、c”3 浪完成大 A 浪时，接下来有可能以曲折形“a、b、c”3 浪来完成大 B 浪；反之亦然，见图 8-5 与图 8-6。

如果较大级别的 A 浪是单式，那么 B 浪极有可能是复式，见图 8-7。

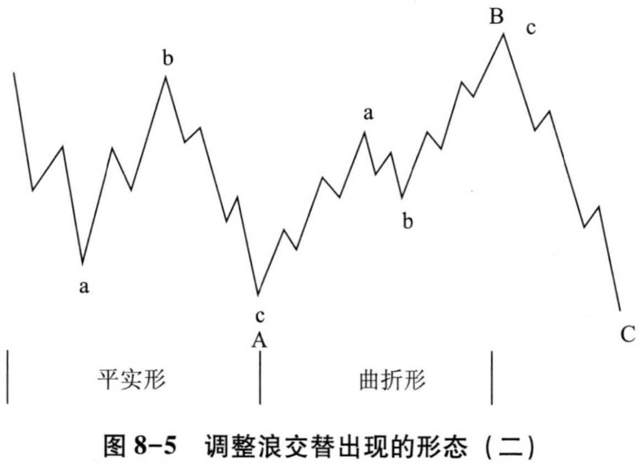

图 8-5　调整浪交替出现的形态（二）

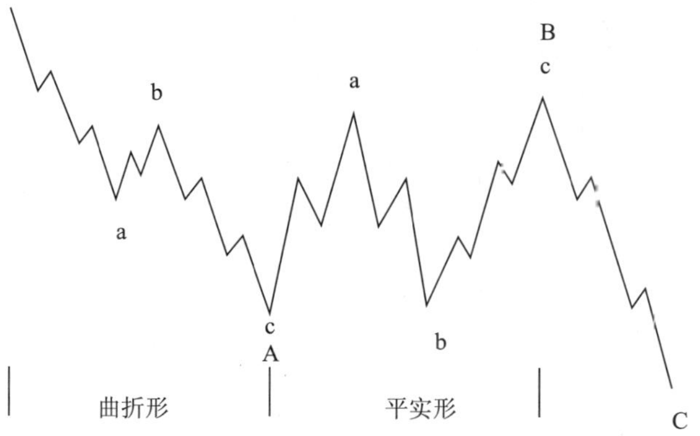

图 8-6 调整浪交替出现的形态（三）

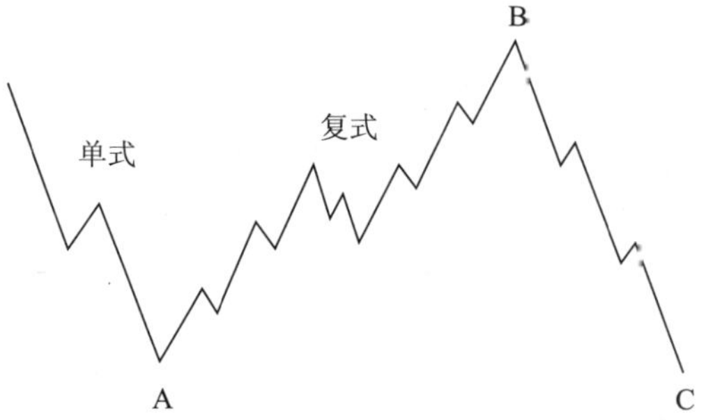

图 8-7 调整浪交替出现的形态（四）

（二）调整浪形态对后市行情的影响

行情涨势的强弱，可经由调整浪的盘整形式，来加以估计，见图 8-8。

（三）调整浪的计数

艾略特指出：第四浪的低点不能低于第一浪的高点；第三浪的波幅经常是最长的，且绝不是最短的一个推动浪。依此观点可正确的辨认浪数，见图 8-9 至图 8-11。

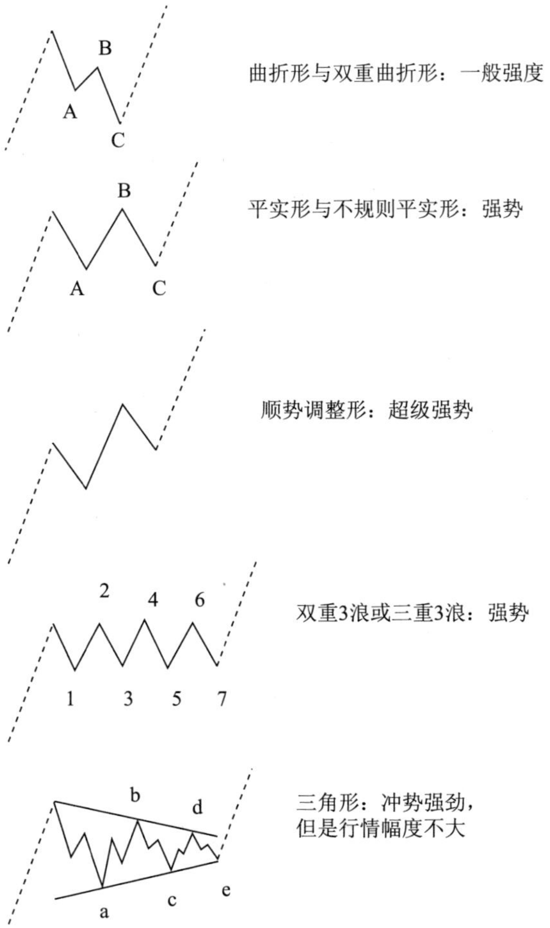

图 8-8　调整浪形态对后市的影响

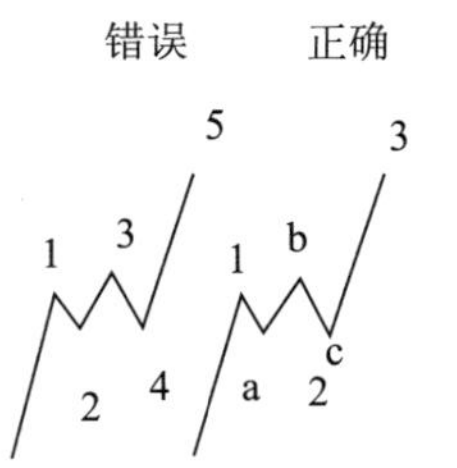

图 8-9　调整浪数（一）

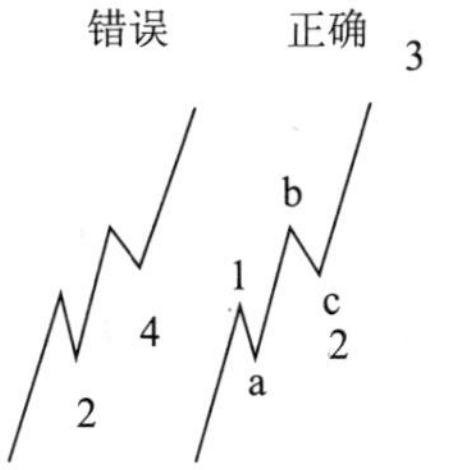

图 8-10　调整浪数（二）

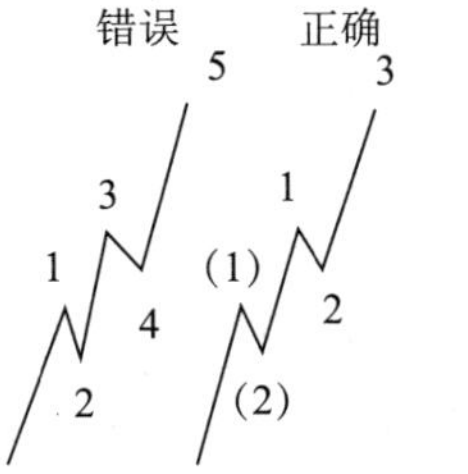

图 8-11　调整浪数（三）

(四)波浪幅度相等原则

在1、3、5浪3个推动浪中，最多只有一个浪会出现延长波浪，而其他两个推动浪的长度则大体相等，它们仍会以0.618的黄金比率维系相互间的关系。

(五)轨道趋势

艾略特认为“波浪理论划分的走势，应该在两条平行的轨道之内”，见图8-12与图8-13。

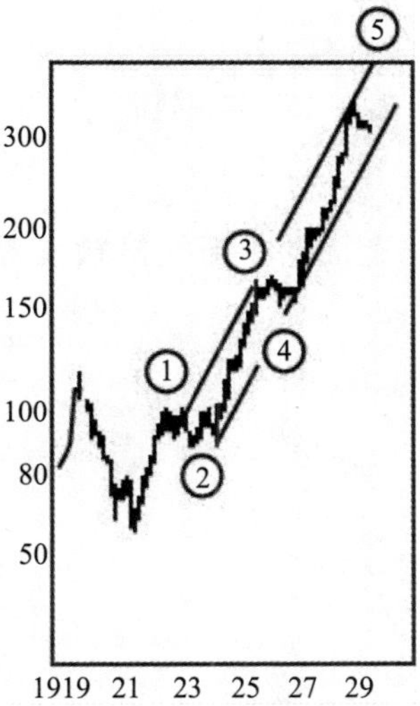

图8-12 波浪理论划分的走势(一)

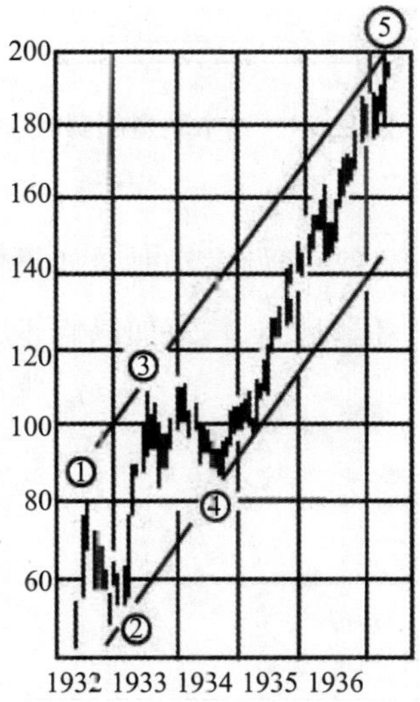

图8-13 波浪理论划分的走势(二)

艾略特建议在绘制较长期的图形时，应使用半对数图表，用以表示价格“膨胀”的倾向。以免在绘制高位的走势时，出现图形失真的现象。

轨道的绘制须在第一浪完成之后，即在确定了第一浪的起涨点“0”与最高点“1”之后，再用第一浪的涨幅乘以0.613得到“2”的假设位置。

在有了“0、1、2”3个点之后，由“0”到“2”划一条延长直线，另一条平行线则由“1”点划出。如此即得到一个轨道趋势，见图 8-14。

随后第二浪走出的实际低点，如果无法接触到前面假设的支撑线时，便要将之修改，见图 8-15。

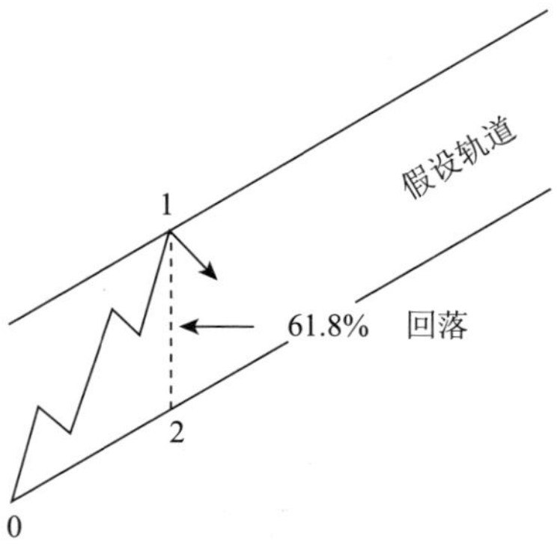

图 8-14 一个轨道趋势

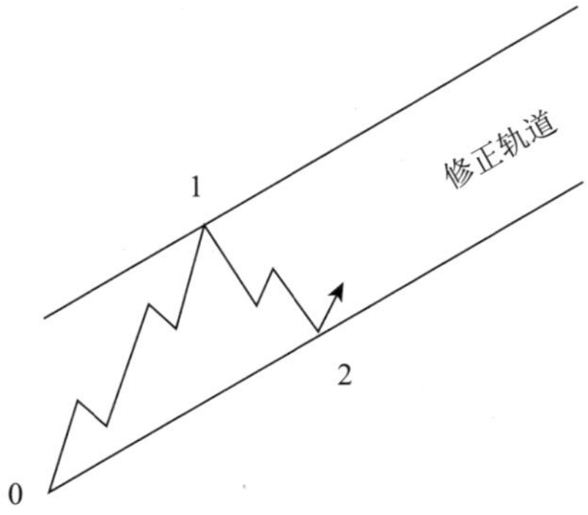

图 8-15 修正轨道（一）

当第三浪开始发动时，如果价格不能与上面的平行线接触或者越过了该线时，仍然要对轨道加以修正，见图 8-16。

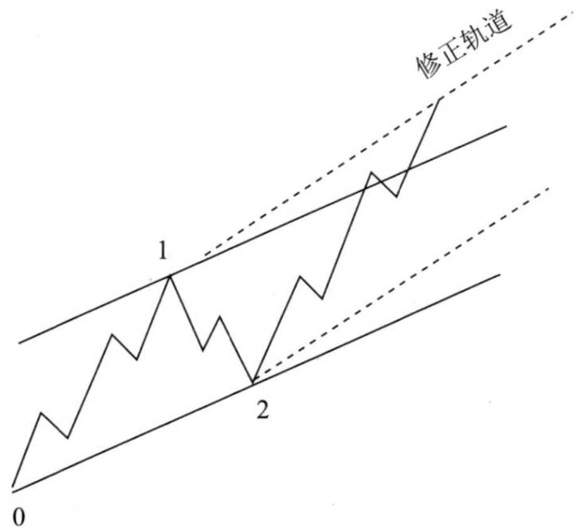

图 8-16 修正轨道（二）

同样的，第四浪的实际低点，若是与预测位置有偏差，也需要重新修改轨道。当依据“2”“4”两点与“3”的平行轨道画出之后，即为最后的、正确的轨道，见图 8-17。

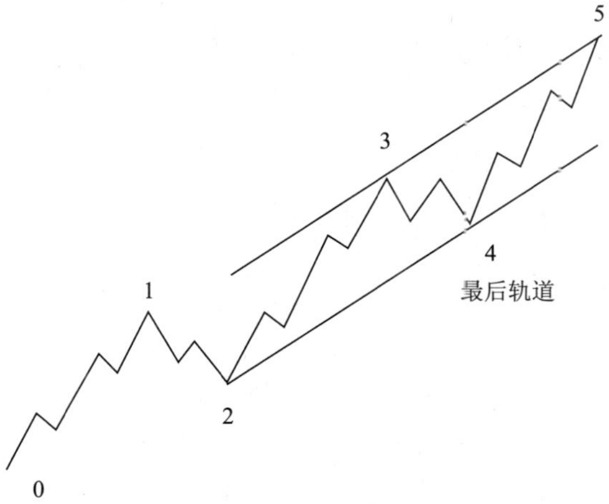

图 8-17 修正轨道（三）

在图 8-17 中，上面一条经过“3”的平行线的确定，有时需要靠个人的经验。在很多情况下，经过“1”所绘制的平行线，其效果与意义，强于和大于经过“3”所绘制的平行线，见图 8-18。

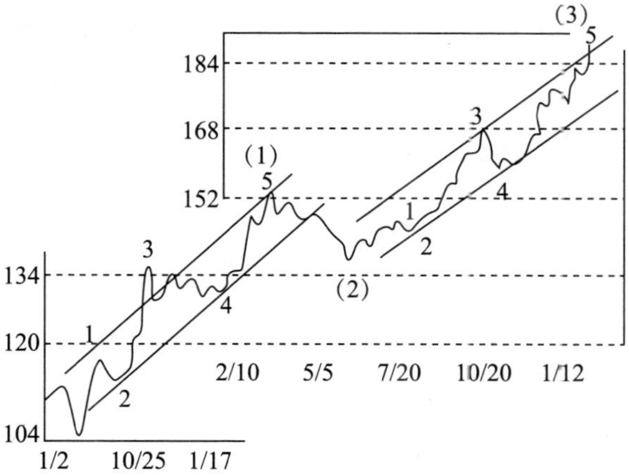

图 8-18 伦敦现货黄金走势

四、斐波那契数列（黄金比例）

黄金比例在美学或自然界中是一个相当重要的比例，比如金字塔的建造、书本纸张的长宽比，均运用到该比例。

然而该比例的原理直至公元 13 世纪，经由斐波那契序列数，才得以证明。

斐波那契序列数，有人称为“奇异数字”，其构成如下：0、1、1、2、3、5、8、13、21、34、55、89、144……这些序列数字，有以下几个特性：

1. 每两个连续数字的和，等于第三个数字。

2. 任何一个数字在比例上大体相当于后面一个数字的 0. 618 倍（除前面 4 个数字外）。

3. 任何一个数字大体为前一个数字的 1. 618 倍（除前面 4 个数字外）。

4. 任何一个数字大体为其前第二个数字的 2. 618 倍（除前面 4 个数字外）。

5. 任何一个数字大体为其后第二个数字的 0. 382 倍（除前面 4 个数字外）。

从以上 4 个主要比例，可以推演出以下关系：

1. 2. 618−1. 618＝1；

2. 1. 618−0. 618 ＝ 1；

3. 1−0. 618＝0. 382；

4. 2. 618×0. 382＝1；

5. 2. 618×0. 618＝1. 618；

6. 1. 618×0. 618＝1；

7. 0. 618×0. 618 ＝ 0. 382；

8. 1. 618×1. 618＝2. 618。

具体情况见表 8−2。

表 8-2　斐波那契比例表

	1	2	3	5	8	13	21	34	55	89	144
1	1.00	2.00	3.00	5.00	8.00	13.00	21.00	34.00	55.00	89.00	144.00
2	0.50	1.00	1.50	2.50	4.00	6.50	10.50	17.00	27.50	44.50	72.0
3	0.333	0.667	1.00	1.667	2.667	4.33	7.00	11.33	18.33	29.67	48.00
5	0.20	0.40	0.60	1.00	1.60	2.60	4.20	6.80	11.00	17.80	28.80
8	0.125	0.25	0.375	0.625	1.00	1.625	2.625	4.25	6.875	11.125	18.00
13	0.077	0.154	0.231	0.385	0.615	1.00	1.615	2.615	4.23	6.846	11.077
21	0.0476	0.0952	0.1429	0.238	0.381	0.619	1.00	1.619	2.619	4.238	6.857
34	0.0294	0.0588	0.0882	0.147	0.235	0.3624	0.6176	1.00	1.618	2.618	4.235
55	0.01818	0.03636	0.0545	0.0909	0.1455	0.236	0.3813	0.618	1.00	1.618	2.618
89	0.011236	0.02247	0.0337	0.05618	0.08989	0.146	0.236	0.382	0.618	1.00	1.618
144	0.006914	0.013889	0.0208	0.0347	0.05556	0.0903	0.1458	0.236	0.382	0.618	1.000

（一）斐波那契数列在波浪理论中的应用

在波浪理论中，艾略特一再强调其符合自然法则，即波浪的数目与斐波那契数列相当吻合。每一波动周期以 8 浪完成——5 浪上升，3 浪下跌，较大的波动周期有 89 浪，更大的有 144 浪，它们均为斐波那契数字。

此外，艾略特将 1921—1942 年的美国股市与斐波那契数列相符合的重要转折点分析如下：

1921 年至 1929 年，时间跨度为 8 年；

1921 年 7 月至 1928 年 11 月，时间跨度为 89 个月；

1929 年 9 月至 1932 年 7 月，时间跨度为 34 个月；

1932 年 7 月至 1933 年 7 月，时间跨度为 13 个月；

1933 年 7 月至 1934 年 7 月，时间跨度为 13 个月；

1934 年 7 月至 1937 年 7 月，时间跨度为 34 个月；

1932 年 7 月至 1937 年 7 月，时间跨度为 5 年（55 个月）；

1937 年 3 月至 1938 年 3 月，时间跨度为 13 个月；

1937 年 3 月至 1942 年 4 月，时间跨度为 5 年；

1929 年至 1942 年，时间跨度为 13 年。

理查·罗素在 1973 年的《道氏理论通讯》中又增补了部分实例：

1907 年崩溃点至 1962 年崩溃低点，时间跨度为 55 年；

1949 年主要低点至 1962 年崩溃低点，时间跨度为 13 年；

1921 年萧条低点至 1942 年萧条低点，时间跨度为 21 年；

I960 年 1 月顶点至 1962 年 10 月底部，时间跨度为 34 个月。

韦特·华德在其 1968 年的著作中，预测 1970 年将出现重要的波浪低点，其理由如下：

1949 + 21 = 1970；

1957 + 13 = 1970；

1962 + 8 = 1970；

1965 + 5 = 1970；

1970 年 5 月间果然出现反转低点。

若以 1928 年和 1929 年的两个顶点为起始点，可以根据斐波那契数列计算出一些重要的年史：

1929 + 3 = 1932	熊市底部；
1929 + 5 = 1934	调整底部；
1929 + 8 = 1937	牛市顶部；
1929 + 13 = 1942	熊市底部；
1928 + 21 = 1949	熊市底部；
1928 + 34 = 1962	崩溃底部；
1928 + 55 = 1983	大循环期顶部。

而类似的方法又可以 1965 年与 1966 年的循环周期顶点为起始点，来推算市场的未来走势：

1965 + 1 = 1966	顶点；
1965 + 2 = 1967	回档低点；
1965 + 3 = 1968	次级顶点；
1965 + 5 = 1970	崩溃低点；
1966 + 8 = 1974	熊市底部；
1966 + 13 = 1979	9.2 年及 4.5 年的周期低点；

1966 + 21 = 1987　　　　大循环周期低点。

（二）黄金比例在波浪理论中的应用

在波浪理论中，每一波浪之间的比例，包括波动幅度与时间长度，均符合黄金比例。对于技术分析者而言，这是一个相当重要的参考依据。

此外，下列原则也需要注意：

1. 第五浪的波动幅度，为第一浪的起点至第三浪的最高点间幅度的某一黄金比例倍数，常见的有 0.382、0.618、0.5、1 与 1.618 等。

2. 在倾斜三角形走势中，后一浪长度为前一浪的 0.618 倍。

五、波浪理论小结

1. 一个完整的价格波动周期，包括 8 浪，其中 5 浪上升，3 浪下降。

2. 划分为 5 浪的上升趋势，仅为一个较大级别趋势的部分走势。

3. 调整浪划分为 3 浪。

4. 两种简单的调整浪形态为：曲折形（5-3-5）、平实形（3-3-5）。

5. 三角形通常在第四浪中出现，即在最后一浪之前出现；也可能在 B 浪的调整浪中出现。

6. 波浪既可结合成更大级别的波浪，也可细分为更小级别的次级浪。

7. 如果一个推动浪出现延长波浪，那么其他两个推动浪的幅度与时间则相等（对等原则）。

8. 斐波那契数列为波浪理论的数学基础。

9. 波浪的数目与斐波那契数列相符合。

10. 通过黄金比例，可以预估行情回调的幅度。

11. 交替原则警告投资人行情并非一成不变。

12. 在下跌趋势中，调整底部不会低于第四浪低点[①]。

13. 第四浪低点不会低于第一浪高点（在期货市场中则不一定）。

14. 波浪理论各要素，按重要程度可以进行如下排列：形态、比例与时间。

15. 波浪理论适用于综合平均指数，对个股的功效未必显著。

16. 波浪理论适用于投资者大量参与的市场（股票与商品期货）。

17. 在商品期货市场中，波浪理论适用的原则与股市不同。

18. 对投资者而言，不要拘泥于波浪理论，其结果仅作为参考。

① 因为在长期趋势中，指数或股价整体而言是向上的。

第九章　停损点操作

内容提要：

投资是有风险的，一定要保住本金。买入后，若买对了，赚钱卖出；若买错了，认亏停损。尽量把损失控制在10%以内。

投资时应具备利润与风险的评估观念与技巧。如果能善用停损点，则买卖股票或商品不仅能减少损失，也能确保应得的利润，甚至如自动停损单的使用者达瓦斯一样赚上 100 万美元，也是有可能发生的事。

为了更好地理解停损点的优势，举例如下：

如图 9-1 所示，假设某甲在分析了该图形之后，决定以 15 元买进平安银行（000001），且认为该股票具有涨至 25 元以上的实力。但同时，他也设定 13. 50 元为停损点①。若从技术面来看，在当时平安银行若跌破

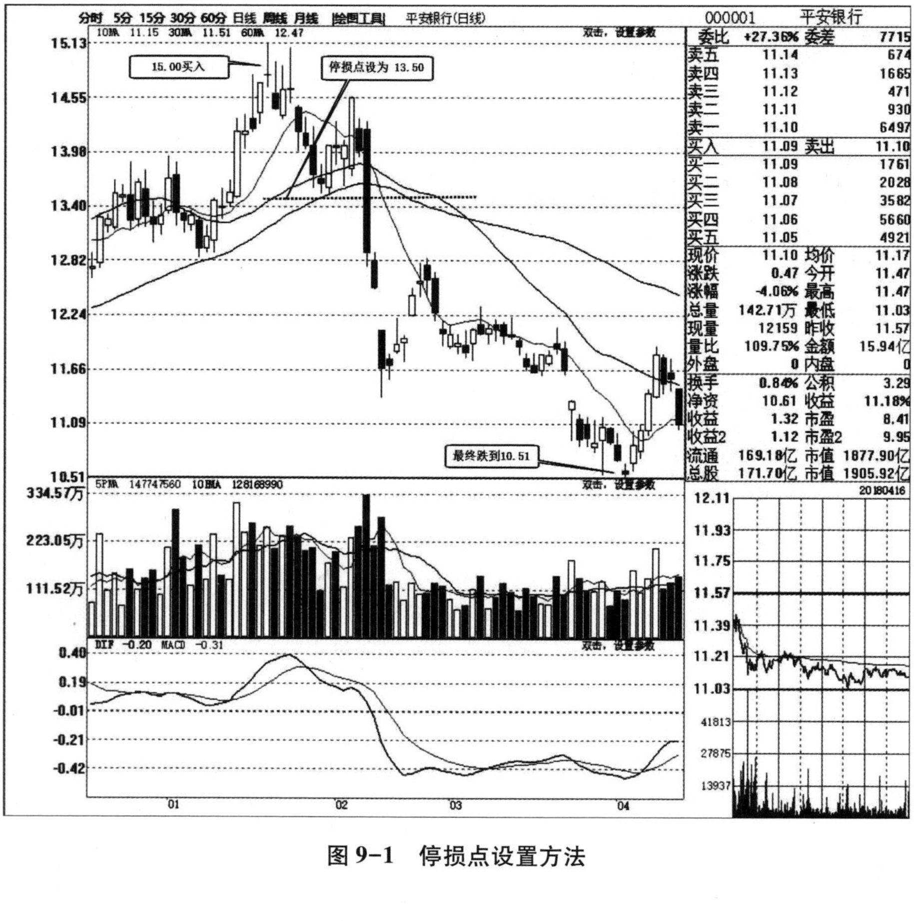

图 9-1　停损点设置方法

---

① 停损点是买入价的 90%，就是最多损失 10%，以避免更大损失。很多投资者不知道停损，往往等股价下跌 50%以上时才忍不住割肉。

13.50 元，有可能跌至 12 元才有支撑。因此，他的损失最大限定在 1.50 元左右，而非 3 元。以 1.50 元的风险来赚取 10 元的可能利润，这实在是值得进行的一项交易。

假设某甲在 15 元买进平安银行之后，该股票价格一路上升至 25 元，且上涨力道丝毫不减，有可能继续往上冲击 30 元的高价。此时，他可以将利润停损点设在可能的关卡上，比如 22.50 元，若该股票价格跌破 22.50 元支撑，则可能回档至 18 元寻求底部支撑。此时他的利润至少保证有 7.50 元。如若价位不跌回 22.50 元以下，则利润将不止 7.50 元。

投资股市时，如果交易软件中无法设停损单，可事先做好决定，一旦股价涨（跌）到设定价位，即按市价清仓，绝不三心二意。

如果是操作期货或外汇，利润大风险也特别大，因此更须设置停止损失单。如此一来，损失有限，而潜在的利润却可能很大。

通过以上分析，停损点可设在下列 6 种位置：

1. 在日内行情中，开盘一段时间后的最高价或最低价之外；
2. 颈线外；
3. 支撑线下或阻力线下；
4. 主要移动平均线上下；
5. 短期内的最高价与最低价之外；
6. 整数关卡之外；
7. 买入价的 90%处。

如何设定停损点，各种图形均可经研判之后发掘出来。所以，要想成为一名成功的交易者，不断地研判走势图是不二法门。

第十章 移动平均线（MA）

内容提要：

技术分析指标大都是基于移动平均原理来开发的。根据周期不同，移动平均线可分为短期、中期和长期，是多空走势的分界线。股价向上突破移动平均线为买入信号；向下跌破移动平均线为卖出信号。短期移动平均线向上突破中长期移动平均线，称为“黄金交叉”，是买入信号；同样，短期移动平均线向下跌破中长期移动平均线，称为“死亡交叉”，为卖出信号。

一、MA 理论

通常，收盘价是股票或商品价格在一段时间交易结束后的暂时性结论，也即多空双方博弈后的暂时性均衡价格。因此，我们将一段时日的收盘价加以平均，则可以得到这一段时日中，多空双方博弈后的均衡价格。

如果当前的价格在均衡价格（平均价）之上，则意味着市场的买力（需求）较大；反之，价格在平均价之下，则意味着供过于求，卖压较重。

以 10 日周期的移动平均线为例。将第一日至第十日的 10 个收盘价累加起来后的总和除以 10，即得到第一个 10 日移动平均价，而将第二日至第十一日的收盘价之和除以 10，则为第二个 10 日移动平均价。这些平均价的连线，即称为“10 日移动平均线”。

以时间的长短而言，移动平均线可分为短期、中期、长期移动平均线。一般而言，短期移动平均线是指周期在 10 日以内的移动平均线；中期则指周期在 10~30 日的移动平均线；长期则指 30 日以上周期的移动平均线。在欧美市场，投资人或投资机构非常看重 200 日的长期移动平均线，并以此作为长期投资的依据。

综合短、中、长期的移动平均线，也可研判市场的多空倾向，在一个持续上涨的多头市场（牛市）中，可以明显地看出短、中、长期移动平均线的排列组合。

如图 10-1 所示，这是上证指数的日 K 线图，上面的主图包含移动平均线组合。为了叙述方便，暂且用 10 日、30 日与 60 日的移动平均线来代表短、中、长期移动平均线。

在多头市场中，股价与各条移动平均线的排列情况是：股价（收盘价）在短期移动平均线的上面；接着是短期移动平均线；中间是中期移动平均线；由于需要平均过去较低的价位，长期移动平均线的位置最低。

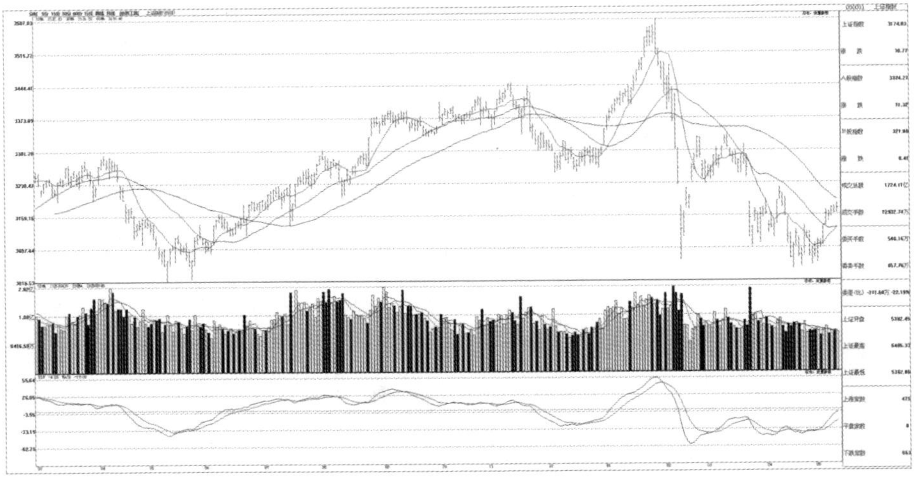

图 10-1 MA 走势

反之，在空头市场（熊市）中，股价与移动平均线的排列，由上而下依次为长、中、短期平均线，最下则为股价（收盘价）。

由于短期移动平均线较长期移动平均线更容易反映价格涨跌的速度，所以，一般又把短期移动平均线称为“快速移动平均线”，而长期移动平均线则称为“慢速移动平均线”。

二、MA 的种类

移动平均线的种类可分为 3 种：即算术移动平均线、加权移动平均线及指数平滑移动平均线。

（一）算术移动平均线

算术移动平均线是一种较常用的移动平均线。通常所谓的平均数都是指算术平均数。其计算方法为：将一组数字相加，再除以该组数据的组成个数。公式为：

$$MA=(C_1+C_2+C_3+\cdots+C_n)/n$$

其中，C_n即第 n 日收盘价，n 为移动平均数周期。

以连续 5 日股票价格为例，计算公式如下：

$$MA=(C_1+C_2+C_3+C_4+C_5)/5$$

而所谓“移动”的平均数是指以某一天数为基础周期（前述例子为 5 天），当新的数据（前例为第六日）加入后，则剔除基期中最前一日的数据（即第一日）。

算术移动平均数并不考虑基期中某一日价格对未来价格波动的影响分量，即将周期中每一日价格的影响力一视同仁。这种情况从统计学角度上看不尽合理。事实上，从理论上来说，对 5 日移动平均线而言，第五日的收盘价对未来一日（第六日）价格波动的影响理应大于第一日。因此，为了反映这一事实，有人运用了加权的方式来补救算术移动平均线的缺陷。

（二）加权移动平均线

加权的考虑如上所述，是因为周期内最近一日的收盘价对未来价格波动的影响最大。因此，赋予其较多的加权分量。加权的方式又可分为 3 种：即线形加权、阶梯式加权与平方系数加权。

1. 线形加权移动平均线：以 5 日周期为例，第一日的权数为 1，第二日权数为 2，第三日权数为 3，第四日权数为 4，第五日权数为 5。

计算方法为：[（第一日收盘价×1）+（第二日收盘价×2）+（第三日收盘价×3）+（第四日收盘价×4）+（第五日收盘价×5）]/（1+2+3+4+5），即为 5 日的线形加权平均数。

公式为：

$$MA=(C_1\times1+C_2\times2+\cdots+C_n\times n)/(1+2+3\cdots+n)$$

2. 阶梯式加权移动平均线：此种计算方式是在选定周期（5 日为例）之后，再选定每一阶梯式的日数（以 2 日为例）。

计算方法为：[（第一日收盘价+第二日收盘价）×1+（第二日收盘价+

第三日收盘价）×2+（第三日收盘价+第四日收盘价）×3+（第四日收盘价+第五日收盘价）×4］/（2×1 + 2×2 + 2×3 + 2×4），即为第五日的阶梯式加权移动平均数。

公式为：

$$MA = [(C_1+C_2)\times 1 + (C_2+C_3)\times 2+\cdots+(C_{n-1}+C_n)\times(n-1)] / [2\times 1+2\times 2+\cdots+2\times(n-1)]$$

3. 平方系数加权移动平均数：为线形加权演变而来，即将每一加权数平方。

计算方法为：

5 日平方系数加权移动平均数=［（第一日收盘价×1^2）+（第二日收盘价×2^2）+（第三日收盘价×3^2）+（第四日收盘价×4^2）+（第五日收盘价×5^2）］/（$1^2+2^2+3^2+4^2+5^2$）

计算公式为：

$$MA = [C_1\times 1^2+C_2\times 2^2+\cdots+C_n\times n^2)] / [1^2+2^2+\cdots+n^2]$$

（三）指数平滑移动平均数

不管是运用算术平均数，还是加权移动平均数，所遇到的难题都需要储存大量的数据资料，而且在计算时复杂费时。比如，计算 200 日的平均线，前述两者计算方法除了需储存 200 日以上的数据外，都面临需靠电脑来辅助工作的问题，而且这两种方法何者更优更劣，均无明确的结论。

指数平滑移动平均线（简称“ESMA”或“EMA”）的公式为：

$$EMA_t = C_t\times 1/n + EMA_{t-1}\times(n-1)/n$$

以 5 日指数平滑移动平均线为例。其计算方法是，先以算术移动平均方法计算出第一个移动平均数，而第二个移动平均数的计算方法为：（第六日收盘价×1/5）+（前一日移动平均数×4/5）。

公式为：

$$EMA_6 = C_6\times 1/5 + EMA_5\times 4/5$$

此外，指数平滑移动平均数还可按加权形式来计算。

公式为：

$$EMA_t = C_t \times 2 / (n+1) + EMA_{t-1} \times (n-1) / (n+1)$$

按照惯例，在上面例子中，EMA_6 = 第六日收盘价×2 /（5+1）+前一日移动平均数×4 /（5+1）。即加重一倍最近一日的权数。加权的倍数因人喜好而异，从 0.1 至 1 均可。

即有：

$$EMA_6 = C_6 \times 2/6 + EMA_5 \times 4/6$$

当指数平滑移动平均数起算基期不同时，起算基期较晚的计算结果，会与起算基期较早的有所差异。比如，从 8 月 20 日起算 5 日 EMA 的人，其计算出的 8 月 26 日的数字，会与从 8 月 1 日起算的人所得到的 8 月 26 日的数字有所不同。

但是，上述这种差异在经过稍长一段时间的平滑运算之后会趋于一致，不会再有差异。因此，投资者在计算 EMA 时，或其他运用 EMA 技巧开发的技术指标如 RSI 或 KD 时，如计算出的结果与他人不同，这并非个人计算出现了错误。

根据上述现象，在理论上，投资者不必用算术移动平均数来算出 EMA 的第一个值，而是取第一天的收盘价作为 EMA 的第一个值。事实上第二日即可通过公式计算出 5 日 EMA，或 10 日及 20 日的 EMA。

综合比较 3 种移动平均线的运算公式后可以发现，指数平滑移动平均线（EMA）是较方便的方法。一则可省略储存数据资料的麻烦，二则可免除运算时的劳心费神。几乎所有的统计性指标，均以 EMA 技巧来计算。

三、MA 的买卖信号

（一）葛兰碧八大买卖法则

1. 当平均线从下降逐渐转为水平或上升状态，而股价从平均线下方向上突破平均线时，为买进信号。

2. 股价虽然跌破平均线，但又立刻回升到平均线上，此时，平均线仍然持续上升，为买进信号。

3. 股价走在平均线上，股价下跌并未跌破平均线且立刻反转上升，也是买进信号。

4. 股价突然暴跌，跌破平均线，且远离平均线，则有可能会反弹上升，也为买进时机。

5. 平均线从上升逐渐转为水平或下跌状态，而股价向下跌破平均线，为卖出信号。

6. 股价虽然向上突破平均线，但又立刻回跌至平均线下，此时平均线仍然持续下降，为卖出信号。

7. 股价走在平均线下，股价上升并未突破平均线且立刻反转下跌，也是卖出信号。

8. 股价突然暴涨，向上突破平均线，并且远离平均线，则有可能回跌，也为卖出时机。

（二）移动平均线轨道的应用

交易者还可以利用移动平均线来评估一项交易的利润与风险。当股票或商品价格在趋势线上呈锯齿状来回波动时，可以在主要的移动平均线的上下，画出一个轨道。

在价位向上突破穿出轨道时，即可买进做多头。此时该轨道的宽度，即是可能的损失幅度，反之亦然。

敢冒险的投资者也可选择在股价向上突破主要移动平均线时再买进；但较保守的，则应等行情出现明确的走向时才进场。

无论买卖股票、商品期货或者外汇，交易者本身应具有风险评估的观念。毕竟利润越大，面临的风险程度也越大。如何权衡自身实力，在利润与风险间合理统筹，是做交易之前投资者应仔细评估的。

移动平均线的上下轨道如何设定，需要使用者在测试完各种商品的特性之后，根据实际情况加以规划。有人喜欢用 10 日移动平均线，上下各乘以 102%与 98%来作为轨道；但也有人经过测试之后用 101%与 99%的设定值。最重要的是各种数值的设定，必须要能搭配投资者个人的进出策略。

也有投资者以最高价、最低价与收盘价计算其移动平均线，这也不失为一种高明作法。不要盲目相信技术指标，因为任何技术指标的价值，必须在使用者长期验证之后，才能挖掘出来。

（三）短、中期移动平均线的使用

如果能把短期与中期移动平均线合理配合使用，可以让投资者获得稳定的利润。短期移动平均线（10 日左右）所代表的是短期内价格的平衡点，变动较快速；中期移动平均线（30 日左右）所代表的是长时间内价格的平衡点，变动较缓慢、较稳定。

因此，投资者可以利用不同速度的移动平均线来寻找买进与卖出的时机。当现时行情站稳在中期与短期移动平均线之上时，即为买进时机；跌破短期移动平均线时，可应将手上股票或商品的买单平仓，待行情跌破长期移动平均线时，则开始放空。

依此原则，投资者可获得较高利润。投资者若利用 10 日与 30 日移动平均线的支撑与阻力作用来操作，几乎小赔大赚。

实际上快、慢移动平均线的交叉，也为一个比较准确的买进与卖出信号。快速移动平均线跌破慢速移动平均线，通常是一个明显的空头信号；反之，则为一个多头的信号。

如图 10-1 所示，指数向下跌破短期移动平均线时，通常会在中期移动平均线处获得支撑；若连中期移动平均线也一并跌破，若无法拉回而使短期移动平均线与中期移动平均线金叉，则大势随即下跌无疑。

（四）如何决定移动平均线的周期日数

在使用移动平均线时，必须要确定计算移动的周期天数。1978 年，有学者研究了不同商品根据算术移动平均线发出的信号买卖时获得的利润，结果发现各种商品都存在着不同天数的移动平均线的最佳组合。

在国内股市中，常利用的移动平均线组合为10日、30日、60日、250日等。其中，250日长期移动平均线被当作牛市与熊市的分界线；10日与30日均线的突破与否，则作为买进与卖出的判断信号。

买进信号一：股价由下向上突破10日移动平均线。

买进信号二：股价由下向上突破30日移动平均线。

买进信号三：10日移动平均线向上突破30日移动平均线。

卖出信号一：股价跌破10日移动平均线。

卖出信号二：股价跌破30日移动平均线。

卖出信号三：10日移动平均线向下跌破30日移动平均线。

（五）移动平均线的优缺点

移动平均线的优点：

1. 运用移动平均线理论，在交易时可以界定风险大小，将亏损的可能性降至最低。

2. 在市场走出趋势性行情时，交易的利润非常可观。

3. 根据移动平均线的组合可以判断行情的真正趋势。

移动平均线的缺点：

1. 当行情进入盘整阶段时，买卖信号频繁，容易使投资者疲于奔命，左右挨巴掌。

2. 移动平均线的最佳天数与组合，很难判断、确认。

3. 单凭移动平均线发出的买卖信号，无法给投资者足够的入场信心，通常须靠其他技术指标来辅助。

第十一章　指数平滑异同移动平均线（MACD）

内容提要：

指数平滑异同移动平均线是最常用和最实用的技术分析指标。利用它测市，能够帮助投资者判断目前的市道是牛市还是熊市。如果能确认目前走势为牛市，则一切入市策略都应以买入为主导。任何一个有经验的技术分析者，都清楚了解牛市下抛空或熊市下做多的风险是难以估量的。

一、MACD 理论

指数平滑异同移动平均线的原理是运用快速与慢速移动平均线聚合与分离的预兆功能，加以双重平滑运算，用以研判股票的买卖时机和信号。它是欧美市场广泛使用的分析工具；在国内股票市场中，也为一项非常有实用价值的分析工具。如图 11-1 所示，这是通用股份（601500）的 MACD 走势图。

运用移动平均线来研判买卖时机的优缺点非常明显：如果行情趋势明显，能获得较大利润；如果碰上盘整行情，发出的买卖信号会比较频繁，投资者将无所适从。与移动平均线相比，根据其原理发展出来的 MACD，不但弥补了移动平均线频繁发出虚假信号的缺陷，而且能确保发挥移动平均线的最大功用。

图 11-1　MACD 走势

以移动平均线的特性而言，在一段持续的涨势中，股票或商品价格的快速（短期）移动平均线与慢速（中长期）移动平均线间的距离必将越拉越远（即两者之间的乖离越来越大）。涨势若是趋于缓慢，则两者之间的距离也必然缩小，甚至互相交叉。同样，在一段持续的跌势中，快速线在慢速线之下，相互之间的距离也越拉越远。

在应用 MACD 时，应先计算出快速（一般选 12 日）移动平均数值与慢速（一般选 26 日）移动平均数值，并以这两个数值作为测量两者（快速与慢速线）间差离值的依据。所谓“差离值（DIF）”，即 12 日 EMA 数值减去 26 日 EMA 数值的差。因此，在一段持续的涨势中，12 日 EMA 在 26 日 EMA 之上，两者间的正差离值（+DIF）会越来越大；反之，在跌势中，差离值变负（-DIF），也越来越大。

行情开始回转时，正或负差离值要缩小到怎样的程度，才真正是行情反转的信号？一般来说，人们把 MACD 的反转信号界定为差离值的 9 日移动平均值（9 日 EMA）。

首先，在 MACD 的计算公式中，分别加重最近一日的权值分量，其公式如下：

$$EMAn = \text{前一日 } EMAn \times [(n-1)/(n+1)] + \text{今日收盘价} \times 2/(n+1)$$

注：第一日的 EMA 值取第一日的收盘价。

12 日 EMA 的计算方法：

$$EMA_{12} = \text{前一日 } EMA_{12} \times 11/13 + \text{今日收盘价} \times 2/13$$

26 日 EMA 的计算：

$$EMA_{26} = \text{前一日 } EMA_{26} \times 25/27 + \text{今日收盘价} \times 2/27$$

差离值（DIF）的计算方法：

$$DIF = EMA_{12} - EMA_{26}$$

在“智富之星”系统的 MACD 图中，差离值用实线表示。

其次，再根据差离值计算其 9 日的 EMA，即差离平均值。差离平均值用 DEA 表示，在“智富之星”系统中用虚线表示。

$$DEA = \text{前一日 } DEA \times 8/10 + \text{今日 } DIF \times 2/10$$

计算出的 DIF 与 DEA 为正或负值。因此，形成在 0 轴上下移动的两条快速与慢速线。为了判断方便，用 DIF 减去 DEA，其值用来绘制柱状图。

至于计算移动周期，不同的商品仍有不同的天数。在外汇市场上，也有人使用25日与50日的EMA来计算其间的差离值。

二、MACD的买卖时机

MACD在买卖交易的判断上，有如下几个准则：

1. DIF向上突破DEA时为买进信号；但在0轴以下交叉时，仅适宜空头平仓。

2. DIF向下跌破DEA时为卖出信号；但在0轴以上交叉时，则仅适宜多头平仓。

3. DIF与DEA都在0轴线之上，市场趋向为多头市场；两者都在0轴之下则为空头市场。

DIF与DEA在0轴线之上时，一切新入市策略都以买入为主——DIF若向上突破DEA，可以大胆买进；向下突破时，则只适宜暂时获利了结，进行观望。

DIF与DEA在0轴线以下时，一切新入市策略都以卖出为主——DIF若向下跌破DEA，可以大胆卖出；如果向上突破时，空头只宜暂时平仓。

4. 若股价处于多头走势中，当DIF慢慢远离DEA时，造成两线之间的乖离加大，多头应分批获利了结，并可短期做空。

5. 当股价呈盘整走势时，DIF与DEA会出现多次交叉，可不必理会。但须观察根据DIF与DEA的差值画出的扇形的乖离程度，一旦加大，可视为盘局的突破信号。

6. 对背离信号的判断。不管是差离值的交叉，还是差离值柱线的高矮，都可以发现其与价格的背离信号：在MACD的图形中出现一波比一波低的走势，而在K线图或条形图中却出现价格一波比一波高的走势，这种背离信号是较准确的跌势信号；或者，在MACD的图形中出现一波比一波高的走势，而在K线图或条形图中却出现价格一波比一波低的走势，这种背离信号是较准确的上升信号。

对投资者而言，最困难之处莫过于确定目前的趋势方向，即目前的市道是牛市还是熊市，而 MACD 能够帮助投资者判断目前的市道是牛市还是熊市。小牛市宜采取短线策略，而大牛市宜进行长线部署；熊市亦然。

第十二章　相对强弱指数（RSI）

内容提要：

相对强弱指数用来测量指数或个股买力的强弱。RSI值永远介于1~100。它一共考虑了股价变动的4个因素：上涨的天数、下跌的天数、上涨的幅度及下跌的幅度。正因为它对股价变动的4个构成要素都考虑到了，所以，在股价趋势预测方面，其准确度相当高。

一、RSI 理论

RSI 是技术分析大师威尔德开发的技术分析指标，它也是目前广为使用的技术分析工具。见图 12-1 中的最下面的窗口。

图 12-1　RSI 走势

在一个正常的股票或商品市场中，供应与需求必须求得平衡，价格才能稳定。但是在日常生活中，供应与需求两者本身受许多因素影响而不断波动。比如，在石化工业，两者可能会受到石油增减产、原料价格涨跌、生产工厂故障等因素的影响。

因此，在测定市场的供需平衡点时，假设这个市场中有 100 个人，那么当其中 50 个人供应等量的产品（或股票），而另外 50 个人则接受这等量的产品时，供需就达到了平衡。假如供应者大于 50 个人，即造成卖压，将迫使该产品的价格下跌；供应者若小于 50 人，则卖压减小，促使该产品价格上涨。RSI 即基于该原理而设计，用以测量市场中买卖双方力量的强弱程度。

由于交易时无法统计供应者与需求者的真正数量。因此，计算 RSI 时便利用了买卖双方争斗的结果，即以价格的涨跌为基础，来评估市场买卖双方力量的强弱。

以 14 日周期为例，RSI 将这 14 天中涨幅（即每日收盘价较前一日收盘价高出的部分）的总和，视为买方（需求者）的总力量，即 14 天中的买力；而将这 14 天中跌幅总和（即每日收盘价较前一日收盘价低的部分），视为这 14 天中的卖力。

因此，在计算 14 日 RSI 时，需求得 14 天中，每日收盘价跟前一日收盘价相比的涨跌幅度。由于必须要与前一日比较，14 日周期的 RSI 便需要有至少 15 日收盘价的数据。

在计算 RSI 的过程中，将涨幅与跌幅分开列表。然后将 14 日涨幅的总和除以 14，即为 14 日涨幅的平均值；将 14 日跌幅的总和除以 I4，即为 I4 日跌幅的平均值。RSI 是将涨幅平均值视为买力，跌幅平均值视为卖力。计算公式如下：

$$RS = UP\_AVG / DOWN\_AVG \tag{1}$$

$$RSI = 100\times [1 - 1 / (1 + RS)] \tag{2}$$

第一个公式计算出的 RS 称为“相对强弱值”，比如 14 日的 RS 计算公式为：

RS = 14 日内收盘价涨幅平均值/ 14 日内收盘价跌幅平均值

公式（2）则把相对强弱的变化幅度限定在 0~100 之间。该公式也可变换成如下等价的形式：

RSI = 100×14 日涨幅平均值/

（14 日涨幅平均值+ 14 日跌幅平均值）

至于计算下一日的 RSI 值，不怕麻烦的可用算术平均数来计算，但是较方便的方法仍以平滑计算法计算。计算法如下：

公式为：

$$UP\_AVG_n = UP\_AVG_{n-1}\times 13 / 14 + UP\times 1/ 14 \tag{3}$$

$$DOWN\_AVG_n = DOWN\_AVG_{n-1}\times 13 / 14 + DOWN\times 1 / 14 \tag{4}$$

即有：

当日涨幅平均值= 前一日涨幅平均值×13／14 +当日涨幅×1／14

当日跌幅平均值= 前一日跌幅平均值×13／14 +当日跌幅×1／14

二、RSI 应用

RSI 的值永远介于 1～100。它一共考虑了段价变动的 4 个因素：上涨的天数、下跌的天数、上涨的幅度及下跌的幅度。正因为它对股价的 4 个构成要素都考虑到了，所以在股价趋势预测方面，其准确度相当高。

与 K 线图（或条形图）比较，RSI 的走势图有以下的功能：

1. 在股市长期的变化过程中，大多数时间里 RSI 的变化范围介于 30～70，其中又以在 40～60 出现的次数最多，超过 80 或低于 20 出现的次数很小。

2. 在股市经过一段时间的下跌，RSI 也随之从高位持续跌至 30 以下之后，如果从该低位向上突破 60 并获确认，则表明多头重新占据上风。当其再次回落到 40～60 整理后，RSI 仍继续向上变动。

3. 在股市经过一段时间的上涨，RSI 也随之从低位持续涨至 80 以上之后，如果从该高位向下跌破 40 并获确认，则表明空头重新占据上风。一般情况下，当其再次反弹到 40～60 整理后，RSI 仍会继续向下变动。

4. 在多头市场中，如果股价回调，多头的第一道防线是 50（指 RSI 的值），第二道防线是 40，第三道防线是 30。

5. 在空头市场里，如果股价反弹，空头的第一道防线是 50（指 RSI 的值），第二道防线是 60，第三道防线是 70。

6. 在多头市场里，RSI 每次因股价回调而下跌盘整，所形成的低点密集区域，也是多头的一道防线。

7. 在空头市场里，在股价处于反弹盘整期间，RSI 图形中所出现的最高点，也是空头的一道防线。

8. 大势转弱后，在 RSI 的走势图中，各个反弹顶点一般呈现一波低于一波的现象。连接两个相邻顶点并向右下方延伸，便会形成一条上升阻力线，如果角度不是太陡，其反压作用将十分有效。多头的反击一般难以突破此阻力线，一旦被向上突破并在其上方站稳时，则表明大势即将转强。

9. 大势转强后，在 RSI 的走势图中，各回调低点一般呈现一波高于一波的现象。连接两个相邻低点并向右上方延伸，便会形成一条下降支撑线，若角度不是太陡，其支持作用将十分有效。空头的反击一般难以突破此支撑线。该线一旦被向下跌破并在其下方站稳时，则表明大势即将转弱。

10. 在多头市场中，RSI 的最高点一般在 75~90，股价回调时，只要不因突发性利空消息出现而导致股价暴跌，RSI 一般不会跌破 30。

11. 在空头市场中，RSI 的最低点一般在 30 甚至 20 以下。股价反弹时，只要不因突发性利好消息出现而导致股价暴涨，RSI 一般不会向上突破 70，大多都在 55 以下。

12. 头部或底部形成征兆：当 RSI 值上升至 80 以上或下跌至 20 以下时，RSI 的图形通常较实际市场（即 K 线图）提早见顶或见底，因 RSI 值在 80 以上市场属于超买，在 20 以下市场属于超卖。如果 RSI 值已低至 20 以下，而同时成交量连续几天极度萎缩，这更是明显的买入信号。

需要提醒的一点是，在多头行情中，RSI 即使到达 80 以上，市场仍然会有继续上涨的可能，必须辅以移动平均线等其他技术分析指标，方能研判市场是否已到卖出时。

13. RSI 值一直处于 80 以上，而股价未跌破 10 日移动平均线时，仍可继续持股；否则，视为上升趋势已到尽头，应立即卖出持股。

14. 一般而言，在 RSI 的走势图中，当前低点不破上一低点是买进信号，当前高点无力突破上一高点为卖出信号。

15. RSI 走势图中的图形形态（如头肩顶/底、三角形、双头、双底等）

比 K 线图（或条形图）中的更为清晰，较容易判断突破点、买进点与卖出点。如果 RSI 在 80 附近出现头肩顶或 M 头的形态，则须卖出股票；而在 20 附近出现头肩底或 W 底的形态，则可买进。

16. 在行情整理期间，RSI 一底比一底高，是多头气势强，后势再涨一段的可能性大，为买进时机；反之，RSI 一底比一底低，是多头气势转弱，下跌可能性大，是卖出时机。

17. RSI 值在 80 以上或 20 以下时，市场出现的反转，是趋势反转的强烈信号。

18. 在 RSI 图形中曾经出现过的最高点，具有较强的反压作用；在 RSI 图形中曾经出现过的最低点具有较强的支撑作用。

19. 股价创新高，但 3 日内 RSI 无力突破先前高点，甚至出现背离现象，视为多头拉升无力，为卖出时机。

20. 在实际的走势图中，价格的高点逐步升高；而在 RSI 的走势图中，却出现高点逐步降低的现象。此种背离现象，表明了价格虚涨的事实，通常是反转下跌的前兆。

21. 也可利用快速与慢速两条 RSI 线来确定买卖时机，比如把 6 天与 12 天的 RSI 结合起来使用。当 6 日 RSI 线向上突破 12 日 RSI 线时，为买入时机；当 6 日 RSI 线向下跌破 12 日 RSI 线时，为卖出时机。尤其是当 RSI 处于 30 以下时发出的买入信号，与在 70 以上时发出的卖出信号，极为可靠。

三、RSI 的缺点

与图形的形态分析相比，利用 RSI 来研判市场走势较为客观，但是 RSI 也有一定的缺点。

1. 周期的决定：威尔德本人在其《技术分析新观念》一书中，独喜好 14 日的周期。但是在实际交易过程中，一般需要视该股票或商品的价格波动幅度的大小来做决定。此外，周期短则 RSI 较敏感，周期长则信号迟缓。

2. 超买区与超卖区的确认：至于 80 以上是否超买，20 以下是否超卖，因周期的长短而不一致。此外，在极端涨跌行情中，RSI 值涨至 95 或跌至 5 不足为奇。因此，在 80 以上时贸然卖出，20 以下贸然买进，都有一定的潜在危险。

以 RSI 的特性，当其值在 40~60 时，股价每涨跌 1 元，RSI 值可能上下 3~5 个点。在 80 以上或 20 以下时，价格每涨跌 10 元或 20 元，RSI 值可能只波动 1~2 个点。由此可知，RSI 值在 85 以上、15 以下时，所发出的信号有失真现象。

3. 背离走势难以事前确认：RSI 发出的背离信号，一般来说，其有效性只在事后得以验证。而且，RSI 的走势发生背离之后，行情并没有出现反转的现象也常见。有时，究竟是背离几次后行情才真正反转，也难以确认。因此，对此方面的研究，需要有心者通过不断分析历史图表来积累经验。

4. 支撑线与阻力线：在 RSI 的图形上，当 RSI 值徘徊于 40~60 时，常常属于盘整行情。当 RSI 值突破支撑线或阻力线时，价格并不会随之出现大幅上涨或下跌。

5. 以收盘价计算 RSI 的可靠性：当某日行情波幅很大，收盘收于当天最高价或最低价时，RSI 值的上下幅度便不足以反应该段行情的波动性。

综合分析，可以说 RSI 有相当多的缺点。然而，从作为辅助分析的工具的角度来看，它仍然是相当重要的指标。根据 RSI 的变化特点，投资者可感受市场的多头、空头气氛，并把它作为买卖的参考依据。

世上绝无十全十美、百分之百精确的技术分析工具，投资者能够了解一种工具的优缺点及其特性，而后加以善用，才是正确的态度。而且，有心者还可对其加以改良，以期发挥更大的功能。

四、人气指标（AR）

人气指标反映每日内买卖双方实力的相对强弱对比。因此，该指标注重以开盘价作为计算的基础，将开盘价至最高价一段作为买力，开盘价至最低价一段作为卖力。以 14 日周期为例，AR 的计算公式为：

AR=14 日内（当日最高价-当日开盘价）之和/

14 日内（当日开盘价-当日最低价）之和

用 AR 值取代 RSI 公式（2）中的 RS 值，即可得到相对强弱指数的人气指标（ARI）。

$$AR = SUM（HIGH-OPEN）/ SUM（OPEN-LOW） \quad (1)$$

$$ARI = 100\times [1-1/(1+AR)] \quad (2)$$

计算 ARI 的周期一般为 14 天，其波动的幅度范围也在 0~100。一般来说，ARI 大于 60，反映人气过旺，为卖出信号；低于 40，反映人气低迷，为买入信号。需要注意的是，对于不同的市场，判断的标准不完全一样，不应生搬硬套，使用时应自己慢慢积累经验。

五、意愿指标（BR）

意愿指标的计算是以昨日收盘价为基准，将其与今日最高价的差视为意愿买入一方，将其与今日最低价的差视为意愿卖出一方。两者之比，即为市场买卖的意愿程度。

以 14 日周期为例，BR 的计算公式为：

BR=14 日内（当日最高价-昨日收盘价）之和/

14 日内（当日收盘价-当日最低价）之和

以 BR 值取代 RSI 公式（2）中的 RS 值，即可得到相对强弱指数的意愿指标。

$$BR = SUM(HIGH-LASTCLOSE) / SUM(CLOSE-LOW) \quad (1)$$

$$BRI = 100\times[1 - 1/(1 + BR)] \quad (2)$$

计算时 BR 所取的周期数跟 AR 指标一样，也为 14 天。BRI 波动的幅度范围也在 0~100。一般说来，当 BRI 指标值大于 80 时，表示买入意愿过强，股价随时会下降，为卖出信号；低于 20 时，表示卖出意愿过强，股价随时会反弹，为买入信号。

第十三章 动向指数（DMI）

内容提要：

动向指数的基本原理，就是寻找价格涨跌过程中买卖双方力量的均衡点，以及价格在双方互动下波动的循环过程。在运用方面，动向指数属于趋势判断的系统。在动向指数系统中，主要是分析上升动向指数线（+DI）、下跌动向指数线（-DI）、动向平均值线（ADX）与动向指数评估值线（ADXR）这几条线之间的关系。

一、DMI 理论

动向指数是技术分析大师威尔德自认为开发的最有成就、最实用的一套技术分析工具。动向指数的基本原理，就是寻求价格涨跌过程中买卖双方力量的均衡点，以及价格在双方互动下波动的循环过程。见图 13-1 中的最下面的窗口。

图 13-1　DMI 走势

计算动向指数时，先要确认出基本的动向变动值（DM）是上涨还是下跌，并分别以+DM 与-DM 来表示其涨与跌。

动向变动值为当日价格波动幅度大于昨日价格（最高价，最低价）的部分的最大值。也就是说，动向变动值表示价格波动增减的幅度。

（一）无动向

无动向是指+DM=0，-DM = 0。

1. 内移日。

今日最高价小于或等于昨日最高价，今日最低价大于或等于昨日的最低价，即为内移日。此时为无动向日。

2. 两力均衡日。

今日最高价大于昨日最高价，其差额的绝对值刚好等于今日最低价与昨日最低价的差额。因此，形成买卖两力均衡走势。此时为无动向日。

（二）上升动向+DM

假如今日最高价大于昨日最高价，而且今日最低价大于或等于昨日最低价，则出现上升动向值，它等于今日最高价与昨日最高价的差额的绝对值。

（三）下降动向-DM

假如今日最低价小于昨日最低价，而且今日最高价小于或等于昨日最高价，则出现下降动向值，它等于今日最低价与昨日最低价的差额的绝对值。

（四）涨与跌的动向变动值

如果今日最高价大于或等于昨日最高价，而今日最低价却低于昨日最低价，则当前者差额的绝对值大于后者差额的绝对值时，取前者差额的绝对值为+DM；当前者差额的绝对值小于后者差额的绝对值时，取后者差额的绝对值为-DM。

在了解了动向变动值后，接下来的工作是找出真正波幅（TR）。

真正波幅，是把当日价格与前一日收盘价格进行比较之后，其中的最大变动值。

比较的方式有下列3项：

1. 当日最高价与最低价的差距，即当日最高价减当日最低价（H-L）；

2. 当日最高价与昨日收盘价的差距（H-PC）；

3. 当日最低价与昨日收盘价的差距（L-PC）。

将把上述3项差距比较之后，其中的最大者，即为当日的真正波幅。

计算出正负动向变动值（DM）与真正波幅（TR）后，还需要找出动向指数线（DI）。

动向指数线为探测价格上涨或下跌的指标，分为上升动向指数线（+DI）及下跌动向指数线（-DI）。

上升或下跌动向指数线的计算方法如下：

$$+DI = 100\times (+DM) / TR$$

$$-DI = 100\times (-DM) / TR$$

但要使动向指数线具有参考价值，则必须进行一定时期的累进计算，威尔德则认为最适当的周期是 14 天。

计算 14 日动向指数线时，分别将 14 天内的+DM，-DM 及 TR 平均，所得到的数值分别为+DM14，-DM14 及 TR14。

因此，14 天的上升或下跌动向指数线的计算方法如下：

$$+DI = 100\times (+DM14) / TR14$$

$$-DI = 100\times (-DM14) / TR14$$

再提醒一下，负动向变动值并不表示负数，负号仅代表下跌方向。

往后在计算第 15 天的+DM14、-DM14 或 TR14 时，只要利用平滑移动平均数的计算方法即可。其公式如下：

今日真正波幅（TR14）= 昨日真正波幅（TR14）-昨日真正波幅（TR14/14）+ 今日真正波幅（TR）

今日上升动向（+ DM14）= 昨日上升动向（+ DM14）-昨日上升动向（+DM14/14）+ 今日上升动向值（+DM）

今日下降动向（-DM14）= 昨日下降动向（-DM14）-昨日下降动向（-DM14/14）+ 今日下降动向值（-DM）

在得到 DI 的数值后，由于其永远介于 0~100，因此也方便绘图。14 天上升动向指数线（+DI14）表示最近 14 天以来实际上涨力量的百分比；而 14 天下跌动向指数线（-DI14）则表示最近 14 天以来实际下跌力量的百分比。

假设价格持续下跌，那么负动向变动值不断增大（指绝对值），将使得下跌动向指数线的数值不断升高；相对的上涨动向指数线则呈现下降走势。

当价格持续上涨时，相关指标的变化则与上述情况相反。

当价格盘整时，上升与下跌动向指数线的差异则非常微小。

在动向指数系统中，除了上升（下跌）动向指数线外，还有一条指标线为动向平均值线（ADX）。

在计算动向平均线以前，须先计算出动向值（DX）。

动向值的计算公式为：

DX = 100×DI_DIF / DI_SUM

DI_DIF =上升动向线与下跌动向线的差

DI_SUM =上升动向线与下跌动向线的和

由于动向值的变动性大，因此，以14天做平滑运算，即得到所要的动向平均值（ADX）。

今日动向平均值ADX =（昨日动向平均值×13 +今日动向值）/ 14

最后，须计算动向指数评估值（ADXR）：

ADXR =（今日动向平均值ADX + 14日前动向平均值ADX）/ 2

二、DMI的应用

任何技术分析工具都有其本身的优点与缺点，动向指数也不例外。在运用方面，由于其本身属于趋势判断系统，因此，会受到行情趋势是否明确的限制。如果价格的波动非常明显地维持在一个方向上，当根据这个指标发出的买卖信号进行交易时，其绩效毋庸置疑；但是，如果行情处于盘整时期，该指标的买卖信号的效果则不理想。基本上，该指标对于判别市场趋势的功能较强，属于较为长期的技术指标。

在动向指数系统中，最主要的在于分析上升动向指数线（+DI）、下跌动向指数线（－DI）、动向平均值线（ADX）与动向指数评估值线（ADXR）这几条线之间的关系。

（一）+DI 与-DI 的功用

+DI 与-DI 有如下的功用：

当+DI 从下向上递增突破-DI 时，显示市场内部有新的多头进场，愿意以较高的价格买进（由于价格创新高，使+DI 上升、-DI 下降），因此，为买进信号。

相反，当-DI 从下向上突破+DI 时，显示市场内部有新的空头进场，愿意以更低的价格卖出，因此，为卖出信号。

注意，当价格出现盘整走势时，+DI 与-DI 发出的买卖信号无效。

（二）ADX 的功用

ADX 为 DX 的平均数。DX 是根据+DI 与-DI 计算出的，即+DI 与-DI 的差（绝对值）除以总和的百分比。由于 DX 容易受到行情意外波动的影响，因此，可以利用求平均数的技巧来求取 ADX，用以消除杂音。其功用如下：

1. 判断行情趋势。

在行情趋势非常明显地朝单一方向前进时，无论上涨或下跌，ADX 值都会逐渐增加。换言之，当 ADX 的值持续高于前一日时，我们可以断定此时市场出现了固定、单向的趋势，即价格正在持续上涨，或持续下跌。

2. 判断行情是否盘整。

当市场行情出现反复时，ADX 会出现上下震荡走势。这是因为价格虽然有新高出现，但同时也会有新低出现，因而，致使+DI 与-DI 的值越拉越近，ADX 值也逐渐减小。当 ADX 数值降低到 20 以下，且呈横盘走势时，我们可以断定此时的市场为盘整行情。投资者应立即出场观望，或者起码不应以 ADX 作为交易的依据。

3. 判断行情是否到顶或到底。

当 ADX 数值从上升转为下降时，显示行情即将反转。即在涨势中，ADX 在高点由升转跌，表示涨势将告结束；反之，在跌势中，ADX 也在高点由升转跌，却表示跌势将告结束。ADX 的数值在高点反转的标准并无一定的依据，大体上来说，在 ADX 由高点掉头下跌之际，便是行情到顶或到底的信号。

（三）ADXR 的功用

ADXR 是 ADX 的评估值，ADXR 的波动一般较 ADX 平缓。当+DI 与-DI 交叉，发出买卖信号后，ADXR 又与 ADX 相交时，则是最后的出入市机会，随之而来的行情走势较急，应立即采取行动。

ADXR 还是市场评估的指标，当 ADXR 处于高位时，显示行情波动较大；当 ADXR 处于低位时，则表明行情波动较缓慢。

第十四章 动力指标（MTM）

内容提要：

动力指标是一种测量涨跌速度的工具，它是一种短线指标。当动力指标由基日线（即0线）以下向上急升突破10日动力指标移动平均线时，为买入信号；当动力指标在基日线以上，向下急挫跌破10日动力指标移动平均线时，为卖出信号。此外，该指标还可以用来研判牛背离与熊背离的转向信号。

一、MTM 的概念

动力指标是一种测量涨跌速度的重要工具，它是一种短线指标。在一个自由竞争的市场中，价格受制于供应与需求的相互关系。需求大于供应则迫使价格上涨；但是，价格的上涨又可能使供应者扩大生产或使需求者寻求替代品，如此又导致价格下跌。因此，在买与卖之间，价格绝无平衡的状况。而在价格的波动当中，经常出现物极必反的反转局面，在反转之前，涨跌速度有快与慢之别。见图 14-1 中的最下面的窗口。

图 14-1　MTM 走势

动力指标的计算思路，即利用恒速原则，来判断涨跌速度的快慢。基于恒速原则，在涨势中，每一段时间内的涨幅应该一致；跌势中，每段时间内的跌幅也应一致。

因此，在计算动力指标时，即运用上述理念，以当天的收盘价减去固定的几天前的收盘价，来求得该指标，并把它作为比较、分析的依据。其计算公式有：

10 天动力指标值公式为：

$$M(10)_t=P_t-P_{t-10}$$

Pt 为当日收盘价，P_{t-10}为 10 日前收盘价。

10 天动力指标平均值公式为：

$$MA(10)_t=[10\times MA(10)_{t-1}+M(10)_t-M(10)_{t-10}]/10$$

其中，$MA(10)_t$指第 t 天的 10 天动力指标平均值，$MA(10)_{t-1}$指第 t-1 天的 10 天动力指标平均值，$M(10)_{t-10}$指第 t-10 天的 10 天动力指标平均值。

动力指标周期的设定，因人而异。一般以 8～20 日较为恰当，选用 10 日周期者居多。

有些技术分析专家认为，仅以动力指标值来分析、研究价格波动，似乎过于简单。因此，把它配合移动平均线一起使用，也不失为一种相当好的做法。

二、MTM 观察法

从计算动力指标的思路可知，动力值是从一个连续数列中观察目前的趋势，并且直接比较若干天前趋势变动的指标。从动力值的增减过程中，可以察觉到目前趋势是持续走强，还是将转弱。因此，在运用该指标时，需要注意目前的动力值是处于基日线之上还是之下。

所谓“基日线”，就是假定我们计算的 10 日动力指标在 11 个交易日中都不变，这时计算所得的结果必定为 0，这就是基日线，也可称为“0 线”。当第 12 日价格上升时，动力值即开始脱离基日线，若价格继续上升，动力值就离基日线越远。

但是，当动力线出现新高点后，若一浪较一浪低，则表明此时的上升动力正在减弱（此时股价可能仍在上升），直至动力值跌破基日线而出现负值。这表示上升动力已经衰竭，市场正累积下降动力。

当价格持续下跌时，负动力值开始脱离基日线，若跌势持续，则负动力值离基日线越远。当负动力值出现低点一浪较一浪高的现象时，表示下降动力正在减弱中（此时股价可能仍在下跌），直到负动力值接近基日线，表示市场下跌动力已经减缓，一个新的循环将开始。

三、MTM 天数选择的差异

计算动力指标究竟选多少天为最佳？正如计算移动平均线时遇到的困难一样，分析者需要通过多次重复测试才能找到最佳天数。一般来讲，动力指标的运算天数不宜少于 8 日，也不宜多于 18 日，最佳的天数在 10~15 日。

四、MTM 买卖信号

（一）买入信号

当动力指标在基日线以下，向上急升突破 10 日动力指标移动平均线时，为买入信号。

（二）卖出信号

当动力指标在基日线以上，向下急挫跌破 10 日动力指标移动平均线时，为卖出信号。

（三）牛差离与熊差离转向信号

1. 市场动力持续提升：当动力指标从 0 线下向上突破 0 线时，显示市场内部上升趋势的动力正在集聚中；若动力指标持续在 0 线上波动，表示原趋势将持续，多方的力量正在加强中。此时，应持续看好后市，直至动力开始减弱为止。反之，则看淡后市，直至市场动力开始减弱为止。

2. 市场动力开始减弱：动力指标在0线以下波动，无力创新低，走势一浪较一浪高，而实际价格却一浪较一浪低时，显示市场内部的抛售力量正在逐步减弱过程中，这就是牛背离，为转市向上的信号；相反，当动力指标在0线以上反复波动，无力创新高点，而实际价格却仍在创新高时，显示市场的买气正在减弱，而出现熊背离。

动力指标的其他形态：

动力指标也有以震荡点（MO）的方式来计算的。以10日动力指标为例，其10日动力指标值等于当日收盘价除以10日前收盘价乘100。公式如下：

$$MO = C_t / C_{t-10} \times 100$$

计算出的动力指标值数字在100上下。在绘图时，即以100为基准横轴。当动量值在100以上时，市场为多头市场倾向；100以下则为空头市场倾向。其应用判断的方法与本章开始时描述的公式的判断方法一样。

第十五章 随机指数（KD）

内容提要：

随机指标融合了移动平均线的速度的观念，发出的买卖信号比较准确。同MACD一样，它是最常用、最实用的指标之一。当出现牛背离时，K线从左向右移动并向上突破D线，此为买入信号；出现熊背离时，K线向下跌破D线，这为卖出信号。在75以上、25以下KD线出现交叉时，发出的买卖信号更为可信。

一、KD 线理论

KD 线原名随机指标，或称“斯多噶线”。为乔治·蓝恩博士所发明，是一个相当新颖实用的技术分析工具，见图 15-1 中的最下面的窗口。

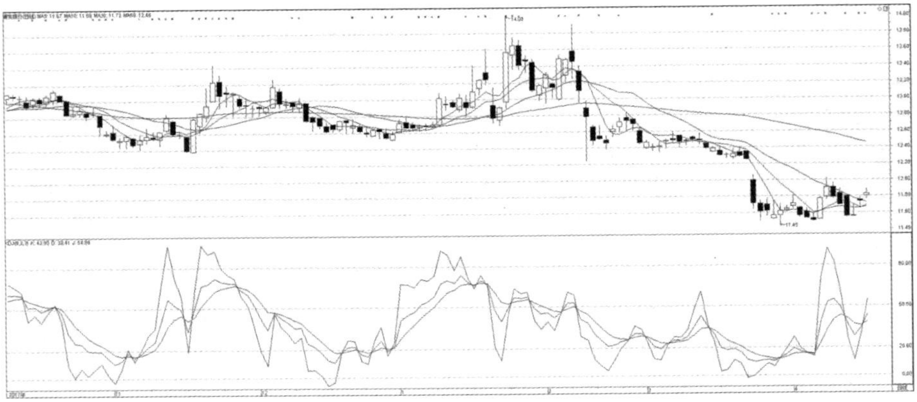

图 15-1 KD 线走势

在威廉的%R 指标（详见第十六章）中，其指标几乎仅用以判断商品价格的超买与超卖现象；但在随机指标中，由于融合了移动平均线的速度的观念，其发出的买卖信号比较准确。

（一）《商品期货预测周报》采用的公式

本章所介绍的 KD 线公式，源自《商品期货预测周报》，在修正后与乔治·蓝恩博士的原始公式略有出入，但是其发出的买卖信号更为准确。

以 9 日周期的 KD 线为例，需先计算出最近 9 日的 RSV 值，即未成熟随机值。

RSV 值即在最近 9 日的周期中，为第九日收盘价在 9 日行情的最高价与最低价间的位置（百分比）。

RSV 值= 100×（第九日收盘价-9 日内最低价）/（9 日内最高价-9 日内最低价）

公式为：

$$RSV = (C_t - L9) / (H9 - L9)$$

注意，RSV 值恰为%R 的相反值，两者之和等于 100%，而 RSV 值也永远介于 0~100。

在《商品期货预测周报》中，K 线即为 RSV 的 3 日平滑移动平均线，D 线为 K 线的 3 日平滑移动平均线。

根据快速、慢速移动平均线原理，当 K 线向上突破 D 线（即 K 值>D 值）时，为买进信号；当 K 线跌破 D 线（即 K 值<D 值）时，为卖出信号。

KD 线的计算思路为：

K 值= 当日 RSV×1/3 +前一日 K 值×2/3

D 值= 当日 K 值×1/3 +前一日 D 值×2/3

KD 线的计算公式为：

$$\%K_t = RSV \times 1/3 + \%K_{t-1} \times 2/3$$

$$\%D_t = \%K_t \times 1/3 + \%D_{t-1} \times 2/3$$

（二）随机指标的原始公式

随机指标原始公式（周期为 9 日）为：

$$\%K = 100 \times (C - L9) / (H9 - L9)$$

其中，C 为最后一日（第九日）的收盘价，H9 为最近 9 日中的最高价，L9 为最近 9 日中的最低价。

$$\%D = 100 \times H3 / L3$$

其中，H3 为（C-L9）的 3 天的和，L3 为（H9-L9）的 3 天的和。

如将原始公式与《商品期货预测周报》中的修正公式做比较，可以发现原始公式的 K 值相当于 RSV 值，D 值则相当于修正公式中的 K 值。事实上原始公式的买卖信号复杂，且有杂音。因此，习惯使用原始公式的投资者，可改用 D 线与 Slow-D 线（即 D 线的 3 日算术移动平均线）来辅助交易，Slow-D 线则相当于修正公式中的 D 线。

以上为随机快步指数的计算公式。另外，还有一组计算公式用于计算随机慢步指数，其公式如下：

$$\%K_s = \%D$$

$$\%D_s = [\%D + \%D_{t-1} + \%D_{t-2}] / 3$$

其中，$\%D_{t-i}$为第 i 天前的值，$\%K_s$为随机漫步的 K 值，$\%D_s$为随机漫步的 D 值。

二、KD 线买卖时机

KD 线有以下几个功能：

1. 超买区与超卖区的判断。D 值在 70 以上时，市场呈现超买现象；D 值在 30 以下时，市场则呈现超卖现象。

2. 当 K 线的倾斜度趋于平缓时，为警告信号。

3. 当背离信号产生时，为比较准确的买卖时机。当股价能创出新高，而相对应的 D 值却无力创新高时，为牛背离走势，显示市场将转为下降趋势；反之，则为熊背离走势，显示市场将扭转向上。

4. 当出现牛背离时，K 线从左向右移动并向上突破 D 线，此为买入信号。

5. 当出现熊背离时，K 线向下跌破 D 线，此为卖出信号。

6. 当 KD 线发生交叉时，出现的位置很重要。在 75 以上或 25 以下时，通常会是较准确的卖出、买进信号。

7. KD 线不仅可以在日线图上使用，在日常的分时图和较长周期的周线图中，也有相当高的使用价值。投资者可兼用在长、中、短线交易中。

第十六章　威廉指数（%R）

内容提要：

威廉指数原名为“威廉超买超卖指标”。计算出的%R数值与RSI一样介于0～100。当%R高于80时，处于超卖状态，行情即将见底，80线称为“买入线”；当%R低于20时，便处于超买状态，行情即将见顶，20线称为“卖出线”。

一、%R 的概念及计算公式

R%指标由拉瑞·威廉于 1973 年所出版的《我如何赚取百万美元》一书中首先发表。原名为“威廉超买超卖指标”，简称“WMS”或“%R”，见图 16-1 的最下面的窗口。

图 16-1　%R 走势

在计算之前，先要确定周期日数，此日数取一个买卖循环期的半数。在欧美市场，技术分析专家认为一个较短的买卖循环期为 28 日，但扣除周六与周日，实际交易日为 20 日；而一个较长的买卖循环期为 56 日，交易日为 40 日。因为%R 的周期日数是取 20 日与 40 日的一半，故一般使用 10 日或 20 日的周期来计算。也有人取更小的周期，如 5 日来计算%R。

以 10 日为例，其计算公式为：

$$WR = 100\times(H10-C10)/(H10-L10)$$

其中，H10 为 10 日内最高价，L10 为 10 日内最低价，C10 为第 10 日收盘价。

二、%R 的功能

%R 的数值与 RSI 一样介于 0~100。其测市功能为：

1. 当%R 高于 80 时，即处于超卖状态，预示行情即将见底，故 80 线被称为“买入线”。

2. 当%R 低于 20，便处于超买状态，行情即将见顶，20 线被称为“卖出线”。

3. 当%R 由超卖区向上爬升时，只是表示行情趋势将可能转向；如果突破 50 中轴线，便是涨势转强，可以追买。

4. 当%R 由超买区向下滑落时，一旦向下跌破 50 中轴线，可以确认跌势转强，可以追卖。

5. 当%R 进入超买区时，并非表示行情会立刻下跌，在超买区内的波动，只是表示价格仍处于强势中，直至其回头跌破卖出线时，才是卖出信号；反之亦然。

第十七章 人气指标心理线（PSY）

内容提要：

人气指标心理线，是研究一段时间内投资人是趋向于买方，还是卖方的心理与事实，从而确定买卖方向的指标。一般来说，心理线指标介于25%～75%是合理变动范围。超过75%或低于25%，就出现超买或超卖现象。如果是超买，股价下跌的概率会增加；如果是超卖，股价上涨的概率会增加。

一、PSY 的概念和计算公式

人气指标心理线，它是研究一段时间内投资人是趋向于买方，还是卖方的心理与事实，并以此作为买或卖的依据。目前，技术分析人士多以 12 日、24 日为周期来计算短、中期的 PSY。见图 17-1 中的最下面的窗口。

计算公式如下：

PSY＝100×（12 日内上涨天数/ 12）

PSY＝100×（24 日内上涨天数/ 24）

图 17-1　PSY 走势

二、对 PSY 的研判

一般来讲，PSY 的研判要点如下：

1. PSY 介于 25%~75%，是合理变动范围。

2. 当 PSY 超过 75%或低于 25%时，就出现超买或超卖现象，股价下跌或上涨的机会就会增加。此时，可准备卖出或买进相关标的。在大多头或大空头市场初期，可将超买、超卖点调整至 83%和 17%，直至行情尾声，再调回至 75%和 25%。

3. 在一段上升行情展开前，通常超卖现象的低点出现两次；同样地，当一段下跌展开前，超买现象的高点也会出现两次。

4. 高点出现两次为卖出时机，低点出现两次为买进时机。

5. 当 PSY 高于 90%或低于 10%时，是真正的超买或超卖现象，行情反转的概率相对提高，此时为较好的卖出或买进时机。

第十八章　容量比率（VR）

内容提要：

容量比率由某段时间内股价上升日交易总金额与股价下降日交易总金额的比值统计而得之。VR能表现出市场的买卖气势，可帮助投资者研判价格可能的变动方向。

一、VR的概念和计算公式

VR由某段时间内股价上升日交易总金额与股价下降日交易总金额的比值统计而得之。VR能表现出市场买卖双方的气势，进而研判价格可能的变动方向，见图18-1的最下面的窗口。

图18-1 VR走势

VR的计算公式为：

VR =100×［n日内股价上涨日的成交值总和+（n日成交值总和）/2］/［n日内股价下跌日的成交值总和+（n日成交值总和）/2］

二、对VR的研判

一般来讲，VR的研判要点如下：

1. 当VR介于80%~150%时，股价波动幅度较小；

2. 当VR超过350%以上时，股价即进入超买警戒区，应卖出或减少持股；

3. 当 VR 低于 60%时，股价即已进入超卖区，可伺机介入；

4. 交易额突增，VR 也大涨，股市常上涨；

5. 当股价处于低位时，VR 增加而股价未增，为介入时机；

6. 当股价处于高位时，VR 增加和股价增加，需注意逢高卖出；

7. 当 VR 上升至 160%~180%时，成交量会进入衰退期，碰到顶点后，价格很容易进入下降期；相反的，当 VR 介于 40%~60%时，价格很容易探底反弹；

8. 一般而言，VR 指标在观察处于低位的市场时较具可信度；在观察处于高位的市场时，宜多参考其他指标。

第十九章　成交量净额（OBV）

内容提要：

成交量净额，希望能够通过价格变动与成交量增减之间的关系，来推测市场是处在筹码的收集阶段，还是派发阶段。但是，仅仅观察OBV的升降，并无意义。OBV须配合图表的走势，才有实际的效用。

一、OBV 的概念与计算公式

在了解 OBV 的概念之前，先要对两个专有名词有所认识，一为收集，二为派发。

所谓收集，是指主力暗地里在市场内逢低进货、逢高出货。在尚未吃进足够的筹码之前，主力一边出货打压行情，一边暗地吃进，出少进多但不让价格上涨。等到主力握有相当多的筹码，即筹码收集完成之后，他们才开始大力拉升，以促使行情大幅上涨。

相反，派发指主力暗地里逢高卖出、逢低买进。此时出多进少，当主力手中的筹码出得差不多时，才会大力杀出，以求迅速获利了结。

收集与派发几乎全在暗地里进行。OBV 的思路是希望能通过价格变动与成交量增减之间的关系，来推测市场是处在筹码的收集阶段或派发阶段，见图 19-1 的最下面的窗口。

图 19-1　OBV 走势

OBV 的计算方法非常简单。当今日收盘价高于昨日收盘价时，今日的成交量为正值；而当今日收盘价低于昨日收盘价时，则今日的成交量为负值。一连串时间内的正负值成交量累计相加，即可得到 OBV。

如表 19-1 所示，这是假设的股价与成交量的对应数据。根据该表，第一日的 OBV 无从比较。第二日收盘价比第一日高，因此，当日 OBV 即为第二日的成交量，即等于+3000。第三日收盘价又比第二日高，因此，OBV 再加上第三日的成交量，成为+ 5500。第四日收盘价下跌，此时 OBV 累计第四日的负值成交量，为+4700。以后日期 OBV 数值的计算思路，依此类推。

表 19-1　OBV 的计算

时间	价格（元）	成交量（手）	OBV
第一日	27.10		
第二日	27.15	+3000	+3000
第三日	27.20	+2500	+5500
第四日	27.05	-800	+4700
第五日	26.85	-1200	+3500
第六日	27.10	+2500	+6000

一般来讲，仅仅观察 OBV 的升降，并无意义，OBV 须配合图表的走势，才有实际的效用。

在一般情况下，市场的走势趋向，或多或少与成交量的变化有关。如果 OBV 曲线与价格走势图几乎同向而行，这类情况并无特别意义。

当 OBV 曲线与价格趋势出现背离走势时，则可以用来判别目前市场是处于筹码的收集阶段，还是派发阶段。

对于表 19-1 中的例子，价格仅是轻微下跌，OBV 值却呈现+ 6000 手的数量。如果 OBV 持续上升，则可相信主力正在进行筹码收集的工作，即暗地进货。

还有一种方法来计算 OBV，即把当日股价的最高价、最低价及收盘价 3 个价位加以平均后得到的值，用来替代收盘价去计算 OBV。该方法被称为“成交量多空比率净额法”，其计算公式如下：

$$VA = V \times [(C-L) - (H-C)] / (H-C)$$

这里，VA 为成交量多空比率净额值，H 为最高价，C 为收盘价，L 为最低价，V 为成交量。

以收盘价减去最低价（C-L）为多头力量幅度，表示多头买进的力量强度；而用最高价减去收盘价（H-C）为空头力量幅度，表示空头卖出的力量强度。

在修正的 OBV 公式中，以多头力量幅度（C-L）减去空头力量幅度（H-C），即为当日多头的净额力量幅度。以此净额力量幅度乘以当日成交量，即可得较准确的 OBV 值。

二、OBV 的研判

OBV 的研判标准如下：

1. OBV 下降，股价上升，为卖出信号，表示买盘无力；

2. OBV 上升，股价下降，为买进信号，表示逢低买进的力量转强；

3. OBV 缓慢上升，为买进信号，表示买盘转强；

4. OBV 急速上升，为卖出信号，表示买盘全力介入，多头即将力竭；

5. 当 OBV 值从正的累计数转为负的累计数时，为下跌趋势，持仓应卖出；反之，当 OBV 值从负的累计数转为正数时，则应该买进标的；

6. 如果在 OBV 曲线的高点，价格无法向上突破，此为上涨阻力带，价格经常会在此高点遇阻而反转，需特别注意；

7. 运用 OBV 曲线时，需配合 K 线观察，尤其是价格在盘整区能否一举向上突破阻力带，OBV 曲线的变动方向是重要信号；

8. 若 OBV 曲线自上而下跌破其 12 日移动平均线，为卖出信号；若 OBV 曲线自下而上突破其 12 日移动平均线，为买入信号；

9. 应特别注意 OBV 曲线与价格之间的背离现象，一旦有此种情形出现，暗示行情在短时间内会有所变动；

10. OBV 曲线对双重顶（M 头）第二个高峰的确定有较明显的指示意义。当价格自双重顶的第一个高峰下跌又再次回升时，若 OBV 曲线能随价格同步上升，价量配合则能令多头市场持续，并出现价格的新高点；相反，若股价再次回升时，OBV 曲线未能同步配合，反而下降，则股价可能即将形成第二个峰顶，从而完成双重顶的形态，并导致价格再次下跌。

三、OBV 的优点和缺点

作为一种较早期的技术分析工具，也是最普遍性使用的工具，OBV 的可靠性如何，主要依赖使用者的主观判断。

（一）OBV 的优点

市场内大资金的流动，在大部分情况下，均不动声色地进行。OBV 虽然无法很明确地指出资金的流向，但是当不寻常的大成交量在价格高位或低位产生时，可以警示投资者需预先研判市场内的多空倾向。

（二）OBV 的缺点

1. OBV 的原理过于简单，其发出的信号，通常令人无法区别是否与突发性消息有关。因为一项突发性的消息，将会使成交量出现不寻常的变动。

2. 在计算 OBV 时，仅用收盘价涨或跌当依据，显然会存在失真现象。例如，当天价格盘中最高涨幅曾涨了 3 元，但收盘时价格反而跌了 1 元，对于这种情况，OBV 就无法完全真实反应。针对这种失真现象，有人尝试以需求指数①来代替收盘价。这种补救方式亦可用于移动平均线、MACD 等指标的计算。

OBV 无法真正应用于商品期货市场。因为各种商品均有一定的周期交割日，在越接近交割日时，交易越不活跃，成交量的增减有着周期性的变化。因此，会对长期 OBV 的计算产生干扰。

---

① 需求指数使用的是将最高价、最低价与收盘价 3 个价位加以平均的处理方法。

第二十章 多空指数（BBI）

内容提要：

多空指数获取的是一种将不同周期数移动平均值再平均的数值，它包含了不同周期数移动平均线的部分权值。因此，它分别代表了各条平均线的“利益”。多空指数的买卖信号基本上可按移动平均线的八大应用法则来运用。

一、BBI的概念和计算公式

多空指数是一种包含了不同周期数移动平均线的综合指标。长期以来，由于没有一条公认的使用法则，理论界一直为中短期的移动平均线究竟采用多少天数更为合理而争论不休。然而，多空指数则利用将几条不同天数移动平均线加权平均的方法解决了这个问题。

多空指数是将3日、6日、12日和24日共4种平均价格（或指数）相加后除以4而得出的数值，其公式如下：

BBI =（3日MA + 6日MA + 12日MA + 24日MA）/ 4

二、BBI的研判

从BBI的计算公式中可以看出，多空指数的数值分别包含了不同天数移动平均线的部分权值，这是一种将不同天数移动平均值再平均的思想。因此，分别代表了各条平均线的“利益”。事实上，多空指数是移动平均线原理的特殊产物。因此，在使用时，多空指数的买卖信号基本上可按移动平均线的八大应用法则来运用。此外，多空指数的主要应用特点如下：

1. 股价在高价区时，以收盘价向下跌破多空线为卖出信号；

2. 股价在低价区时，以收盘价向上突破多空线为买入信号；

3. 多空指数由下向上递增，价格在多空线上方，表明多头势强，可继续持仓。

4. 多空指数由上向下递减，价格在多空线下方，表明空头势强，此时不宜买入。

第二十一章　乖离率（BIAS）

内容提要：

乖离率是表现当日指数或个股的点位或价格与移动平均线之间的差距。其特性为（以个股为例），当价格离平均线太远时便会向平均线靠近，但它并没有明示距离多远时价格才会向平均线靠近，这与市场的强弱有关。也即在强势多头与弱势空头市场中，其价格距平均线的距离往往会出人意料。

一、BIAS 的概念和计算公式

BIAS 是依据葛兰碧法则推演而成。其特性为，当价格离平均线太远时便会向平均线靠近，但它并没有明示距离多远时价格才会向平均线靠近，这与市场的强弱有关。也即在强势多头与弱势空头市场中，其价格距平均线的距离往往会出人意料。因此，为了测量此一距离，便开发出乖离率指标。见图 21-1 中的最下面的窗口。

图 21-1　BIAS 走势

BIAS 是表现当日指数或个股的点位或价格与移动平均线之间的差距。公式如下：

BIAS = 100 ×（当日指数点位或股价 - n 日平均指数点位或股价）/ n 日平均指数点位或股价。

二、BIAS的研判要点

一般来讲，BIAS的研判要点如下：

1. 乖离率可分为正乖离率与负乖离率。如果股价在平均线之上，则为正乖离；股价在平均线之下，则为负乖离；当股价与平均线相交时，则乖离率为零。正乖离率越大，表示短期获利越大，则获利回吐的可能性越高；负乖离率越大，则空头回补的可能性也越高。

2. 当股价与10日平均线的乖离率达+8%以上时，为超买现象，是卖出时机；当其达-8%以下时，为超卖现象，为买入时机。

3. 当股价与30日平均线的乖离率达+16%以上时，为超买现象，是卖出时机；当其达-16%以下，为超卖现象，为买入时机。

4. 在大势上升时，价格会出现多次高峰，可于先前高峰的正乖离点卖出；同理，在大势下跌时，也会使负乖离率加大，可于前次低位的负乖离率点进场买进。

5. 大势狂跌，使得负乖离率加大，当达到先前低点时，空头可获利了结。当负乖离率趋近于0时，价格突然反弹，可以抛空。

6. 当市场盘整时，仅用该指标不易研判，应结合其他指标一起分析。

7. 股价扶摇直上，当其正乖离率接近过去的最高纪录时，就应卖出获利了结；反之，股价暴跌，其负乖离率接近过去的最高纪录①时，就可买进。

8. 每当股价与平均线之间的乖离率达到最大值时，乖离率就会向零值靠近，有时会低于零，有时会高于零，这是正常现象。

9. 多头市场的暴涨与空头市场的暴跌，偶尔会使乖离率出现意想不到的数值，但这种现象出现的次数极少，时间也短，可视为一特例。

---

① 就是最大的负乖离值。

10. 在大势上升市场，如出现负乖离率，可以在价格回落时买进，此时进场的危险性小。

11. 在大势下跌的走势中，如出现正乖离率，可以趁价格回升时高价卖出。

第二十二章　移动平均乖离（MB）

内容提要：

移动平均乖离是一种建立在移动平均和乖离率理论基础之上的技术分析指标。该指标通过计算两条不同天数移动平均线之间的差距，利用较长天数的移动平均线反映大势和较短天数的移动平均线反映近期走势的原理，来分析和预测股价未来的波动趋向。

一、MB 的概念和计算公式

MB 是一种建立在移动平均和乖离率理论基础之上的技术指标。该指标通过计算两条不同天数移动平均线之间的差距，利用较长天数的移动平均线反映大势和较短天数的移动平均线反映近期走势的原理，来分析和预测股价变动的未来趋向，见图 22-1 中的最下面的窗口。

图 22-1　MB 走势

MB 的计算方法比较简单，但必须有移动平均线的数据。由于 MB 反映的是不同天数的两条移动平均线之间的乖离情况，一般情况下，天数可选择 3 日与 6 日为一组 ，或 6 日与 12 日为一组作为技术参数。

其中，3 日与 6 日的 MB 可用 3 日平均股价减 6 日平均股价来计算，以“3-6B ”表示。6 日与 12 日的 MB 则以 6 日平均股价减 12 日平均股价来计算，以“6-12B”来表示。以 3 日减 6 日的 MB 为例，其计算原理为：在 6 日平均股价的基础上，计算其与 3 日平均股价的差距，即：

$$3\text{-}6B = 3\text{日平均股价} - 6\text{日平均股价}$$

二、MB的研判要点

移动平均乖离有正乖离和负乖离之分，多空平衡点为0。对3日减6日的乖离而言，当其值为正时，说明3日移动平均线在6日移动平均线的上方；反之，则在下方。一般情况下，MB随股价走势的强弱，周而复始地在0的上方与下方波动，从而表明两条移动平均线之间的上下关系。

当MB的值为正并不断向上递增时，一般说明走势处于上涨过程中，此时，应持股不卖；当MB向下突破0并不断向下递减时，此时处于下跌行情中，一般不宜买入。

从图形上看，当正乖离达到高位而无法再往上升高时，便是卖出时机；反之，则为买进时机。根据移动平均线对股价具有支撑和阻力作用的假定，较长天数的移动平均线对较短天数的移动平均线亦具有一定的支撑或阻力作用。因此，在上涨行情中，当价格回落时，MB一般会降至0附近并获得支撑。在下跌行情中，价格出现反弹，MB在升至0附近时则会遇到阻力。

由于MB是对移动平均线的组合进行分析的指标，所以该指标具有事先预测股价走势的功能。对上述两组MB而言，3日减6日的MB比较敏感，一般反映股价的短期走势；6日减12日的MB则比较平滑，用以分析股价的中期走势。

第二十三章　抛物式转向（SAR）

内容提要：

抛物式转向即停损点转向分析指标，是以抛物线方式来随时调整停损点位置的系统工具。SAR在图形和运用上与移动平均线相似，均属价格和时间并重的分析工具。

一、SAR 的定义及原理

SAR 即停损点转向分析指标，是以抛物线的方式来随时调整停损点位置的系统工具。由于组成该线的停损点是以弧形的方式移动，故称为“抛物线指标”，见图 23-1 中的最下面的窗口。

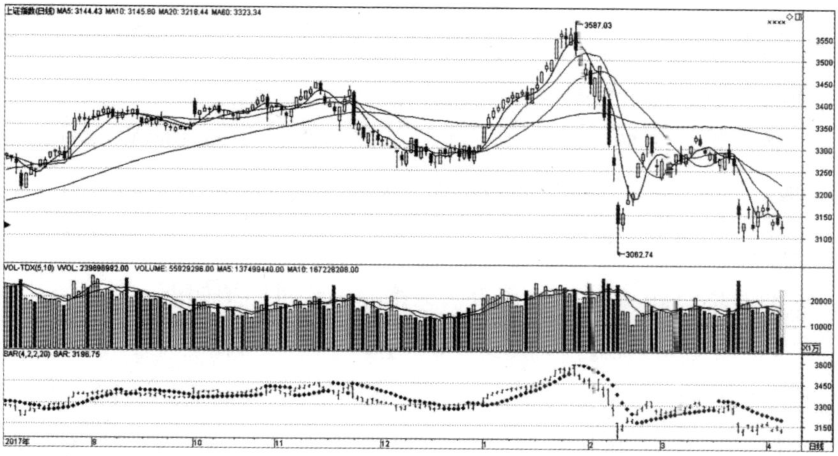

图 23-1　SAR 走势

SAR 在图形和运用上与移动平均线类似，均属价格和时间并重的分析工具。在进场的前几天，停损点可能还设置在没有利润，甚至亏损的价位上。但是，随着时间的推移，停损点会随之移动，并且移动的速度越来越快。因此，该系统不只利用了价格变动的功能，还利用了时间变动的功能来调整停损点的位置，而且，无论在任何情况下，停损点设置好后，并不随股价的下跌而往下移动。

举例来说，如果投资者认定市场将出现一段多头行情而买进，之后，则无论任何一天的价位是涨或跌，停损点均往上移动，这是该指标在时间上的功能。停损点价位的变动，则根据当时价格之间的差距来调整。

时间与价差的观念是相当实用的，在此观念中，它能给予充分的时间来让价位进行调整。假如行情反转，则在停损点上不仅能平多仓，而且还能反向做空。

二、SAR的计算方法

1. 先选定一段行情，再判断其为上涨或下跌。

2. 若是看涨，则进场第一天的 SAR 必须是近期内的最低价；若是看跌，则进场第一天的 SAR 须是近期的最高价。

3. 进场第二天的 SAR，则为第一天的最高价（看涨时）或是最低价（看跌时）与第一天的 SAR 的差距乘上调整系数，再加上第一天的 SAR 就可求得。

4. 每日的 SAR 都可用上述方法类推，公式可归纳如下：

$$SAR_n = SAR_{n-1} + AF \times [EP_{n-1} - SAR_{n-1}]$$

其中，SAR_n 为第 n 日的 SAR 值，SAR_{n-1}则为第 n -1 日的 SAR 值，AF 为调整系数，EP 为极点价 。若是看涨一段行情，则 EP 为这段行情的最高价 ；若是看淡一段行情，则 EP 为这段行情的最低价。EP_{n-1} 为第 n-1 日的 EP 值。

5. 第一个调整系数 AF 为 0.02。如果价格隔天创新高，则 AF 递增 0.02；如果无新高，则 AF 沿用前一天的数值。调整系数最高不超过 0.2。

6. 在价格上涨期间，如果计算出某日的 SAR 比当日或前一日的最低价还高，则应以当日或前一日的最低价为某日之 SAR；在价格下跌期间，如果计算出某日的 SAR 比当日或前一日的最高价低，则应以当日或前一日的最高价为某日的 SAR。

三、操作策略

SAR 的操作原则非常简单，其提示的进出场时机就是在价格穿过 SAR 时——向下跌破 SAR 便卖出，向上越过 SAR 就买进。

四、优缺点

（一）SAR 的优点

1. 操作简单，买卖信号明确，可打消投资人的疑虑，出现信号即可操作。

2. 长期使用 SAR 指标，可能小输大赢，但不可能一次就惨遭套牢。

3. SAR 的速减或速增，与价格的涨跌幅度及时间的长短有密切关系，可应用在不同的走势形态中。

（二）SAR 的缺点：

1. 计算与绘图困难。

2. 在行情的盘整阶段，价格上下往复频繁，该指标的失误率高。

3. AF 基本上是从 0.02 逐次累加到 0.2 为止，但是此数值并非适用所有的股票，运用者必须事前以试误法做多次尝试，才能从个别股票的价格波动中寻求到最佳的 AF。

第二十四章　均量线（MV）

内容提要：

均量线是一种反映一定时期内市场的平均成交情况，也即交投趋势的技术性指标。其中，10日均量线代表短期的交投趋势，30日均量线则代表较长期的交投趋势。

一、MV的概念

在技术分析中，成交量（或成交金额）是一项相当重要的技术指标。它能够反映市场的供需状况，买卖双方气势的强弱，以及投资者对未来股价变动的看法是否一致。但是，由于单日的交投情况往往受一些复杂多变因素的影响，导致成交量经常出现跳跃式变动，让人无法做出正确的判断。

为此，可引进移动平均线的概念，将一定时期内的成交量（金额）相加后平均，在成交量（金额）的条形图中形成较为平滑的曲线，即均量线，则可以解决前面所提出的问题。

均量线是一种反映一定时期内市场平均成交情况，也即交投趋势的技术性指标。一般情况下，均量线以10日作为采样天数，也可以同时选10日和30日的采样天数来绘制两条均量线，见图24-1中的最下面的窗口。其中10日均量线代表短期的交投趋势，30日均量线则代表较长期的交投趋势。

图24-1 MV走势

二、MV的研判

在研判均量线时，需注意均量线的波动并不提供买进或卖出信号，也不具备移动平均线那种对股价助涨或助跌的功能。均量线反映的仅是市场交投的主要趋向，对未来股价变动的研判仅起辅助作用。

在有均量线的成交量图中，可以看到均量线在成交量的条形图间上下穿梭，从而推动股价的变动。在上涨行情初期，均量线随股价不断创出新高，显示市场人气的聚集过程。当行情进入尾声时，尽管股价再创新高，均量线多已疲软，形成价量背离之势，提示此时市场的追高意愿发生变化，股价已接近峰顶区。

在下跌行情初期，均量线一般随股价持续下跌，显示市场人气涣散，多方有气无力。当下跌行情接近尾声时，股价虽不断跌出新低，但均量线已开始走平，甚至有上升迹象，提示这时股价已见底，投资者可以考虑伺机买进。

对设有两条均量线的成交量图，当10日均量线在30日 均量线上并继续上扬时，行情将会保持上涨势头。反之，当10日均量线在30日均量线下方并继续下跌时，显示跌势仍将继续。

均量线不论是向上或向下拐头的走势，都预示着行情可能转势，是一种警戒信号。当10日均量线与30日均量线因交叉而出现移动平均线理论中的黄金交叉或死亡交叉时，则是对行情转势进一步的确认，这时应配合其他技术指标来研判后市。

当市场处于盘整阶段时，10日均量线与30日均量线会表现出纠缠不清的态势。在此期间，一旦10日均量线向上或向下突破30日均量线，则可预示行情将打破盘整格局，这是一种较为准确的突破辅助信号。

第二十五章　量价线（VP）

内容提要：

通常，成交量与股价趋势同步同向。成交量递增，股价上涨；成交量递减，股价回跌。这是正常的量价关系。

一、VP 的提出

道氏理论提出了“成交量与股价趋势同步同向”的经验法则。成交量递增，股价上涨；成交量递减，股价回跌。这是正常的量价关系。

二、VP 的绘制方法

1. 以坐标轴方式来绘制逆时针方向旋转的曲线，纵轴代表股价，横轴代表成交量。

2. 周期的长短，因人而异。通常采用 25 日或 30 日（五周）的周期。

3. 计算股价和成交量的简单移动平均，如采用 25 日周期时，须计算股价的 25 日简单移动平均价及成交量的 25 日简单移动平均量。移动平均的计算方式除简单移动平均外，还可用加权移动平均或平滑移动平均等方式。

4. 坐标的纵轴为移动平均价，横轴为移动平均量，两者的交叉点称为“坐标点”，坐标点间的连线呈逆时针方向变动。

举个例子，以 Y 轴代表股价，X 轴代表成交量，采样周期为 25 日。假设某一天 25 日的移动平均价为 110 元，移动平均成交额为 18 亿元，我们就可以将其记录在坐标上。当两者相交于一点时，每天记下交点，即可描绘出 VP 曲线图。

三、VP 的研判技巧

（一）走势变动的 3 种局面

1. 上升局面（见图 25-1）。

2. 下降局面（见图 25-2）。

3. 循环局面（见图 25-3）。

此 3 种局面构成完整的八角形（见图 25-4），有八阶段的运用原则：

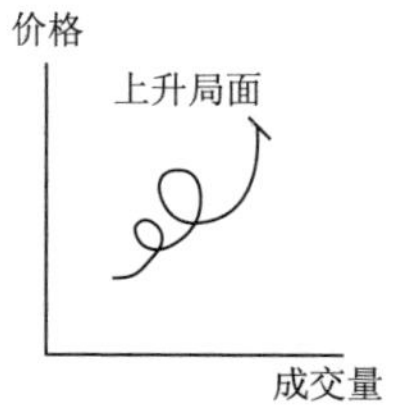

图 25-1 上升局面

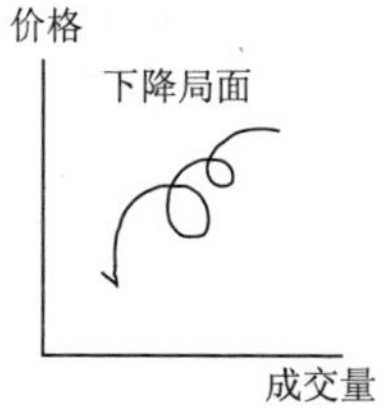

图 25-2 下降局面

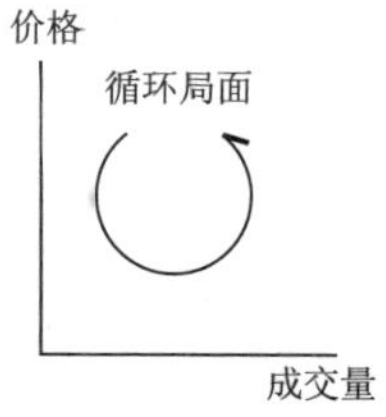

图 25-3 循环局面

（二）八阶段的运用原则

1. 转势信号：股价在经一段时间下跌后，下跌幅度逐渐缩小，甚至止跌转稳，在低位盘整；成交量明显由萎缩转为递增，表示低位多方实力转强。此为转势信号（见图 25-4①）。

2. 买进信号：成交量持续增加，股价回升，量价同步上扬，逆时针方向曲线由平转上，或从左下方向右转动（见图 25-4②），进入多头市场，为最佳买进时机。

3. 继续买进：成交量增加至一定高度后，维持在高位，不再急剧增加；但股价仍继续上涨，此时逢股价回落时，宜加码买进（见图 25-4③）。

4. 静观其变：股价继续上涨，但涨势趋缓；成交量不再增加，甚至有减退的迹象。表明此时价位已高，宜观望，不宜再追高买进（见图 25-4④）。

5. 警戒信号：股价在高价区盘整，已难再创出新高，成交量无力增加，甚至明显减少，此为警戒信号。投资者心理宜有全部卖出的准备，至少应出掉部分持股（见图 25-4⑤）。

6. 卖出信号：股价从高位滑落，成交量持续减少，量价同步下降，逆时针方向曲线的走势由平转下或由右上方朝左下方转动（见图 25-4⑥），进入空头市场。此时，投资者应卖出手中持股，甚至融券放空。

7. 继续卖出：成交量萎缩至低水平后，不再继续萎缩；股价急速下跌。此时逢反弹，多头宜出清持股，空头加码放空（见图 25-4⑦）。

8. 静观其变：成交量开始递增，股价虽下跌，但跌幅缩小，表示底部已近。此时多头不宜往下追杀；空头不宜放空打压，应伺机回补空单（见图 25-4⑧）。

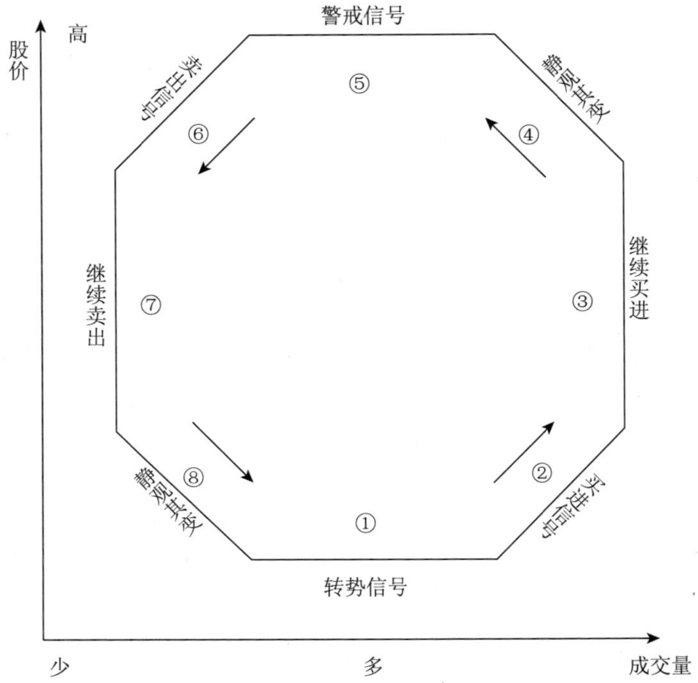

图 25-4　八阶段量价关系图

量价线的变动揭示了市场的量价关系，在筹码供需双方的变化中，显示多空力道的强弱，提示买卖时机。此方法对底部的确认特别有效。

逆时针方向曲线根据移动平均价和移动平均量绘制而出，移动平均处理方式具有平滑的功能，但有时间滞后的缺陷。因此，逆时针方向曲线的变动有时可能落后于股价的变动。所以，在使用逆时针方向曲线分析行情和研判买卖时机时，须配合其他的短期指标，例如心理线、成交量比率等，如此才更能发挥量价线的功效。

第二十六章 指数点成交值（TAPI）

内容提要：

指数点成交值就是每一加权指数点的成交值。成交量是股市的生命源泉，成交值的变化会反映出购买力的强弱程度及投资者对未来价格的展望。

一、TAPI 的概念和计算公式

TAPI 就是每一加权指数点的成交值。成交量是股市的生命源泉，成交值的变化则反映出市场中购买力的强弱程度及投资者对未来价格的展望。简言之，TAPI 是探讨每日成交值与指数间的关系。见图 26-1 中的最下面的窗口。

其计算公式如下：

TAPI＝每日成交总值/ 当日加权指数

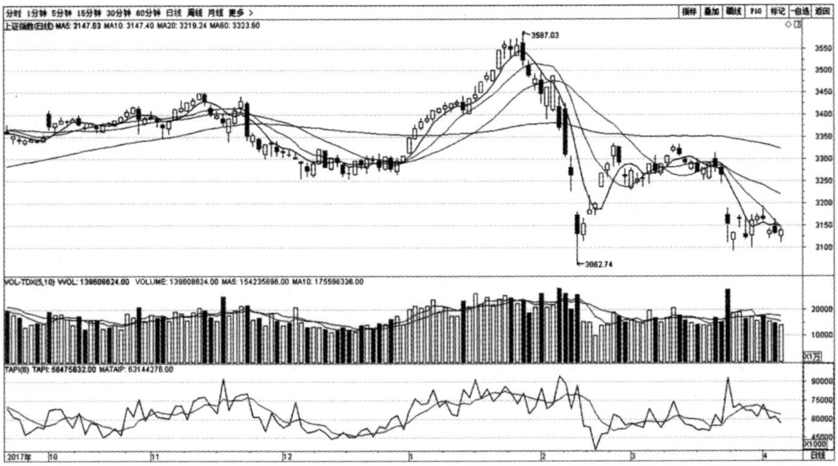

图 26-1　TAPI 走势

二、TAPI 的研判

一般来讲，TAPI 的研判要点如下：

1. 加权指数上涨，成交量递增，TAPI 值亦应递增。若发生背离走势，即指数上涨，TAPI 下降，此为卖出信号，可逢高卖出或待次日获利了结。

2. 指数下跌，TAPI 值上扬，此为买进信号，可逢低买进。

3. 在上涨过程中，在股价的明显转折处，若 TAPI 值异常缩小，为反转信号，持股者应逢高卖出。

4. 在持续下跌中，在股价的明显转折处，若 TAPI 值异常放大，为反转信号，投资者可逢低分批买进。

5. TAPI 值无一定之高点和低点，必须与大势或其他技术指标一起研判，不能单独使用。

6. 由空头进入多头市场时，TAPI 值需超越 110，并且能持续在 110 以上，方能确认涨势。

7. 当 TAPI 值低于 40 时，是成交值探底时刻，为买进信号。

8. 当 TAPI 值持续扩大至 350 以上时，表示股市交投过热，随时会回档，投资者应逢高分批获利了结。

9. TAPI 随加权指数创新高而增大，同时创新高点，是量价配合的现象。

在多头市场的最后一段上升行情中，如果加权指数创新高，但 TAPI 走势已远不如前段上升行情时强。此时，呈现出价量背离的现象。大势持续下跌一段时间后，在接近空头市场尾声时，TAPI 下降或创新低的概率也就越小。

第二十七章 宝塔线（TWR）

内容提要：

宝塔线是以白色(或黑色)的柱状线来区分股价的涨跌，并配合指数走势图及移动平均线，来研判股价走势的一种技术分析指标。它将多空双方之间的斗争过程与力量的转变表现在图表中，并显示明确的买卖信号。

一、TWR的概念

投资者常常会受各种技术分析指标之间发出的相互矛盾的买卖信号所迷惑，但又不知选用何种技术分析指标好。宝塔线是一种简单明了且容易操作的技术分析工具。使用宝塔线，可有效把握一段大的涨跌行情，赚取大波段中的差价，可以避免因短线进出过于频繁而一无所获的问题。

宝塔线是以白色或黑色（虚体或实体）的柱状线来区分股价的涨跌，并配合指数走势图及移动平均线，来研判股价走势的一种技术分析指标。

宝塔线应用了趋势线的支撑与阻力的原理。一般来讲，如果一根阳线（或阴线）比先前出现的连续3根阴线（或阳线）还要长，则宝塔线就翻白（或翻黑），此种方法又称“新三值线转换法”。也就是说，投资者可把以前3天内的最高价（或最低价）看作上档阻力（或下档支撑），若股价向上突破（或向下跌破）上档阻力（或下档支撑），则为买进（或卖出）时机。

二、TWR的画法

宝塔线的画法是：

1. 以收盘价的涨跌作比较。如果股价为上涨行情，则画白体（虚体）的柱状线；若股价为下跌行情，则画黑体（实体）的柱状线。

2. 如果股价先为上涨白体线，但次日转为下跌，则需将次日的柱状线画在次一行。但是，如果股价尚未跌破白体线的低点时，仍以白体线表示，而不画黑体线。

3. 如果股价先为下跌黑体线，但次日上涨，则需将次日的柱状线画在次一行，但若股价尚未涨过黑体线的高点，仍以黑体线表示。

三、TWR 的应用原则

宝塔线的要点在于对柱状线翻白或翻黑时机的掌握，根据图形颜色的变化，来研判股价的涨跌趋势。其应用原则如下：

1. 宝塔线翻白之后，股价后市总要延续一段上升行情；反之，宝塔线翻黑之后，股价后市总要延续一段下降行情。

2. 股价在高位时，若宝塔线长黑而下，投资者应立即将手中持股卖出；反之，股价在低位时，若宝塔线长红而上，则是买进时机；股价在盘整时，宝塔线常会有小翻白或小翻黑现象产生，可不必理会。

3. 若当日收盘价高于最近 3 根阴线中最高的收盘价时，为买进信号；反之，如果当日收盘价低于最近 3 根阳线中最低的收盘价时，为卖出信号。

4. 扩大应用原则。

（1）买进时采用新三值线转换法，卖出时改用一成转换法（即跌幅在10%以上时卖出）。

（2）跌幅平均转换法。先是用翻白至再翻黑的上涨幅度，来除以在此段涨幅中所包含的阳线数目，算出其平均值；再以平均价的 3 倍，作为预测转换为黑体线时的下跌幅度。

（3）新三值线比率法。先计算股市中由黑体线转换为白体线个股数目的总和，再除以上市公司的总家数，所求出的比率，常会领先大市出现顶部与底部的征兆。

第二十八章 逆势操作（CDP）

内容提要：

逆势操作，需要计算出需求值（CDP）。根据CDP，再求出：最高值（AH）、近高值（NH）、近低值（NL）及最低值（AL）。在得到这5个数值之后，相当于按前一天的行情波动来将当天的行情预先做高低等级的划分。交易者可利用该划分结果，来判断当日的走势。

一、CDP 的概念和计算

市场中有许多人喜欢"抢帽子"，也就是在当天行情中多次买进卖出，这纯属极短线的做法。这种短线交易，事实上需要具备熟练的技巧，而不是仅凭感觉就可以做到的。为此，特介绍逆势操作指标。

逆势操作指标的计算方法如下：

首先，必须利用前一日的最高价、最低价与收盘价来计算出需求值，即 CDP 值。

$$CDP = (H+L+C) / 3$$

其中，H 为最高价，L 为最低价，C 为收盘价。

在得到 CDP 值之后，分别计算出最高值（AH）、近高值（NH）、最低值（AL）及近低值（NL）。

$$AH = CDP + PT$$

其中，PT 为前一天的波幅（H－L）。

$$NH = CDP \times 2 - L$$

$$NL = CDP \times 2 - H$$

$$AL = CDP - PT$$

据此，CDP 公式的 5 个应用数值求出以后，可以看出从最高值到最低值的排列顺序为：最高值（AH）、近高值（NH）、需求值（CDP）、近低值（NL）及最低值（AL）。

在找出这 5 个数值之后，可以按前一天的行情波动来对当天的行情做高低等级的划分（见表 28-1）。交易者可利用该划分结果，来判断当日的走势。

表 28-1　CDP 对当天行情的划分

CDP + PT		AH	
2CDP - L		NH	卖出点 S
		CDP	
2CDP - H		NL	买进点 B
CDP - PT		AL	

二、CDP 的研判

开盘价格的确定，通常是由买卖双方心理所期望的合理价经竞价后形成的。因此，它也影响到当天的走势。所以，开盘价开在 CDP 5 个数值中的哪一个的位置，是很重要的信号。

在股价波动并不很大的情况下，即开盘价位于近高值与近低值之间时，通常交易者可以在近低值的价位买进，而在近高值的价位卖出；或在近高值的价位卖出，在近低值的价位买进。

这种方法可以双向操作，但由于是短线进出，务必当日平仓。如果无法以满意的价格平仓，则应选择按收盘的价格平仓。这是在股价波动幅度较小情况下的操作方法。如果股价波动幅度较大，则应采取其他策略。

当开盘价开在最高值或最低值附近时，则意味着跳空高开或跳空低开，这可能是一个大行情的起始阶段。

因此，交易者可以在最高值的价位去追买，在最低值的价位去追卖。通常，跳空意味着强烈的上涨或下跌意愿，一般会带来比较多的利润。

第二十九章 腾落指数（ADL）

内容提要：

ADL的主要功能在于反映行情涨跌力道的强弱。它属于趋势分析工具的一种，利用简单的加减法来计算每天个股涨跌的累计情况。它必须与大势相互对照，将其特性加以分析，用以研判目前股价的变动情形与未来趋势。

一、ADL 的概念和计算

ADL 的主要功能在于反映行情涨跌力道的强弱。在各种技术分析工具中，ADL 属于趋势分析的一种。它是利用简单的加减法来计算每天个股涨跌的累计情况。在使用过程中，它必须与大势相互对照（即与加权指数相互对照和比较），将其特性加以分析，用以研判目前股价的变动情形与未来趋势。见图 29-1 中的最下面的窗口。

ADL 的计算思路如下：

ADL ＝每日股票上涨家数－每日股票下跌家数＋前一日 ADL

图 29-1　ADL 走势

二、ADL 的研判

一般来讲，ADL 的研判要点如下：

1. 当加权指数持续下降并创新低点时，腾落指数下降，也创新低点，则短期内大势继续下跌的可能性大。

2、当加权指数持续上升并创新高点时，腾落指数上升，也创新高，则短期内大势继续上扬的可能性大。

3、通常，腾落指数下降3天，反映了大势涨少跌多的情况；如果此时指数却连续上涨3天，这种不正常现象常难以持久，并且最后指数下跌一波的可能性比较大（此种背离现象是卖出信号，表示大势随时回调）。

4、通常，腾落指数上升3天，反映了大势涨多跌少的事实；如果此时指数却连续下跌3天，这种不正常现象也难以持久，并且最后指数上涨一波的可能性大（此种背离现象是买进信号，表示大势随时会反弹或扬升）。

5、ADL走势与指数走势类似，一般可以借助于趋势线来了解其支撑位（或阻力位）所在。

6、高位M头的形成与低位W底的形成，乃卖出与买进之参考信号。

7、ADL因以“家数”为计算基准，不受权值大小的影响，故在指数持平或小幅上扬而ADL下跌时，预先指出大势将反转；空头市场转多头市场时亦然。

8、当股市处于多头市场时，ADL呈现上升趋势。其间，如果ADL突然出现急速下跌现象，接着又立即扭转向上，并创下新高点，则表示行情可能会再创新高。

9、当股市处于空头市场时，ADL呈现下降趋势。其间，如果ADL突然出现上升现象，接着又回头，并向下跌破原先的低点，则表示一波新的下跌趋势将产生。

第三十章 涨跌比率（ADR）

内容提要：

涨跌比率又称“回归式的腾落指数”。国内多采用10日涨跌比率。涨跌比率构成的理论基础是钟摆原理。当减少股票的供给量时，会产生物极必反的现象，则钟摆往需求方向摆动的力道越强，也越急速；反之亦然。

一、ADR 的概念和计算

涨跌比率又称“回归式的腾落指数”。基于国内股市涨跌幅度大且波动频繁的特性，考虑到涨跌比率的特点，国内的投资者多采用 10 个交易日内个股的涨跌值，把它代入涨跌比率的公式，求出每日的涨跌比率，这就是 10 日涨跌比率。见图 30-1 中的最下面的窗口。

涨跌比率的理论基础是钟摆原理。由于股市的走势就像钟摆的摆动，当减少股票的供给量时，会产生物极必反的现象，则钟摆往需求方向摆动的力道越强，也越急速；反之亦然。

涨跌比率的计算思路：

ADR = n 日内股票上涨家数的移动合计 /n 日内股票下跌家数的移动合计

图 30-1 ADR 走势

二、ADR 的研判

一般来讲，ADR 的研判要点如下：.

1. 10 日 ADR 的常态分布通常在 0.5~1.5，而在 0.5 以下或 1.5 以上则为非常态现象。

2. 在大多头、大空头市场里，ADR 常态分布的上限与下限将扩增至 1.9 以上与 0.4 以下。

3. 当 ADR 超过 1.5 时，表示股价经过长期上涨，已脱离常态，产生超买现象，股价容易回调，是卖出信号；反之，当 ADR 低于 0.5 时，股价容易反弹，是买进信号。

4. 除了股价进入大多头市场或处于展开第二段上升行情的初期，ADR 有机会出现 2.0 以上的绝对超买数字外，对其余的次级上升行情而言，当 ADR 超过 1.5 时就是卖点。

5. 多头市场的 ADR，大多数时间都维持在 0.6~1.3。超过 1.3 时应准备卖出；而低于 0.6 时，又可逢低买进。

6. 在多头市场中，ADR 低于 0.5 的现象极少，是极佳之买点。

7. 对大势而言，ADR 具有先行的警示作用。尤其是在短期反弹或回调方面，更能领先大市发出信号。10 日 ADR 的功能在于显示股市买卖盘力量的强弱，进而能推测短期行情可能出现的反转走势。

8. 若指数走势与 ADR 出现背离现象，则表示大势即将反转。

9. ADR 如果不断下降，一旦低于 0.75 时，通常预示短线买进机会已经来临，尤其在多头市场中，这种情况的出现几乎毫无例外。在空头市场初期，如果 ADR 降至 0.75 以下，暗示中级反弹即将出现；而在空头市场末期，当 ADR 降至 0.5 以下时，则为买进时机。

10. ADR 下降至 0.65 之后，再回升至 1.40，如果无法向上突破 1.40，则显示上涨的气势不足；如果 ADR 能向上突破 1.40，则暗示市场将上涨。

第三十一章 超买超卖指标（OBOS）

内容提要：

超买超卖指标是利用一段时期内个股涨跌家数的累计差关系，来测量大盘买卖气势的强弱及预测未来走向。一般使用10日OBOS。

一、OBOS 的概念和计算

OBOS 是利用一段时期内个股涨跌家数的累计差关系，来测量大盘买卖气势的强弱，以作为研判股市呈现超买或超卖现象的参考指标。一般来讲，投资者喜欢使用 10 日 OBOS，见图 31-1 中的最下面的窗口。

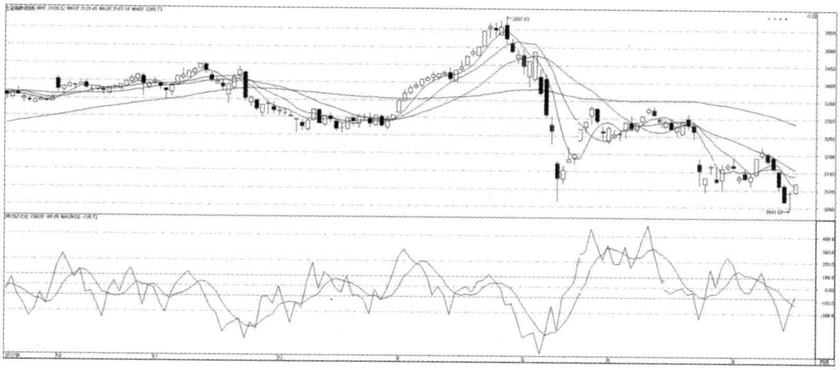

图 31-1　OBOS 走势

其计算公式思路如下：

10 日 OBOS 值= 10 日内股票上涨累计家数-10 日内股票下跌累计家数

二、OBOS 的应用原则

OBOS 应用原则如下：

1. 10 日 OBOS 值通常在-600~700 呈常态分布。

2. 当 10 日 OBOS 值超过 700 时，股市呈现超买现象，是卖出时机。

3. 当 10 日 OBOS 值低于-600 时，股市呈现超卖现象，是买入时机。

4. 当大势持续上升，而 OBOS 线却往下走时，此种背离现象显示大多数的个股已开始走下坡路。因此，市场可能会转向弱势，尤其在股价的高价区形成 M 头时，是卖出时机。

5. 当 OBOS 线持续向上，而大市却往下滑落时，这种背离现象显示市场可能即将反转上升，尤其在股价的低价区形成 W 底时，为买进时机。

6. OBOS 代表某一期间内投资人的决定，当大多数投资人决定买进时，股票才会往上涨，此种情况显示 OBOS 将一直向上，投资者此时可大胆买进。

第三十二章 平行线差指标（DMA）

内容提要：

平行线差是一种中短期技术分析指标，它常用来研判大盘和个股的趋势。

一、DMA的原理和计算

DMA属于趋向类指标，也是一种趋势分析指标。它依据快慢两条移动平均线的差值来分析价格趋势。通过计算两条基准周期不同的移动平均线的差值，来判断当前买卖双方能量的大小和未来的价格走势，见图32-1中的最下面的窗口。

图32-1　DMA走势

DMA指标的计算方法如下：

DMA=短期平均值 - 长期平均值

MDMA= DMA的短期平均值

以求10日、30日为基准周期的DMA指标为例，其计算过程具体如下：

$$DMA_{10}=10\text{日平均值}-30\text{日平均值}$$

$$MDMA_{10}=DMA\text{的}10\text{日平均值}$$

DMA指标也可以选用不同周期来绘制，如日DMA指标、周DMA指标、月DMA指标，以及n分钟DMA指标等。经常被用于股市研判的是日DMA指标和周DMA指标。虽然它们计算时的取值不同，但基本的计算方法一样。

二、DMA 的研判标准

1. 当 DMA 和 MDMA 均大于 0（即在图形上表示它们处于零线以上）并向上移动时，一般表示股市处于多头行情中，可以买入或持股。

2、当 DMA 和 MDMA 均小于 0（即在图形上表示它们处于零线以下）并向下移动时，一般表示股市处于空头行情中，可以卖出股票或观望。

3. 当 DMA 和 MDMA 均大于 0（即在图形上表示它们处于零线以上），但在经过一段比较长时间的向上运动后，如果两者同时从高位向下移动时，一般表示股票行情处于退潮阶段，股票将下跌，可以卖出股票或观望。

4. 当 DMA 和 MDMA 均小于 0（即在图形上表示它们处于零线以下），但在经过一段比较长时间的向下运动后，如果两者同时从低位向上移动时，一般表示短期行情即将启动，股票将上涨，可以短期买进股票或持股待涨。

三、DMA 的使用技巧

从图 32-1 中也可以看出，当 DMA 线上穿 MDMA 线形成金叉时，就是一个买入信号；而 DMA 线下穿 MDMA 线形成死叉，即是卖出信号。

（一）DMA 曲线和股价图的配合使用

由于 DMA 指标有领先股价涨跌的功能，因此，投资者也可以将 DMA 曲线和股价曲线配合使用。

1. 当 DMA 曲线与股价曲线从低位（DMA 和 MDMA 数值均在 0 以下）

同步上升时，表明空头力量已经衰弱、多头力量开始积聚，短期内股价有望止跌企稳，投资者可以开始逢低少量买入。

2. 当 DMA 曲线与股价曲线从 0 值附近向上攀升时，表明多头力量开始大于空头力量，股价将在成交量的配合下，走出一波向上扬升的行情。此时，投资者应逢低买入或坚决持股待涨。

3. 当 DMA 曲线从高位回落，经过一段时间强势盘整后再度向上并创出新高，而股价曲线也在高位强势盘整后再度上升创出新高时，表明股价的上涨动能依然较强，投资者可继续持股待涨。

4. 当 DMA 曲线从高位（DMA 和 MDMA 数值均在远离 0 值的上方）回落，经过一段时间盘整后再度向上，但到了前期高点附近未能创出新高却调头向下，而且股价曲线也同时下跌时，这可能就意味着股价上涨的动力开始减弱，将开始一轮比较强劲的下跌行情。此时投资者应千万小心，一旦股价下跌，应果断离场。

5. 当 DMA 曲线与股价曲线从中位（DMA 和 MDMA 数值均在 0 以上）继续同步下降时，表明短期内股价将延续下跌趋势，投资者应继续持币观望或逢高卖出。

6. 当 DMA 曲线在长期弱势下跌过程中，经过一段时间弱势反弹后再度向下并创出新低，而股价曲线也在弱势盘整后再度向下创出新低时，表明股价的下跌动能依然较强，投资者可继续持币观望。

（二）DMA 线和 MDMA 线的几次交叉情况

一般而言，在股票的一个完整的升势和跌势过程中，DMA 指标中的 DMA 线和 MDMA 线会出现两次或以上的黄金交叉和死亡交叉情况。

1. 当股价经过一段很长时间的下跌，DMA 线开始向上突破 MDMA 线时，表明股市即将转强，股价跌势基本结束，将开始上涨，投资者此时可以买进股票，进行中长线建仓。这是 DMA 指标黄金交叉的一种形式。

2. 当股价经过一段时间的上升过程中的盘整，DMA 线开始再次向上突破 MDMA 线，成交量再度放出时，表明股市处于一种强势之中，股价将再次上涨，可以加码买进股票或持股待涨，这就是 DMA 指标黄金交叉的另一种形式。

3. 当股价经过前期一段很长时间的上涨，在股价涨幅已经很大的情况下，一旦 DMA 线向下跌破 MDMA 时，表明股市即将由强势转为弱势，股价将大跌。这时应卖出大部分股票而不能买入股票，这是 DMA 指标的死亡交叉的一种形式。

4. 当股价经过一段时间的下跌，其上涨动力缺乏，并且各种均线对股价形成较强的压力时，一旦 DMA 线再次向下跌破 MDMA 线时，表明股市将再次进入极度弱市中，股价还将下跌，可以再卖出股票或观望，这是 DMA 指标死亡交叉的另一种形式。

（三）DMA 指标的背离

1. 顶背离：当股价走势一波比一波高，而 DMA 指标的 DMA 曲线和 MDMA 曲线的走势却一波比一波低时，是股价将高位反转的信号，是卖出信号。

2. 底背离：当股价走势一波比一波低，而 DMA 指标的 DMA 曲线和 MDMA 曲线的走势却一波比一波高时，是股价将低位反转的信号，是买入信号。

相对于其他技术指标的背离现象而言，DMA 指标出现的概率比较小。也就是说，在实际走势中，一旦 DMA 指标出现背离现象，它的准确性则更高，这点投资者应引起足够的重视。

（四）DMA 指标的形态

1. 当 DMA 指标中的 DMA 线和 MDMA 线在高位交叉，并形成 M 头、头肩顶或三重顶等顶部反转形态时，意味着股价的上升动能已经衰竭，股价有可能出现长期反转行情，应及时卖出股票。如果股价也走出同样形态，则更可确认该信号的有效性。股价未来的跌幅可以用 M 头、头肩顶或三重顶等形态理论来研判。

2. 当 DMA 指标中的 DMA 线和 MDMA 线在低位交叉，并形成 W 底、头肩底或三重底等底部反转形态时，意味着股价的下跌动能已经减弱，股价有可能构筑中长期底部，可逢低分批建仓。如果股价也走出同样形态，则更可确认该信号的有效性。股价未来的涨幅可以用 W 底、头肩底或三重底等形态理论来研判。

3. 相对而言，DMA 指标判断高位的 M 头、头肩顶或三重顶等形态的准确性，比底部的 W 底、头肩底或三重底等形态的高。

第三十三章 布林通道（BOLL）

内容提要：

布林通道结合了移动平均和标准差的概念。其基本的形态是由3条轨道线组成的带状通道（中轨和上、下轨各一条），中轨为股价的平均成本，上轨和下轨可分别视为股价的阻力线和支撑线。

一、BOLL 的概念和计算

布林通道是由约翰·布林发明的技术分析工具。在应用上，它结合了移动平均和标准差的概念。其基本的形态是由 3 条轨道线组成的带状通道（中轨和上、下轨各一条），中轨为股价的平均成本，上轨和下轨可分别视为股价的阻力线和支撑线，见图 33-1 中的最下面的窗口。它是从波段交易的概念演变而来，布林通道波段及相关指标%b 和带宽，可用来衡量股价相对于之前交易的高点或低点。

图 33-1　BOLL 走势

布林通道的计算方法如下：

中轨 = n 时间段的简单移动平均线

上轨 = 中轨 + k × n 时间段的标准差

下轨 = 中轨 - k × n 时间段的标准差

一般情况下，设定 n=20 和 k=2，这两个数值也是在布林通道当中使用次数最多的。在日线图中，n=20 其实就是月均线（MA20）。依照正态分布规则，约有 95%的数值会分布在距离平均值正负 2 个标准差（2σ）的范围内。

二、两大指标

由布林通道衍生出两项颇为实用的指标：%b 指标和带宽指标，以辅助布林通道的研判和运用。

（一）%b 指标

%b 指标，以数字形式呈现收盘价在布林通道中的位置，是做交易决策时的关键指标。例如：当%b 值为 0.5（或以百分比 50%来表示）时，代表收盘价处于布林通道的中间位置。

该指标的计算方法如下：

%b 值 =（收盘价 -布林通道下轨值）/（布林通道上轨值 -布林通道下轨值）

大部分时间收盘价会在上、下轨道之间震荡，但有时会超出轨道范围，因此%b 值没有上下限。当走势向上突破，收盘价落于上轨上面时，%b 值> 1；而走势向下突破，收盘价落在下轨下面时，%b 值< 0。

借由观察分析%b 指标，依据其强弱走势，投资者可做出买卖决策。

（二）带宽指标

带宽指标（BW），是由布林通道中轨及上、下轨衍生出的指标，利用股价波动范围来判断趋势的强度与转折。

带宽指标的计算方法如下：

带宽指标值 =（布林通道上轨值 -布林通道下轨值）/布林通道中轨值

布林通道中轨为股价的移动平均值（平均成本），所以带宽指标值可视为通道上、下轨的距离与股价平均成本的比率。例如，当带宽指标值为 0.3 时，代表通道上、下轨的距离为股价平均成本的 30%。带宽指标值越高，代表两者的距离相对平均成本的比率越大；值越低，代表两者的距离相对平均成本的比率越小。

%b 指标与带宽指标有明显的区别：%b 指标用于简化交易模式，用于形态的识别和研判工作；而带宽指标常用于限定收敛状态，寻找基于波动率的交易机会。

三、BOLL 的研判标准

布林通道的研判标准如下：

1. 布林通道中的上、中、下轨线所形成的股价通道的移动范围是不确定的，通道的上下限随着股价的上下波动而变化。在正常情况下，股价应始终处于通道内运行。如果股价脱离股价通道运行，则意味着行情处于极端状态下。

2. 在布林通道中，股价通道的上下轨是显示股价安全运行的最高价位和最低价位。上轨线、中轨线和下轨线都可以对股价的运行起到支撑作用，而上轨线和中轨线有时则会对股价的运行起到阻力作用。

3. 一般而言，当股价在布林线的中轨线上方运行时，表明股价处于强势状态；当股价在布林线的中轨线下方运行时，表明股价处于弱势状态。

（一）BOLL 中的上、中、下轨线之间的关系

1. 当布林线的上、中、下轨线同时向上运行时，表明股价强势特征非常明显，股价短期内将继续上涨，投资者应坚决持股待涨或逢低买入。

2. 当布林线的上、中、下轨线同时向下运行时，表明股价的弱势特征非常明显，股价短期内将继续下跌，投资者应坚决持币观望或逢高卖出。

3. 当布林线的上轨线向下运行，而中轨线和下轨线却还在向上运行时，表明股价处于整理态势之中。如果股价是处于长期上升趋势之中，则表明此时股价处于上涨途中的强势整理阶段，投资者可以持股观望或逢低

短线买入；如果股价是处于长期下跌趋势之中，则表明此时股价处于下跌途中的弱势整理阶段，投资者应持币观望或逢高减仓。

4. 布林线的上轨线向上运行，而中轨线和下轨线同时向下运行的概率非常小。

5. 当布林线的上、中、下轨线几乎同时处于水平方向的横向运动阶段时，则要看股价目前的走势处于什么样的情况来判断。

（二）点线图和 BOLL 上、中、下轨之间的关系

1. 当点线图从布林线的中轨线下面向上突破布林线中轨线时，预示着股价的强势特征开始出现，股价将上涨，投资者应以中长线买入股票为主。

2. 当点线图从布林线的中轨线上面向上突破布林线上轨时，预示着股价的强势特征已经确立，股价将可能短线大涨，投资者应以持股待涨或短线买入为主。

3. 当点线图向上突破布林线上轨，并继续向上时，如果布林线的上、中、下轨线的运动方向也同时向上，则预示着股市的强势特征依旧，股价短期内还将上涨，投资者应坚决持股待涨，直到点线图开始有掉头向下的迹象时，再密切注意行情是否转势。

4. 当点线图在布林线上面向上运动了一段时间后，如果点线图开始掉头向下，投资者应格外小心，一旦点线图掉头向下并跌破布林线上轨时，预示着短期的强势行情可能结束，股价短期内将大跌，投资者应及时短线卖出股票。特别是对于那些短线涨幅很大的股票。

5. 当点线图从布林线的上面向下跌破布林线上轨后，如果布林线的上、中、下轨线的运动方向也开始同时向下，预示着股价的短期强势行情即将结束，股价的短期走势不容乐观，投资者应以逢高减磅为主。

6. 当点线图从布林线中轨上面向下跌破布林线的中轨时，预示着股价前期的强势行情已经结束，股价的中期下跌趋势已经形成，投资者应及时卖出股票。如果布林线的上、中、下轨线也同时向下则更能

确认该信号的有效性。

7. 当点线图向下跌破布林线的下轨并继续向下时，预示着股价处于极度弱势行情之中，投资者应坚决持币观望，不买入股票。

8. 当点线图在布林线下轨运行了一段时间后，如果点线图出现掉头向上的迹象时，表明股价短期内将止跌企稳，投资者可以逢低少量建仓。

9. 当点线图从布林线下轨下面向上突破布林线下轨时，预示着股价的短期行情可能回暖，投资者可以及时适量买进股票，做短线反弹行情。

10. 当点线图一直处于中轨线上方，并和中轨线一起向上运动时，表明股价处于强势上涨过程中，只要点线图不跌破中轨线，投资者应坚决持股。

11. 当点线图一直处于中轨线下方，并和中轨线一起向下运动时，表明股价处于弱势下跌过程中，只要点线图不向上反转突破中轨线，稳健的投资者都可一路观望。

（三）中轨的买卖标志

1. 当点线图（或 K 线）向上突破布林线中轨时，如果股价也放量向上突破股价中期均线，则意味着股价中短期向上扬升的趋势开始形成，这是布林线指标发出的中短期买入信号。

2、当点线图（或 K 线）向上突破布林线中轨后，如果股价依托布林线中轨向上攀升时，则意味着股价的中短期向上趋势已经相成，这是布林线指标发出的逢低买入或持股信号。

3. 当点线图（或 K 线）向下跌破布林线中轨时，如果股价也先后跌破中短期均线，则意味着股价的中短期向下阴跌趋势开始形成，这是布林线指标发出的中短期卖出信号。

4. 当点线图（或 K 线）向下突破布林线中轨后，如果股价被布林线中轨压制下行时，则意味着股价的中短期下降趋势已经形成，这是布林线指标发出的持币观望信号。

第三十四章 三重指数平滑移动平均线(TRIX)

内容提要:

三重指数平滑移动平均线可以过滤掉很多不必要的小波动，能反映出股价的长期波动趋势。该指标是把均线数值再平均一次，并在这个基础之上得出第三重平均数。这样,就能够有效避免像移动平均线那样频繁出现交叉信号的问题了。

一、TRIX 的概念

投资者在使用均线系统时，常会遇到骗线，有时均线还会频繁出现交叉现象来误导投资者。为此，人们开发了 TRIX。通过 TRIX，可以过滤掉很多不必要的小波动，以此来反映股价的长期波动趋势。该指标是把均线数值再平均一次，并在这个基础之上得出第三重平均数，见图 34-1 中的最下面的窗口。这样，就能够有效避免像移动平均线那样频繁出现交叉信号的问题了。

图 34-1 TRIX 走势

二、TRIX 指标的原理

TRIX 指标依据移动平均线理论，对一条平均线进行 3 次平均，再根据这条移动平均线的变动情况来研判未来股价的长期走势。TRIX 指标减少了价格的短期波动带来的干扰，去除了移动平均线频繁发出假信号的弊端，最大限度地减少了骗线现象出现的次数。

TRIX 指标保留了移动平均线的优点，突出了自身能显示股价长期运行趋势的特点，让投资者对于未来长时间内股价的运行趋势能够直观并且准确地了解和掌握，是长期投资者的好帮手。

三、TRIX 指标的计算

TRIX 指标的计算方法如下：

1. 计算收盘价的 n 日指数移动平均值，结果为 EMA1；

2. 计算 EMA1 的 n 日指数移动平均值，结果为 EMA2；

3. 计算第二步中 EMA2 的 n 日指数移动平均值，结果为 TR；

4. TRIX =100 ×（TR - 昨日 TR）/昨日 TR；

5. TMA = TRIX 的 m 日简单移动平均值。

其中，参数 n 设为 12，参数 m 设为 20。

TRIX 指标由两条曲线组成：一条叫“TRIX 曲线”，其运行速度相对较快，用实线表示；另一条叫“TMA 线”，即 TRIX 的 n 天移动平均线，其运行速度相对较慢，用虚线表示。一般而言，当实线在上虚线在下时，说明现在的市场为多头市场；反之，当实线在下虚线在上时，说明现在的市场为空头市场。

四、TRIX 的特性

1. TRIX 指标所给出的信号非常明确，且容易辨别。一般人都能看得明白。TRIX 指标主要以交叉信号作为买卖依据。当 TRIX 线由下向上交叉 TMA 线时，表明多方看好后市，股价会有一段上升走势出现，应买进股票；当 TRIX 线由上向下跌破 TMA 线时，表明获利盘在回吐，股价将要回调，应卖出股票。

2. TRIX 指标的趋势一旦形成，一般不会受短期行情波动的影响，仍继续原方向运行一段距离，直到行情真正进入调整期，才改变原运行方向。因此，TRIX 指标不强调在最高点或最低点时做交易。

3. TRIX 适合长线投资者。当运用该指标做交易时，要有足够的耐心。买入股票要持之以恒，长期持有，不可中途而废，否则会前功尽弃，造成损失；卖出股票后要耐心等待，未到买入信号出现时切勿进场。

第三十五章　顺势指标（CCI）

内容提要：

顺势指标是一种重点研判股价偏离度的技术分析工具，专门衡量股价是否超出常态分布范围，属于超买超卖类指标的一种。

一、CCI 的原理和计算

（一）CCI 的原理

CCI 是唐纳德·蓝伯特于 19 世纪 80 年代提出的，是一种较为新颖的技术分析指标。早期用于期货市场，后来在股票市场得到广泛使用。与大多数单一利用股票的收盘价、开盘价、最高价或最低价而发明出的各种技术分析指标不同，CCI 是根据统计学原理，引进价格与固定期间的股价平均区间的偏离程度的概念，强调股价平均绝对偏差在股市技术分析中的重要性，是一种比较独特的技术分析指标，见图 35-1 中的最下面的窗口。

图 35-1　CCI 走势

CCI 专门衡量股价是否超出常态分布范围，属于超买超卖类指标的一种。但是，与其他超买超卖型指标相比，它又有自己的独特之处。

像 KDJ、%R、RSI 等大多数超买超卖型指标都有“0～100”的上下界限。因此，它们对研判常态行情比较适用，而对于那些短期内价格暴涨暴跌的股票的走势，就可能会发生指标钝化的现象。

而 CCI 的波动于不受限于－100～＋100。因此，不会出现指标钝化现象。这样，有利于投资者更好地研判行情，特别是那些短期内暴涨暴跌的非常态行情。

（二）CCI 的计算

CCI 同样可以选用不同的分析周期来画图，比如日 CCI、周 CCI、月 CCI，以及 n 分钟 CCI 等。经常被用于股市研判的是日 CCI 和周 CCI。虽然它们计算时取值有所不同，但基本方法一样。

以日 CCI 计算为例，其计算方法有两种。

1. 第一种方法。

第一种方法的计算过程如下：

$$TP = （最高价+最低价+收盘价）/3$$

$$MA = 最近\ n\ 日收盘价的累计之和 / n$$

$$MD = 最近\ n\ 日（MA - 收盘价）的累计之和 / n$$

$$CCI_n = （TP_n - MA_n）/（MD \times 0.015）$$

其中，0.015 为计算系数，n 为计算周期。

2. 第二种方法。

该方法可表述为：中价与中价的 n 日内移动平均的差，除以 n 日内中价的平均绝对偏差。其中，中价等于最高价、最低价和收盘价之和除以 3；平均绝对偏差为统计函数。

从上面的计算过程我们可以看出，与其他技术分析指标相比，CCI 的计算方法比较复杂。现在由于技术分析软件的普及，对于投资者来说，无须自己动手计算 CCI 值，主要是通过对其计算方法的了解，能更加熟练地运用它来研判股市行情。

二、CCI 的运行范围

上文说过，CCI 属于超买超卖类指标中较特殊的一种，它没有运行区域的限制，在正无穷和负无穷之间变化。但是，和所有其他没有运行区域限制的指标不一样的是，它有一个相对的技术参照区域：-100～+100。

按照指标分析的常用划分思路，CCI 的运行区间也分为 3 类：-100 以下为超卖区；+100 以上为超买区；-100～+100 为震荡区。但是，该指标在这 3 个区域当中运行所包含的技术含义，与其他技术指标的超买与超卖的定义是不同的。

在-100～+100 的震荡区，该指标基本上没有意义，不能对大盘及个股的操作提供多少明确的建议。因此，它在正常情况下是无效的。这也反映了该指标的特点——它是专门针对极端情况设计的，也就是说，在常态行情下，CCI 不会发生作用，当 CCI 扫描到股价的异常波动时，力求速战速决，做对了立竿见影，做错了必须立刻停损。

三、CCI 的研判标准

CCI 对于研判非常态行情的走势具有独到的功能。它的分析重点主要集中在对 CCI 区间的划分、CCI 区间的判断等方面。

（一）CCI 区间的划分

CCI 的值不局限在-100～+100。

1. 按市场通行的标准，CCI 的运行区间可分为三大类：大于+100、小于-100 和-100～+100。

2. 当 CCI>+100 时，表明股价已经进入非常态区间——超买区间，股价的异动现象应多加关注。

3. 当 CCI<-100 时，表明股价已经进入另一个非常态区间——超卖区间，投资者可以逢低吸纳。

4. 当 CCI 介于-100～+100 时，表明股价处于窄幅整理的区间——常态区间，投资者应以观望为主。

（二）CCI 区间的判断

1. 当 CCI 从下向上突破+100 线而进入非常态区间时，表明股价脱离常态而进入异常波动阶段，中短线应及时买入；如果此时有比较大的成交量配合，买入信号则更为可靠。

2. 当 CCI 从上向下突破-100 线而进入另一个非常态区间时，表明股价的盘整阶段已经结束，将进入一个比较长时间的寻底过程，投资者应以持币观望为主。

3. 当 CCI 从上向下突破+100 线而重新进入常态区间时，表明股价的上涨阶段可能结束，将进入一个比较长时间的盘整阶段，投资者应及时逢高卖出股票。

4. 当 CCI 从下向上突破-100 线而重新进入常态区间时，表明股价的探底阶段可能结束，又将进入一个盘整阶段。投资者可以逢低少量买入股票。

5. 当 CCI 在-100~+100 的常态区间运行时，投资者则可以用 KDJ、BBI 等其他超买超卖指标研判行情。

从 CCI 的实际运用效果来看，大多数投资者所选择的时间周期参数为日，而日 CCI 参数的使用，又大多局限在 6 日和 12 日等少数几个参数上。

如果按照这些短期参数来分析股票走势，其 CCI 所得出的数值的变动范围大部分是在-100~+100，而且波动频率非常烦琐。和其他技术分析指标一样，在这么一个狭小的空间里，想用 CCI 来比较准确地研判行情实属不易。因此，投资者应充分利用短中长期参数，并结合 K 线、均线等指标来综合研判行情。

第三十六章 振动升降指标（ASI）

内容提要：

振动升降指标是由开盘价、最高价、最低价、收盘价组合成一条曲线，以代替股价真正的走势，形成最能表现当前市况的真实市场线。

一、ASI 的原理和计算

ASI 是由开盘价、最高价、最低价、收盘价组合成一条曲线，以代替股价真正的走势，形成最能表现当前市况的真实市场线（见图 36-1 中的最下面的窗口）。ASI 指出了股价短期的趋势，让投资者可以提早一步确定未来股价的走势。

图 36-1 ASI 走势

ASI 的计算方法如下：

1. 计算下列几个绝对值：

A=｜当天最高价-前一天收盘价｜

B=｜当天最低价-前一天收盘价｜

C=｜当天最高价-前一天最低价｜

D=｜前一天收盘价-前一天开盘价｜

2. 比较 A、B、C 3 个数值：

若 A 最大，则 R=A+B × 1/2+D × 1/4 。

注意：A>B 与 A>C 不可能同时成立。因 A>B 指前日收盘价位于当日震幅的下半部分，即前日收盘价低于当日最高价；而 A>C 指的是前日收盘价高于当日最高价。故 A 最大的可能性不存在。

若 B 最大，则 $R=B+A\times 1/2+D\times 1/4$。

若 C 最大，则 $R=C+D\times 1/4$。

3. 计算下列值：

E＝当天收盘价-前一天收盘价

F＝当天收盘价-当天开盘价

G＝前一天收盘价-前一天开盘价

4. $X=E+F\times 1/2+G$。

5. K＝A、B 之间的最大值。

6. $L=3$；$SI=50\times X/R\times K/L$；ASI＝累计每日之 SI 值。

二、ASI 的研判

1. ASI 走势几乎和股价同步发展。当股价由下往上，欲穿过前一波的高点套牢区，在接近高点时，不确定它能否顺利向上突破；如果此时 ASI 比股价提早一步，向上突破前一波 ASI 的高点，则可以确定股价也能顺利向上突破之前的高点套牢区。投资者可以把握 ASI 的领先作用，提前买入股票。

2. 股价由上往下，欲跌破前一波低点的密集支撑区，在接近低点时，不确定它是否能顺利跌破支撑区；如果此时 ASI 比股价提早一步，向下跌破前一波 ASI 的低点，则可以确定股价随后将跌破低点支撑区。投资者可以早一步卖出股票，减少不必要的损失。

3. 向上爬升的 ASI，一旦向下跌破其前一次显著的 N 字形转折点，一律视为停损卖出的信号。

4. 股价走势一波比一波高，ASI 却未相对创新高而形成牛背离时，应卖出。

5. 股价走势一波比一波低，ASI 却未相对创新低而形成熊背离时，应买进。

6. 当投资者根据 ASI 早一步买入股票，随后股价顺利向上突破阻力，一旦产生利润时，不能幻想往后还有多少涨幅，投资者应立即获利了结。

7. ASI 和 OBV 同样维持 N 字形的波动走势，并且也以突破或跌破 N 字形的高低点，为主要的观察方法。

第三十七章 变动率指标（ROC）

内容提要：

变动率指标是一个动能指标，它测量一定时期内股票价格的变化比率。它通过计算个股在某一段时间内收盘价变动的比例，来测量价位动量，达到事先探测个股买卖力量强弱，进而分析股价趋势的目的。它属于反趋向的指标之一。

一、ROC的原理和计算

ROC是一个动能指标，它测量一定时期内股票价格的变化比率。它以当日的收盘价和n天前的收盘价进行比较，通过计算个股在某一段时间内收盘价变动的比例，来测量价位动量，达到事先探测个股买卖力量强弱，进而分析股价趋势的目的及是否有转势的意愿。它属于反趋向的指标之一，见图37-1中的最下面的窗口。

图37-1 ROC走势

ROC计算方法如下：

$ROC_n = 100 \times$（当天收盘价 － n天前收盘价）／ n天前收盘价

其中，参数n一般采用12天及25天作为间隔周期。

二、ROC的研判方法

ROC围绕0轴线上下震荡。它的用法与其他震荡指标类似，即通过寻找不断抬高的底部或者不断降低的高点、牛熊背离和穿越0轴线来获得买卖信号。

ROC 指标在 0 轴线上下运动时容易产生盘整走势，此时可能会产生虚假信号，因此，应结合其他技术分析指标使用。

1. 超买/超卖。

ROC 上升到极高位置时，指标达到超买水平，产生卖出信号；ROC 下降到极低位置时，指标达到超卖水平，产生买入信号。

2. 趋势。

ROC 与股价从低位同步上升，表示短期有望触底反弹或短期股价会有继续上涨的趋势；ROC 与股价从高位同时下降，表示短期需警惕做头回落或短期股价会有继续下跌的趋势。

3. 背离信号。

当股价创新高时，ROC 未配合上升，无法创新高，出现背离现象，表示上涨动能减弱，头部正在形成；当股价创新低时，ROC 未配合下降，无法创新低，出现背离现象，显示下跌动能减弱，底部正在形成。

第三十八章　简易波动指标（EMV）

内容提要：

简易波动指标是基于成交量和人气的变化，构成一个完整的股价系统循环。该指标告诉投资者在人气聚集且成交热络的时候买进股票；并且在成交量逐渐减少，而狂热的投资者尚未察觉到能量即将用尽时，卖出股票。

一、EMV的原理和计算

EMV揭示了价格和成交量的关系，是一个将价格与成交量的变化结合在一起的指标，表明需要多大的量来推动价格的变化，见图38-1中的最下面的窗口。该指标告诉投资者在人气聚集且成交热络的时候买进股票；并且在成交量逐渐减少，而狂热的投资者尚未察觉到能量即将用尽时，卖出股票。

图38-1　EMV走势

其设计者认为，价格在上升趋势的保持过程中不会耗用太多的能量，仅当趋势发生转折时成交量才会放大。这种说法虽然与传统价升量增的观点相悖，但确有其独到之处。

从EMV指标的设计理念来看，投资者应当高度重视其所发出的信号。因为该指标可以依靠自身的变动情况，就能推测出主力资金大概的控盘程度。

EMV的计算方法如下：

1. 先计算下列几个数值：

A＝（今日最高价+今日最低价）／2

B＝（前日最高价+前日最低价）／2

C＝今日最高价−今日最低价

EM＝（A−B）×C/今日成交量

2. 再计算与 EMV 相关的数值：

EMV＝n 日内 EM 的累加和

MAEMV＝EMV 的 m 日简单移动平均

其中，参数 n 为 14，参数 m 为 9。

二、EMV 的研判法则

1. EMV 指标上升代表缩量上升，在股价上升阶段是正常信号；EMV 指标下降代表缩量下跌，在股价下跌阶段也是正常信号。

2. 当 EMV 由下往上穿越 0 轴时，视为中期买进信号；当 EMV 由上往下穿越 0 轴时，视为中期卖出信号。

3. MAEMV 穿越 0 轴所发出的信号，可信度较高。

4. EMV 与 MAEMV 之间的交叉状况仍然值得注意。

5. EMV 指标应与趋向指标（DMI）配合使用。当 DMI 中的 ADX 低于+DI 及−DI 时，或 ADXR 出现指标失效信号时，应停止使用 EMV 指标。

6. EMV 指标同样适用于形态理论。

注意要点：EMV 指标反映的是价格运行过程中成交量的动态变化情况。因此，指标对价格的中长期走势更具有警示性。投资者在长期投资过程中使用 EMV 指标，才能获得最佳投资效果。

第三十九章 黄金分割率

内容提要：

由斐波那契数列延伸出来的0.618及0.382为黄金分割率的基本数字。黄金分割率现已推广为5组数字，即0.191、0.382、0.500、0.618和0.809。黄金分割率主要配合波浪理论使用。

一、黄金分割率的概念

在股市中，黄金分割率之所以能长久应用，是因其准确度非常高，令人信服。

由斐波那契数列延伸出来的 0.382 及 0.618 为黄金分割率的基本数字。在股价上涨阶段，当价格达到上一波涨幅的 0.382 或 0.618 时，就会遇到阻力，很可能出现价格下跌走势。此外，由 0.382 的一半 0.191，0.191 与 0.618 之和 0.809 及两者和的一半 0.500，也都构成了股价上涨的阻力点。

因此，黄金分割率由原先的两组数字已推广为 5 组数字，即 0.191、0.382、0.500、0.618 和 0.809，见图 39-1。

图 39-1 黄金分割率

二、黄金分割率的应用

黄金分割率主要配合波浪理论来使用。通常，一波上涨应是前一波的延伸，而每波的起涨点，并非从零开始。

在波段中使用黄金分割率，除可推论后一波的高点外，也可推论其回调的低点。

三、黄金分割率的计算

（一）计算公式

1. 上涨波段高点推断。

$$W_{ab}=W_b-W_a$$

$$W_d=W_b+W_{ab}\times(T+B)$$

其中，W_a为起涨基点；W_b为一波高点；T= 0、1、2；B = 0.191、0.382、0.500、0.618、0.809。

2. 下跌波段低点推断。

$$W_{ab}=W_a-W_b$$

$$W_d=W_b-W_{ab}\times(T+B)$$

其中，W_b为回落前高点；W_a为起跌基点；T = 0、1、2；B = 0.191、0.382、0.500、0.618、0.809。

3. 回调计算公式。

（1）上涨修正波：

$$W_{ab}=W_b-W_a$$

$$W_c=W_b-(T\times W_{ab})$$

其中，T = 0.191、0.382、0.500、0.618、0.809。

（2）下跌修正波：

$$W_{ab} = W_a - W_b$$

$$W_c = W_b - (T \times W_{ab})$$

其中，T = 0.191、0.382、0.500、0.618、0.809。

（二）案例

1. 上证指数由 2016 年 1 月的 2638 点，上涨至 2016 年 12 月的 3301 点，试求下一波的高点。

解：

$$W_b = 3301$$

$$W_a = 2638$$

$$\begin{aligned} W_{ab} &= W_b - W_a \\ &= 3301 - 2638 \\ &= 663 \end{aligned}$$

$$\begin{aligned} \text{高点 } W_d &= W_b + W_{ab} \times (T + B) \\ &= 3301 + 663 \times (0 + 0.382) \\ &\approx 3554 \end{aligned}$$

预测高点：3554 点。

实际高点：3575 点（2018 年 1 月）。

2. 上证指数由 2015 年 6 月高点 5178 点，下跌至 2015 年 8 月的 2850 点，求下一波的低点。

解：

$$W_a = 5178$$

$$W_b = 2850$$

$$\begin{aligned} W_{ab} &= W_a - W_b \\ &= 5178 - 2850 \\ &= 2328 \end{aligned}$$

$$\begin{aligned} W_d &= W_b - W_{ab} \times (T + B) \\ &= 2850 - 2328 \times (0+0.191) \end{aligned}$$

$$\approx 2405$$

预测低点：2405 点。

实际低点：2638 点（2016 年 1 月）。

3. 股价由 194 点上涨到 334 点，求回调点位。

解：

$$W_a = 194$$
$$W_b = 334$$
$$W_{ab} = W_b - W_a$$
$$= 334 - 194$$
$$= 140$$
$$W_c = W_b - (T \times W_{ab})$$
$$= 334 - (140 \times 0.618)$$
$$\approx 247$$

预测回调点：247 点。

实际回调点：238 点。

4. 深圳指数由 368 点下跌至 194 点，求随后的反弹点位。

解：

$$W_a = 368$$
$$W_b = 194$$
$$W_{ab} = W_a - W_b$$
$$= 368 - 194$$
$$= 174$$
$$W_c = W_b + (T \times W_{ab})$$
$$= 194 + (174 \times 0.618)$$
$$\approx 302$$

预测反弹点：302 点。

实际反弹点：334 点。

第四十章　甘氏角度线

内容提要：

前面曾经讨论过用波浪理论、黄金分割率来预测股市的高低点、回调区；而甘氏则将一个波段划分为8等份，即把它平均划分为1/8、2/8、3/8、4/8、5/8、6/8、7/8、8/8，称为“百分比值法”。再将1/3、2/3分别安插到相应位置，就可以得到下列数字：1/8、2/8、1/3、3/8、4/8、5/8、2/3、6/8、7/8、8/8。

一、几何角度线的原理

前面几章我们曾经讨论过用波浪理论、黄金分割率来预测股市的高低点、回调区；而甘氏则将其一个波段划分为 8 等份，如图 40-1 所示，称为“百分比值法”。即将其一个波段平均划分为 1/8、2/8、3/8、4/8、5/8、6/8、7/8、8/8，再将 1/3、2/3 分别安插到相应位置，就可以得到下列数字：

1/8 = 12.5%　　2/8 = 25%　　1/3 = 33%　　3/8 = 37.5%

4/8 = 50%　　5/8 = 62.5%　　2/3 = 67%　　6/8 = 75%

7/8 = 87.5%　　8/8 =100%

上述比值的意义与黄金分割率极为相近，其中的 37.5%、62.5%与黄金分割率中的 38.2%及 61.8%极为相似。33%与 67%则为道氏理论中反弹或回调的最大上下界值，50%则是甘氏认为的最重要的比例。目前，0.618、0.382、0.500 均为市场人士常用数字。

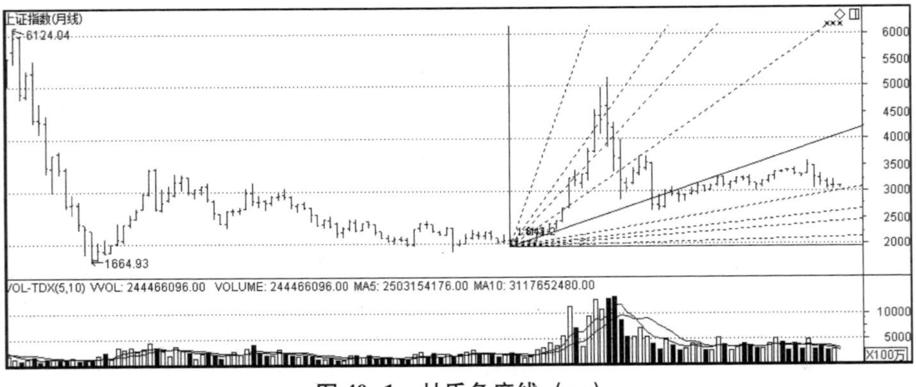

图 40-1　甘氏角度线（一）

利用上述观点，甘氏又发展出几何角度法，即以数字代表各种不同的角度线，如图 40-2 所示。至于图 40-2 中所画的每一条角度线，都有可能成为未来的阻力线或支撑线，需视其所在价位的位置而定。

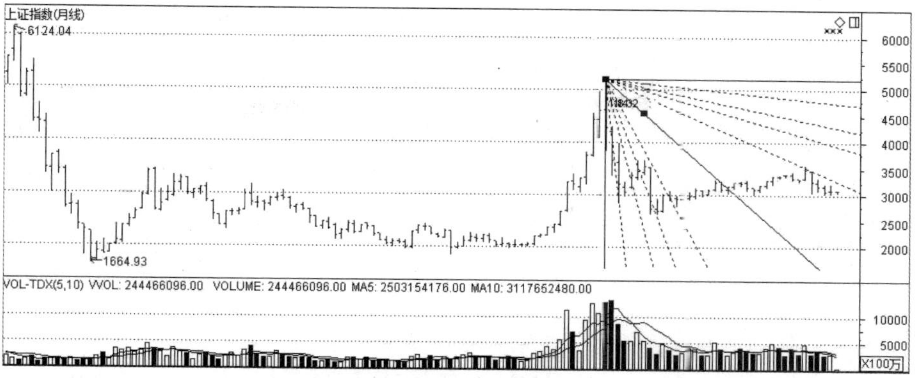

图 40-2 甘氏角度线（二）

几何角度法的表示方法如下：

1 × 8 ＝ 82.50 度　2 × 1 ＝ 26.25 度

1 × 4 ＝ 75.00 度　3 × 1 ＝ 18.25 度

1 × 3 ＝ 71.25 度　4 × 1 ＝ 15.00 度

1 × 2 ＝ 63.25 度　8 × 1 ＝ 7.50 度

1 × 1 ＝ 45.00 度

在上式中，第一个数字代表时间，第二个数字代表价格。45 度线是甘氏理论中的主要涨跌趋势线。在强劲的多头市场中，价位通常在 45 度线上，空头市场中则在 45 度线之下。45 度线一破，则表示主要趋势有反转的现象，意即 45 度线是时间和价格的平衡线。其中，各数字所代表的意义如下：

1. 45 度线 1 × 1（1 时间 × 1 价格）。

表示时间每变动一个单位，价格也变动一个单位。

2. 63.25 度线 1 × 2（1 时间 × 2 价格）。

时间每变动一个单位，价格增加两个单位。

3. 26.25 度线 2 × 1（2 时间 × 1 价格）。

价格每变动一个单位，时间需要变动两个单位。其他情况类推。

在强势多头市场中，时间每变动一个单位，价位可变动两个单位以上；而在空头市场中要增加一个单位价格，就必须花市场中两个以上单位时间。

因此，当某股价在 1×8（或 1×2、1×3、1×4）高价区反转向下时，必须先跌破 1×4 区，再跌破 1×3 区等。若是跌破 1×1 区，则代表股价已步入空头市场。同理，当股价由 8×1 底部区向上翻转时，也必然依次向上突破 4×1 区、3×1 区、2×1 区等。当向上突破 1×1 时，则进入另一个多头市场。因此，45 度线所代表的意义相当重要。

二、甘氏角度的应用

在使用甘氏角度测量股价时，必须先找出明显的顶或底来做角度切线，可同时切出上涨或下跌角度线。当从高价区画出的一条下跌角度线和另一条上涨角度线呈 90°相交，而交点又正好在一条水平百分线上时，那个点就更为重要。

第四十一章　心理因素

内容提要：

投资大众的心理因素对股价的变动有一定的影响，研究国内股市时，这个因素尤其不可忽视。因此，从事股票投资，必须了解投资大众的心理变化。

一、盲动心理

股市流传一句话：投资人永远是盲目的。盲动心理也就是一窝蜂心理，东北有一阵子流行君子兰，一度成为送礼的最好物品，一盆君子兰竟被炒到上万元甚至几十万元。

盲动心理是一般投资大众最致命的弱点，主力正是看准了这一点，才精心炮制各种题材。归结起来，主力利用投资大众盲动心理的手法有：

1. 主动发布消息，媒体配合炒作。现在与证券有关的媒体太多了，为了寻找题材，不管消息来源如何，消息是否正确，先登了再说，部分人员则是主动配合，因为大家都有好处。

2. 耳语传播，外围配合炒作。股市是传播消息速度最快的地方。耳语传播要靠外围人员，主力一声令下，外围配合跟进，走势图上马上有表现，散户闻之忍不住只好也跟上了。

冷静的投资者如何面对盲动心理？如何化解盲动心理？

1. 盲动心理是逐渐形成的。主力利用题材炒作，初期是自己先吃饱了货，其次是放风声给外围人员，最后才是拉高出货给散户。因此，当你在市场中听到了一个消息，你不妨先看，这个消息是在股价的低位传播的，还是在高位？如果是低位，大致上跟进的风险不大；如果是在高档，则风险大增，这种风险钱，不赚也罢。当你在市场中到处能听到这个消息的时候，这个消息已经不值钱了。

2. 盲动心理表现在股价上，涨势时则开盘狂升，跌势时则加速下跌。

因此，在研判股价的变化时，我们常可以发现这种情形：股价突破上升趋势线，形成跳空上涨之势，出现狂飙现象时，通常也是股价将反转下跌的先兆。一到恐慌买进末期，这便为卖出信号。

相反，如果是在跌势中，股价形成跳空下跌之势，跌破趋势线，就是股价反转为涨的先声。一到恐慌卖出末期，这即为买进信号。

二、抢涨不抢跌

这种心理普遍存在于各种商品交易中。人们相信，一旦某种商品的价格起了变化，其涨跌是有惯性的：涨时将更涨，跌时将更跌。

在股市中，这是一种常见的现象。但是，为什么又有许多股评家告诫说，要逢低买进，逢高卖出呢？

这不是很矛盾吗？其实不矛盾，但在时机的选择上要明辨才对。所谓高价之后还有高价，低价之后还有低价。前者指的是多头市场，后者指的是空头市场。多头市场股价是一波比一波高，今天不买明天就后悔；空头市场股价是一波比一波低，今天不卖明天便会后悔。多头市场今天的高价往往是明天的低价，空头市场今天的低价则往往是明天的高价。

这么说来，抢涨不抢跌就一定赚钱？那可不一定。前面说过，主要是要明辨时机。许多人往往在涨势初期不敢抢，一忍再忍，看见股票天天上涨，不买就是不买。待到有一天听到认识的人几乎都赚到了钱，终于忍不住进场了。结果没想到，买后没几天股票就开始大跌了。从这个例子中可以知道，在涨势末期，追涨行为是十分危险的。

三、整数心理

常常听到有些投资者说，指数涨到多少点有个关，跌到多少点又有个卡。个股涨到几元有关，跌到几元有卡，这些关关卡卡，通常是以整数为目标值，例如 200 点、300 点、400 点，5 元、10 元、11 元等。投资者为何会有整数关心理，无从考查，但我们可确认一点，投资者是很在意它的。

整数关卡到底灵不灵？过去的经验显示，大关卡比较灵，小关卡就不一定灵了。

例如：上海股市目前面临的是4000点、4500点及5000点大关；而深圳指数面对的是12000点、15000点及20000点大关。这些关卡还是能起一定作用的。

但对于个股而言，其整数关卡不一定有用。因此，不必特别花心思去钻牛角尖。事实上，无论是指数也好，个股也好，很容易被主力的意志或热络的人气所突破，太在意它们，往往会因小失大。

四、依赖心理

每个人多少都会有依赖心理，小时候依赖父母，长大后依赖亲友。但过重的依赖心理往往是因为对自己没有信心，想把责任推卸给别人。

股票市场存有依赖心理的人很多，部分原因是初入股市，面对上千只股票，常不知如何下手。难免依赖一些有经验的前辈或是市场消息灵通人士，希望得到他们的指导。

但是，我们发现有相当多的人，在买卖股票之前，总是犹豫不决，征求别人的意见已经成为一种习惯。因此，在市场中我们自然可以听到下列如此这般的对话：

情形一（股票跌了）：哎哟，赔惨了，本来昨天就要卖的，偏偏李太太叫我不要卖，说什么还会涨上去，这一下可好了，真倒霉！

情形二（股票涨了）：哎哟！真气死人了，昨天本来就要买股票的，某某杂志说看空，结果没买，害我少赚了几万元！

依赖心理的好处，在于投资出错时，可以将责任推给别人，自己心理会好过一些；坏处是，永远跟在别人屁股后面走，赚钱者能有几个？

存有依赖心理而投身股市是一件十分危险的事，钞票是自己的，输赢也是自己的，别人的意见只能作为参考，却不能把它当作进出股市唯一的指标。

如果你想成为股市的常青树，一定要学着享受孤独，独立研判，通过不断学习来提高自己。

五、主观心理

人的行为表现大多出自于个人的主观感受。客观是主观的相对名词，要想客观就必须跳出自我，重新考虑周围因素。从事证券交易，一买一卖当然多出于主观的决定。主观本身并无所谓好坏，任何主观，通常都含有客观反省之后的主观因素存在。因此，世上当然没有绝对主观一事。

但是，在日常交易过程中，我们常可以发现许多人的投资决策过分主观。一旦看空股票就一路看空，看好股票则一路看好，中间有许多客观因素的变化，都未察觉或参考。这样做往往会错失机会，须知过分主观就是固执。

主力的另一个解释是“最先修正自己错误的人”，他们默察形势，顺势而为。一旦发现方向错误，立刻加以修正。如果主力交易时太过主观，逆势而为，恐怕也免不了被大势所淘汰。

六、多空心理

买方是多头，卖方是空头。多头买进股票的时候，总是希望它尽快涨起来，涨得越凶越好；相反，空头卖掉股票时，恨不得股票天天跌，跳空下跌最高兴。

这种多空心理，每天都充斥整个市场。即便是朋友或亲人，如果一个是多头，一个是空头，也会因立场不同而撕破脸皮，希望对方是错误的。

一个冷静的投资者，多空心理越淡化越好。每次进出之际，重要的是要冷静观察，股票的走势是否与自己的预期相一致。

买进不涨或卖出不跌，一定有其原因，先观察它几天，如果股价始终没有按自己预期的方向走的迹象，则要考虑是否修正自己的预期。以平常心对待多空，心如平衡器，莫要自己随意加码，让“势”来决定多空哪边比较强。最后要做的事就是顺势而为了。

七、权值心理

股票市场有所谓除权行情或除息行情。除权或除息都是上市公司分配股东权益的方式，都会吸引投资人参与。

一般而言，除权除息均属利好。在多头市场，权息尤其吸引人；但在空头市场，则不一定。

在多头市场，因为投资者看好公司未来的发展潜力。因此，尽管除权后，未来参加股利分配的股权会增加，但未来的营运收入也会增加，自然能吸引投资者参与。因此，往往除权不久就能填权。

相反，在空头市场，除权之后，未必能走出填权行情，买进者可能要亏本。

第四十二章　如何选黑马股

内容提要：

如今的股票市场已告别普涨普跌的时代。要想从股市中赚钱，必须选择有上涨潜力的股票，即所谓的黑马股。

一、根据即时行情涨跌选股：逆势上扬的股票就是黑马股

现在各证券商、电视台及金融信息平台都发布实时股票行情信息。很多券商或软件公司都提供证券行情系统供客户使用。从这些实时行情信息中，可看到哪些股票在上涨，哪些在下跌。

相比较而言，“智富之星”系统在解读实时行情信息方面，更具有优势。上升的股票全变红，下降的股票全变绿。通过按涨跌幅排序，更可看出哪只涨得多，哪只跌得多。

如果某天有利空消息，使得大多数股票下跌，而有些股票却逆势上扬。以后，若大势好转，这些逆势上扬的股票，很可能就是黑马股。

值得注意的是，这里所介绍的方法仅以一天的盘面为观察对象，以预测股价短期走势为主。总之，影响股价的因素很多，盘面观察仅是其中的方法之一，切忌以偏概全。

二、根据即时走势选股：逆势上扬的股票是短线好股

通过“智富之星”系统中个股或指数的分时走势图，可帮助选股。在当天盘面中，价格越走越高（即在分时走势图中，走势一波高过一波）的股票是短线好股；而每况愈下的股票则为短线弱势股。不涨或下跌的股票虽然便宜，但不知何时才会轮到它上涨，买入后短期可能赚不到钱。

三、根据主力动向选股：大笔买进的股票上涨机会大

一般说来，主力青睐的股票，才会上涨。主力在确认大市为涨势后，会选择某些值得炒作的股票，组织资金大把吃进。当这些大户在吃进某只股票时，通过“智富之星”系统可看出，该股有大量成交，通常一笔都在300手以上，使得价格不断上涨。反之，若主力大笔卖出，短期该股看淡的机会较大。

四、根据股本大小选股：小盘股较易拉升

2013年6月25日到2015年6月12日，上证指数从1849.65涨到了5178.19点，这一轮大牛市的特点可谓是大象拉不动，小蛇却乱窜。如浦发银行（600000）、平安银行（00001）大盘股，升幅相对较小；而像博通股份（600455）这样的小盘股，则涨幅达到6倍之多。

在资金不足的情况下，人们一般不碰大盘股。小盘股之所以容易飙升，主要是因其股本小，拉抬容易，主力喜欢，散户当然也乐于跟进。在国外股市中，涨幅较大者也多为小盘股；而在国内的股市中，小盘股通常也都有较出色的表现。

五、根据业绩状况选股：涨势中绩优股上升较慢

股票市场是很现实的，主力操作股票纯粹是追求差额利润。哪只股票易拉易抬，就做哪只，有时根本不理会它是绩优还是绩差。如果不具备辩证思维，一味追求绩优股，很可能赚不到钱。但若能掌握操盘原则，按规则操作，便可能赚到差价利润。在 2017 年 12 月的反弹行情中，满足如下几个条件的股票涨幅都不小：一是股本小的股票；二是与交易所异地的股票；三是无板块效应的股票；四是有炒作题材的股票。

在一段大的涨势中，绩差股的升幅通常比绩优股大得多。如上证指数从 2013 年 6 月的 1850 点到 2015 年 6 月的 5178 点这段涨势中，很多绩差股的涨幅比绩优股要大得多。

六、根据除权权值大小选股：权值大者较易上涨

由于除权，股价会降低，相对使人感到较便宜，因此易于吸引买盘；同时，也因为价位降低，主力拉抬较容易。更为重要的是，为了鼓励散户参与除权，在条件允许情况下，大股东和主力也愿意在除权前将价位拉高。此外，有些除权股有配售条款，为了吸引投资者缴款，主力也会在除权前后或缴款期间设法拉抬股价。比如 2016 年，平安银行股票的除权权值大，除权前购入者在后面的行情中都获利不少。

七、根据冷门与热门选股：冷门股有时较易拉升

一般投资者喜欢追逐热门股，但效果不好。与其如此，倒不如花点时间去找少数冷门股来操作。冷门股的特点通常是股本很小，长时间没有多少人交易，交易量很小，很多投资者已忘了它的存在。由于冷门股具备这些特性，流通筹码很少，主力往往将其作为多头市场点火拉抬的对象。因此，其价格一涨可能就是几倍。主力的目的是要以冷门股作示范，作为其他热门股、绩优股比价的工具。

八、根据老股与新股选股：新股较易拉升

国内股市历来都有炒新股的喜好。在大势允许的情况下，新股上市主力大概率会拉高其股价，以便逢高出货。因此，在极端情况下，可以看到新股会连续出现十多个涨停板。不过，新股上涨一倍或两倍以后，可能就会见顶，投资者必须知足常乐，见好就收，以免接到最后一棒。

九、根据波段趋势选股：经常上涨的就是好股

多头市场是由主力率领散户用钱堆砌起来的。主力名气大、资金多，但他们无法控制所有的个股。因此，只好以个股轮做的方式拉抬股价。在轮做过程中，就会出现某类股或某只股领袖群伦，经常带头上涨的现象。这种股票就是值得买的股票，绝不能嫌它价格高，要勇敢买进。像近两年的贵州燃气（600903）就属于这类股之一。

十、根据价位高低选股：高价位股票就是好股

俗话说得好："冰冻三尺，非一日之寒。"同理，好股票目前的高价位也是其从低价位慢慢涨上来的，之所以如此，一定有其上涨的时代背景。低价位股票之所以多年不涨，也是事出有因。本来绝大部分股票的面值都为 1 元，几年下来，有的价格已达 100 多元，有的价格还在 10 元以内。根据便宜没好货的原则，投资者可根据以下两个方面来选股：

1. 就全体股票中选择价位特别高的；
2. 就同类股票中选择价位较高者。

十一、根据 RSI 选股：RSI 偏高者就是黑马股

在投资类的经典书籍中，常告诫人们 RSI 在 20 以内为超卖，超卖是买入信号。这种观念很符合不敢追高的投资者的观念，这类投资者专找 RSI 偏低的个股守株待兔，但最终业绩并不理想。

其实，这类投资者搞错了。因为 RSI 偏低的个股，大多是涨少跌多，经年不振，其 RSI 才会偏低。在大部分情况下，这类股票不值得买进。不过，当 RSI 见底回升时可跟进，但不能 RSI 一到超卖区就买进。

当投资者看好整个大势，决定入场时，若要按 RSI 指标来选股，应专挑 RSI 偏高的个股。在大多数情况下，它们涨多跌少，有时还会出现跳空行情让你迅速获利。因为 RSI 偏高的股票，其主力在一段时间内无法完全清仓，通常，会有多次上拉机会让你逃命。

总之，在参考 RSI 指标选股时，应遵守下面两个原则：

1. 趁大势（指数）陷入低潮，在综合指数的 RSI 很低时寻找买入时机；

2. 选股要选逆势上扬、RSI 偏高者，这类股票一般都有主力介入拉抬。

十二、根据阻力线选股：向上突破阻力线的就是好股

根据两个高点便可画出阻力线，当某只股票向上突破阻力线时，隔天大胆追买并设好止损，或许就能给你带来财富。

十三、根据支撑线选股：未跌破支撑线的就是好股

连接两个低点就形成支撑线。当股价由上涨反转而下时，投资者会考虑跌到何处才是买进时机。此时利用支撑线，可找到理想的买进价位。

十四、根据天价突破与否选股：率先突破天价的就是黑马

天价就是指数或个股历史上最高的价格，比如上证指数的天价就是2015年6月12日的5178.19点。在大势从5178.19点暴跌后，大部分股票的价格都下跌了一半以上。当大盘从2016年1月27日的2638.30点反弹时，许多股票反弹到接近天价区时，都遭到了很大的卖压。但有少数黑马股是主力部署已久的，主力已经大量进货并正在寻找时机拉升。因此，它会领先大势及其他个股向上突破天价，一路扶摇而上，飙升得令股民目瞪口呆，人们越不敢买，它就越涨。比如近两年的贵州茅台（600519）、万科A（000002）等就属于这类股。

十五、根据消息面选股：利空不跌的就是好股

有些投资者听消息做股票，有利多就买进，有利空就卖出。消息的确

会对股价产生影响，若有坏消息出现，而股价逆势不跌的话，就说明：

1. 所听到的坏消息可能不真实；

2. 坏消息并非想象的那么严重；

3. 坏消息传到你耳边以前，股价可能已提早反映并下跌了。

基于上述理由，当坏消息出现而股价逆势上扬者就是好股。

十六、根据资产状况选股：有土地资产的就是好股

中国人自古就流传“有土就有财”这句话，人们对土地资产的钟爱程度可想而知。因此，上市公司土地资产的多寡就成为主力炒作的目标。这里所谓的土地资产必须是目前没用在生产上，可以将其由农地变成商业用地，并且是大片的土地，才能吸引投资者跟进。这是因为土地资产增值速度相当快的缘故。

十七、根据主力魅力选股：主力垂青的股票大多是黑马

在国内股票市场中，但凡被主力看中的股票，早晚均会上涨。主力资金雄厚，经验丰富，当他们看中某只股票后，一旦建仓完毕，就会不断发布利好消息，让散户跟进，从而将股票价格拉高。因此，被主力看中的股票基本都能成为黑马。

十八、根据除权消息选股：牛市中除权前后的个股就是好股

在多头市场中，投资者参与个股除权是有利的。此时，除权后股价大多能填权，比如 2014 年 3 月的多头市场即是如此。

相反，在空头市场中，除权后反而不利于股价，股价将加速下跌，出现贴权的情况。比如 2015 年 6 月以后的上海股市，开始由多头市场转为空头市场，使许多投资者期望的填权梦破灭。

通常，散户喜欢股票，主力则喜欢钞票。因此，主力会在除权前后使股价大涨，让散户跟进。

十九、根据大机构的动向选股：大机构的自选股不会寂寞

国内大投资机构实力雄厚，其介入的股票一般都会飙升。投资者若了解他们的投资动向，及时跟进，就能赚大钱。

二十、根据流通筹码选股：流通筹码越少的股票越好

影响股价的因素很多，如经济景气度、公司业绩、利率、物价、相关政策、有无游资介入、投资者多寡、主力动向、散户心理、流通筹码等。

其中，流通筹码是影响股价的重要因素。筹码流通在外越少的股票越

容易被控制，股价越容易上涨。①

二十一、根据个股换手率选股：换手率越高的股票越好

所谓“换手率”，是指个股在一段时间内的总成交股数除以其总流通股本数。换手率高意味着资金正涌入该股票。换手率越高，交易该股的人越多，成交量相应也越大。在一般情况下，股市中换手率高的股票，短期涨幅均相当大。通常，流通股本小的股票的换手率都相应要高于流通股本大的股票。

二十二、根据成交状况选股：成交量逐渐增加者就是好股

成交量短期放得太大容易令股价回落，但成交量太小又表示股价上涨（下跌）的动力不足。因此，成交量逐渐增加的个股才是好股。成交量逐渐增加表示资金正源源不断地涌进该股，其成交量才能一波比一波高，维持递增的走势。

① “智富之星”系统都会将股票按照流通盘及换手率大小排序，便于投资者选择。

第四十三章 股指期货

内容提要：

一方面，股票价格指数期货（简称“股指期货”）是期货的一种，它以股票价格指数作为交易标的。我国的股指期货是在国家批准设立的中国金融期货交易所内进行交易。另一方面，股指期货又与股市有关，因为其交易的标的是股票指数。因此，可以说股指期货是期货市场与股票市场的共同产物，它既具备了期货的特点，又包含了股票的特色。

一、股票投资风险问题

投资股票市场，择股非常重要，但是，其过程却又非常的繁杂，这就导致每一次的决定未必都正确。行情的起落，使每位投资者时刻面临着亏损的风险。总体而言，市场的风险因素可分为以下两部分：

（一）系统性风险

投资者本身需要对大势的前景做出判断，考虑是否要将部分或全部的资金投资于股市。在这种情况下，他所面对的是整个股票市场的风险，或称“系统性风险”。

（二）非系统性风险

投资者也需考虑个别公司的业务状况、发展前景及盈利增长等因素，这种投资个股时需要考虑的风险，称为“非系统性风险”。

在这两种风险中，非系统性风险通常可以利用分散投资来降低或避免，因为不同行业的股票会互相抵消彼此价格涨跌的风险；但是，随着整个股市变动所产生的系统性风险，则除了利用股指期货来对冲和规避外，目前似乎没有更有效的方法。

二、什么是股指期货

简单地说，股指期货是一种以股票价格指数作为交易标的的期货。在交易股指期货的过程中，投资者需要承担整体股票市场价格涨跌的风险。

股指期货是期货的一种，在专门的交易场所进行买卖，在我国是通过中国金融期货交易所进行的；同时，它又与股市有关，因为其交易标的是股票指数。因此，可以说股指期货是期货市场与股票市场的共同产物，它既具备期货的特点，又包含了股票的特色。

三、如何交易股指期货

根据现代投资理论，指数可代表一个投资组合。因此，买卖股指期货，理论上就是买卖一个投资组合。不过，如果认为股指期货的交易与股票的一样，那就大错特错了。实际上，股指期货是期货的一种，而期货与股票有很明显的区别。股票买卖是资产（股票）的转让，而期货交易则是价格风险的转嫁；前者涉及股票拥有权的易手，而后者只是交易双方的一种承诺。此外，股票买卖通常要全额支付保证金，但期货则只需支付部分保证金，比如8%的保证金。

买卖股指期货就是买卖将来某日（比如2018年6月15日）的收盘指数。到时，根据股市的收盘指数和你买入或卖出时的指数的差额，便可以计算出你所赚或亏的金额。下面举例说明股指期货的买卖过程（见表43-1），假设甲投资者为买方，而乙投资者为卖方：

表43-1 股指期货买卖案例

时间	甲投资者	乙投资者
2月2日	买入一张6月份的股指期货合约，当时市场内的价格为3980点	卖出一张6月份的股指期货合约，当时市场内的价格为3980点
6月15日	股市的收盘指数为4168点，结果净赚（4168-3980）×300元=56400元（未计手续费等支出）。注：国内股指期货每个点300元	收盘指数较其卖出指数为高，结果净亏（4168-3980）×300元=56400元（未计手续费等支出）

四、跨期买卖

跨期买卖是一种风险较低的投资策略，它包括同时买入及卖出不同月份的期货合约。例如，买入 2 月份合约，也同时卖出 3 月份合约。期望从它们的差价变动中获利。所谓“差价”，就是两张不同月份合约的价格差异。

不同结算月份的合约，其价格通常都会同时上升或下降，但上升或下降的幅度却很少相同。由于跨期买卖同时包括了买入和卖出操作，因此，不论指数上升或下降，投资者必然在一张合约上盈利，而在另一张合约上亏损。换句话说，投资者所承担的风险，只局限于此种盈利能否完全抵消亏损。当然，跨期买卖的盈利机会也会受到类似限制。总之，跨期买卖为投资者提供了更大的交易空间，使投资者能在比较低的风险水平下进行期货交易。

下面举例说明投资者如何在跨期买卖中获利：

如表 43-2 所示，假设一投资者于 1 月 15 日以 4500 点卖出一张 9 月份的沪深 300 股指期货合约，同时又以 4700 点买入一张 10 月份的沪深 300 股指期货合约，这两张期货合约当时的差价是 200（即 4700-4500）点。

1 月 19 日，该投资者以 4450 点买入一张 9 月份期货合约，同时又以 4670 点卖出 10 月份期货合约进行平仓，当时的合约差价为 220（即 4670-4450）点。

表 43-2　股指期货跨期买卖案例

	9 月份	10 月份	差价 （10 月份-9 月份）
1 月 15 日	4500	4700	200
1 月 19 日	4450	4670	220

该跨月股指期货买卖的利润为：

$$(4500-4450)\times 300-(4700-4670)\times 300=6000\text{（元）}$$

若以差价计算利润，则更简单：

$$(220-200)\times 300=6000\text{（元）}$$

跨期买卖使投资者无须担心指数的涨跌，只需专注于不同结算月份合约价格的相互关系。

五、股指期货的种类

世界上最早的股指期货是1982年2月由堪萨斯交易所（KCBT）所推出的价值线平均指数期货，随后芝加哥商品交易所（CME）也推出了以标普500指数为基础的期货与期权合约。1982年5月纽约期货交易所（NYSE）推出了股市综合指数期货。此后，也有许多国家推出了自己的股指期货，如英国的富时100指数期货、日本的日经225指数期货。

在我国，2010年2月20日，证监会正式批复了中国金融期货交易所的沪深300股指期货合约和业务规则。自2010年2月22日9时起，国内的股指期货接受投资者的开户申请。2010年4月16日，沪深300股指期货合约上市交易。

（一）沪深300股指期货合约

沪深300指数是由上海和深圳证券市场中市值大、流动性好的300只A股作为样本编制而成的成分股指数，具有良好的市场代表性。沪深300指数是沪深证券交易所第一次联合发布的反映A股市场整体走势的指数。它的推出，丰富了市场现有的指数体系，增加了一项用于观察市场走势的指标，有利于投资者全面把握市场运行状况，也为指数投资产品的进一步创新和发展提供了基础条件。如表43-3所示，这是沪深300股指期货合约表。

表 43-3　沪深 300 股指期货合约表

合约标的	沪深 300 指数
合约乘数	每点 300 元
报价单位	指数点
最小变动价位	0.2 点
合约月份	当月、下月及随后两个季月
交易时间	上午：9：30-11：30，下午：13：00-15：00
每日价格最大波动限制	上一个交易日结算价的±10%
最低交易保证金	合约价值的 8%
最后交易日	合约到期月份的第三个周五，遇国家法定假日顺延
交割日期	同最后交易日
交割方式	现金交割
交易代码	IF
上市交易所	中国金融期货交易所

资料来源：中国金融期货交易所。

（二）中证 500 股指期货合约

中证 500 指数是根据科学客观的方法，挑选沪深证券市场内具有代表性的中小市值公司组成样本股，以便综合反映沪深证券市场内中小市值公司的整体状况。其样本空间内股票扣除沪深 300 指数样本股及最近一年日均总市值排名前 300 名的股票，剩余股票按照最近一年（新股为上市以来）的日均成交金额由高到低排名，剔除排名后 20%的股票，然后将剩余股票按照日均总市值由高到低进行排名，选取排名在前 500 名的股票作为中证 500 指数样本股。如表 43-4 所示，这是中证 500 股指期货合约表。

表 43-4　中证 500 股指期货合约表

合约标的	中证 500 指数
合约乘数	每点 200 元
报价单位	指数点
最小变动价位	0.2 点
合约月份	当月、下月及随后两个季月
交易时间	上午：9：30-11：30，下午：13：00-15：00
每日价格最大波动限制	上一个交易日结算价的±10%
最低交易保证金	合约价值的 8%
最后交易日	合约到期月份的第三个周五，遇国家法定假日顺延
交割日期	同最后交易日
交割方式	现金交割
交易代码	IC
上市交易所	中国金融期货交易所

资料来源：中国金融期货交易所。

（三）上证 50 股指期货合约

上证 50 指数是根据科学客观的方法，挑选上海证券市场中规模大、流动性好的最具代表性的 50 只股票组成样本股，以便综合反映上海证券市场最具市场影响力的一批龙头企业的整体状况。上证 50 指数自 2004 年 1 月 2 日起正式发布。其目标是建立一个成交活跃、规模较大、主要作为衍生金融工具基础的投资指数。如表 43-5 所示，这是上证 50 股指期货合约表。

表 43-5　上证 50 股指期货合约表

合约标的	上证 50 指数
合约乘数	每点 300 元
报价单位	指数点
最小变动价位	0.2 点

续表

合约月份	当月、下月及随后两个季月
交易时间	上午：9：30-11：30，下午：13：00-15：00
每日价格最大波动限制	上一个交易日结算价的±10%
最低交易保证金	合约价值的8%
最后交易日	合约到期月份的第三个周五，遇国家法定假日顺延
交割日期	同最后交易日
交割方式	现金交割
交易代码	IH
上市交易所	中国金融期货交易所

资料来源：中国金融期货交易所。

六、股指期货开户主要条件

1. 保证金要求。

投资者前一交易日日终保证金账户可用资金余额不低于人民币50万元。期货公司会员为投资者向交易所申请开立交易编码，应当确认该投资者前一交易日日终保证金账户可用资金余额不低于人民币50万元。

2. 知识要求。

期货公司会员应当从保护投资者合法权益的角度出发，测试投资者是否具备参与股指期货交易必备的知识水平。期货公司会员不得为测试得分低于80分的投资者申请开立交易编码。

3. 交易经历要求。

投资者的股指期货仿真交易经历应当包括累计10个交易日、20笔以上（含）的股指期货仿真交易成交记录。一笔委托分次成交的视为一笔成交记录。期货公司会员应当从交易所查询投资者仿真交易数据，并根据查询结果对投资者的仿真交易经历进行认定。投资者期货交易经历应当以加盖相关期货公司结算专用章的最近3年内期货交易结算单作为证明，且具有 10 笔以上（含）的成交记录。

4. 一般规定。

期货公司会员不得为综合评估得分在 70 分以下（不含）的投资者申请开立交易编码。

5. 无不良诚信记录。

期货公司会员不得为证券、期货市场禁入者，以及法律、行政法规、规章和交易所业务规则禁止从事股指期货交易和存在严重不良诚信记录的投资者申请开立交易编码。

第四十四章 智富之星股票分析智能系统

内容提要：

本章专门介绍智富之星股票分析智能系统。该系统完全按照炒股生命周期理论研发，方便投资者使用。“智富之星”系统分为：网页（H5）/App版和电脑（PC）专业版。以方便投资者在手机、平板和电脑上使用该系统。

一、网页（H5）/App 版

该版本主要用于手机、平板等移动设备，为 WebApp（见图 44-1）。同样，在 PC 电脑上也可以使用。

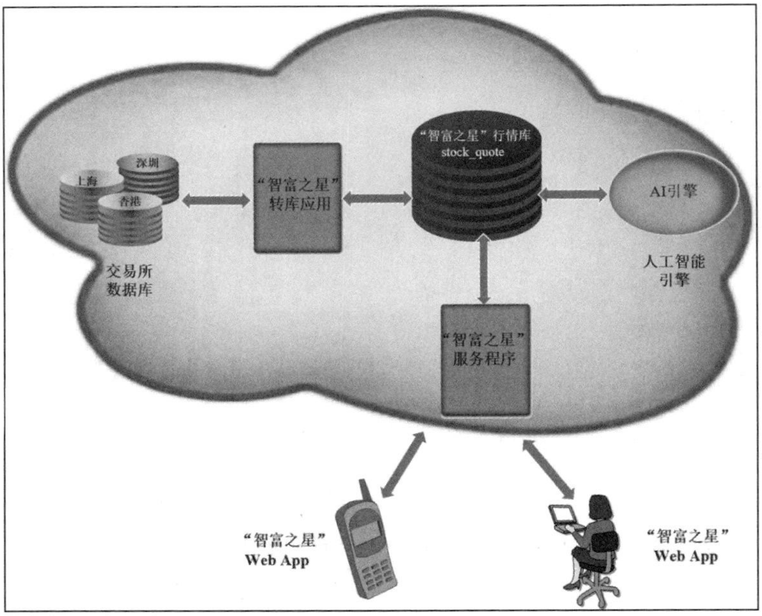

图 44-1 “智富之星”WebApp 体系架构

（一）行情数据库设计

“智富之星” WebApp 基于 LAMP 开发，使用功能强大且流行的 MySQL 数据库系统。

行情数据库

stock_quote。

基本配置表

quote_ config。

股票基本信息表

quote_ stock_ info。

当天行情表

上海：quote_ stock_ quote_ sh；

深圳：quote_ stock_ quote_ sz；

香港：quote_ stock_ quote_ hk。

分时成交表

上海：quote_ everytime_ data_ sh；

深圳：quote_ everytime_ data_ sz；

香港：quote_ everytime_ data_ hk。

1 分钟表

上海：quote_ minute01_ data_ sh；

深圳：quote_ minute01_ data_ sz；

香港：quote_ minute01_ data_ hk。

5 分钟表

上海：quote_ minute05_ data_ sh；

深圳：quote_ minute05_ data_ sz；

香港：quote_ minute05_ data_ hk。

15 分钟表

上海：quote_ minute15_ data_ sh；

深圳：quote_ minute15_ data_ sz；

香港：quote_ minute15_ data_ hk。

30 分钟表

上海：quote_ minute30_ data_ sh；

深圳：quote_ minute30_ data_ sz；

香港：quote_ minute30_ data_ hk。

60 分钟表

上海：quote_minute60_data_sh；

深圳：quote_minute60_data_sz；

香港：quote_minute60_data_hk。

日线数据表

上海：quote_day_data_sh；

深圳：quote_day_data_sz；

香港：quote_day_data_hk。

周线数据库表

上海：quote_week_data_sh；

深圳：quote_week_data_sz；

香港：quote_week_data_hk。

月线数据表

上海：quote_month_data_sh；

深圳：quote_month_data_sz；

香港：quote_month_data_hk。

上市公司基本信息表（F10）

上海：quote_f10_sh；

深圳：quote_f10_sz；

香港：quote_f10_hk。

基本财务指标表

财务指标：quote_stock_base；

每股盈利：quote_stock_earn。

用户相关表

简表：quote_user；

详细：quote_user_details；

用户组：quote_user_groups；

自选股：quote_user_selected_stocks。

（二）转库应用

1. 交易所提供的实时数据库。

上海证券交易所行情库：show2003.dbf；

深圳证券交易所行情库：sjshq.dbf；

香港证券交易所行情库：hk.dbf。

2. “智富之星”转库应用程序。

“智富之星”转库应用程序，用来实时读取交易所行情库。将每个时刻交易价格和成交量等信息转换到“智富之星”的行情数据库（stock_quote）中，如实时行情表、分时成交表、分钟表（5 分钟、15 分钟、30 分钟、60 分钟）等。同时，收盘作业时，还需要将数据保存到日线、周线、月线表中。

转库后，“智富之星”服务器端系统可以访问数据库，为客户端提供实时行情、分时图和 K 线图等数据。

（三）服务器端

1. Web 服务器 Apache。

2. “智富之星”服务器端系统。

（四）客户端

1. 基于最新 Web 技术 H5 开发的 WebApp 客户端。

通过浏览器访问，已经达到原生手机应用的效果及用户体验，行情图表的反应都非常快速，有下列行情页面：

自选股、上证 A 股、深证 A 股、深创业板、上证基金、深证基金、上证 B 股、深证 B 股、上证指数、深证指数、沪强、深强、香港主板、香港创业、香港指数。

2. 基本操作。

（1）点击注册按钮注册或登录；

（2）点击右上角搜索添加自选；

（3）点击股票行可进入分时图；

（4）其他按提示操作无师自通（见图 44-2）。

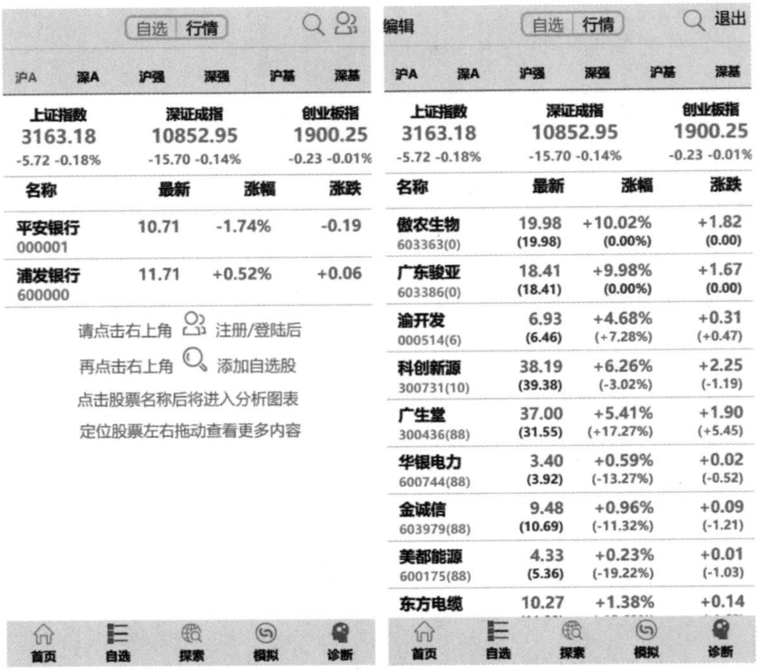

图 44-2 “智富之星”基本操作页面

3. 独特的“探索”功能。

点击“探索”菜单，可以看到量比和换手率，方便当日发现表现好的个股（见图 44-3）

4. 人工智能个股诊断分析。

进入分时图或 K 线图，可以点击诊断图标，对个股进行智能分析，根据基本面，技术面，市场表现，价格处于低位、中位还是高位，进行研判，客观得出结论（见图 44-4）。

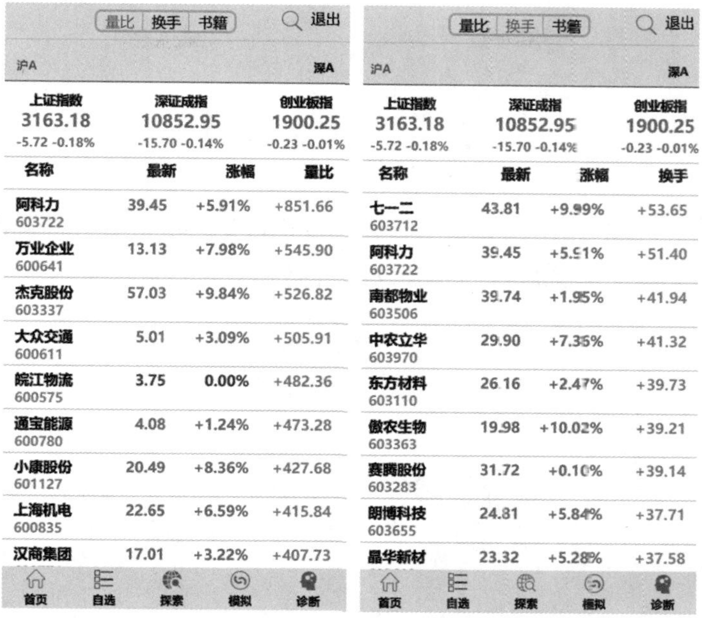

图 44-3 “探索”菜单中的量比和换手率

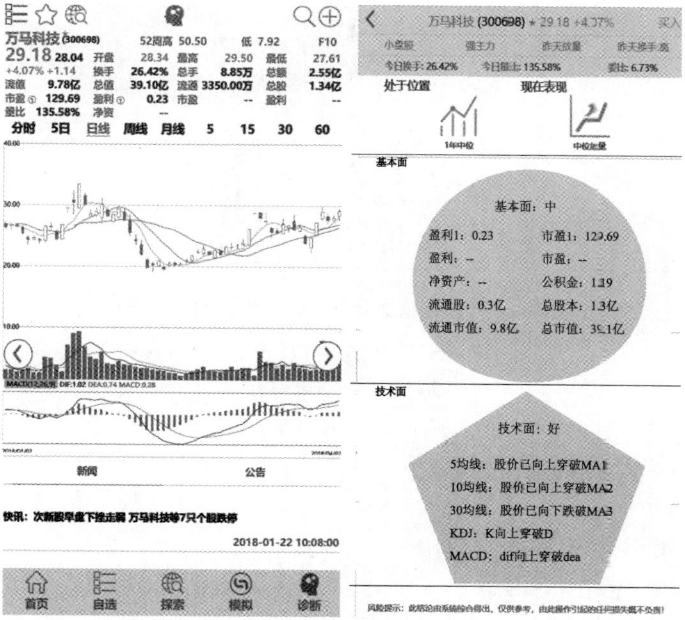

图 44-4 人工智能个股诊断

二、PC 电脑专业版

该版本主要用于 PC 电脑。通常，大多数专业炒股的投资者在室内还是喜欢用电脑版看股票实时行情，进行股票分析和研判（见图 44-5）。

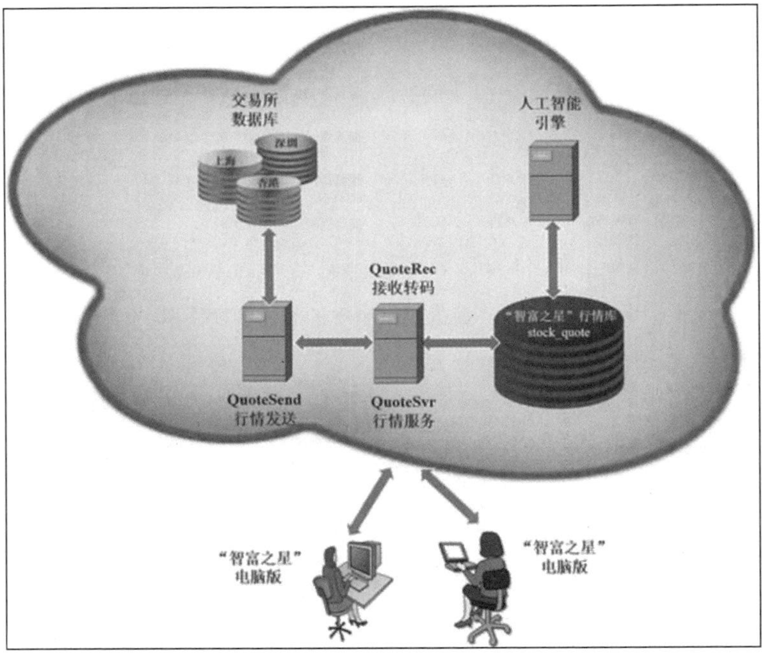

图 44-5 "智富之星" PC 电脑版体系架构

（一）实现技术及特点

1. 开发工具。

C/S 版本采用 VC++开发。

2. 软件架构。

C/S 版本采用微软 MFC 架构。

3. 中间层服务器。

采用开放式的 WebService 和 XML。

4. 支持多种数据库。

ORACLE、MS SQL、MySQL 等。

5. 扩展性好。

行情服务器、撮合服务器均支持分布式架设。用户可根据业务发展情况来扩展，可支持更多并发用户。

（二）模拟撮合服务器及清算系统

1. 撮合服务器。

负责对投资者的模拟下单委托请求，进行撮合配对和资金清算。

2. 清算系统。

收市后，做清算处理，并统计当天模拟交易的资金和股票情况，把没有成交的委托单自动撤销。

（三）行情服务器系统

电脑专业版 C/S 行情服务器包括：

1. 行情发送系统（QuoteSend）。

读取交易所行情数据库中的数据并发送给行情接收系统。

2. 行情转码系统（QuoteRec）。

从行情发送系统接收数据并转换成专用的数据格式。

3. 行情服务系统（QuoteSvr）。

与专业版客户端连接，发送行情及图表数据给客户端。

（四）电脑版客户端

投资者在使用“智富之星”PC 电脑版客户端，浏览监控股票实时行情，进行技术图表分析时，可利用其特有的沪强、深强、探索等功能，选择有潜力的股票到自选股中，以便进行时时监控。

PC 电脑版客户端采用标准的操作热键和菜单，方便实用。将帮助投资者完成一个又一个的炒股生命周期，达到规避风险，最大化赢利的目的。

PC 电脑版有如下板块：

自选股、上证 A 股、深证 A 股、深创业板、上证基金、深证基金、上证 B 股、深证 B 股、上证指数、深证指数、沪强、深强、香港主板、香港创业板、香港指数。

第四十五章 全球积分交易系统

内容提要：

本章专门介绍全球积分交易系统，它是一个交易所系统整体的解决方案。

随着商家竞争的白热化，各商家为了吸引和留住消费者，不断地推出购物送积分活动。但大部分消费者手中持有的积分却得不到合理的使用。是否有方法能使之合理使用呢?

本系统正是为解决这些问题而推出的，各用户根据自己的需要，可购买或抛售持有的积分，实现资源的合理配置。

一、整体架构

全球积分交易系统（Globale Points and Vouchers Automated Quotation），简称“GPVAQ”，是一个类似 NASDAQ 一样的交易系统所整体解决方案。包括：行情报价、图表分析、交易下单、撮合清算等。见图 45-1。

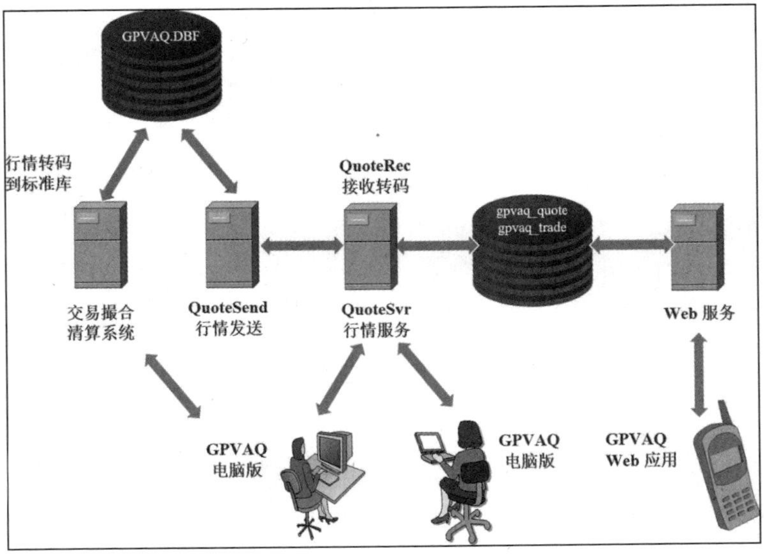

图 45-1　GPVAQ 整体架构

二、技术特点

1. 开发工具。

撮合清算系统、C/S 版本采用 VC++开发。

2. 软件架构。

C/S 版本采用微软 MFC 架构，B/S 采用 .NET 和 LAMP 架构。

3. 中间层服务器。

采用开放式的 Web Service 和 XML。

4. 支持多种数据库。

ORACLE、MS SQL、MySQL 等。

5. 扩展性好。

行情服务器、撮合服务器均支持分布式架设。用户可根据业务发展情况来扩展，可支持更多并发用户。

三、行情服务器系统

行情服务器包括：

1. 行情发送系统（QuoteSend）。

读取积分交易中心行情数据库中的数据并发送给行情接收系统。

2. 行情转码系统（QuoteRec）。

从行情发送系统接收数据并转换成专用的数据格式。

3. 行情服务系统（QuoteSvr）。

与专业版客户端连接，发送行情及图表数据给客户端。

四、撮合清算系统

1. 撮合服务器。

负责对交易者的委托请求进行撮合配对和资金及股份清算。

2. 清算系统。

在交易时间结束时，负责统计当天交易的资金和积分是否出现异常，并把没有成交的委托单返还给用户。具体情况见图 45-2 和图 45-3。

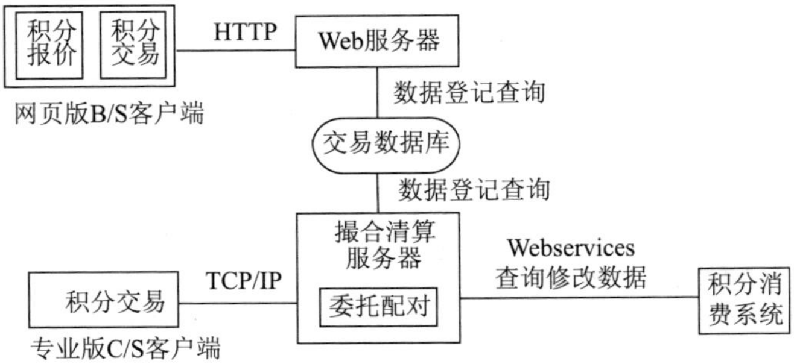

图 45-2　撮合系统架构（一）

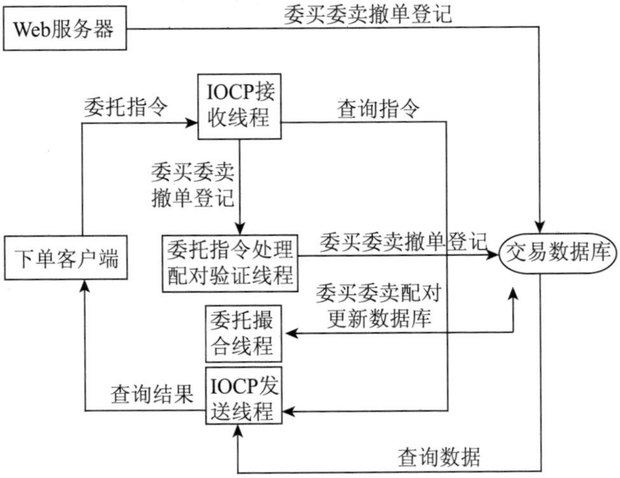

图 45-3　撮合系统架构（二）

五、行情交易客户端

积分持有者可使用“GPVAQ”Web应用和PC电脑版客户端，浏览查看积分实时行情，进行技术图表分析，并可以下单交易。具体情况见图45-4。

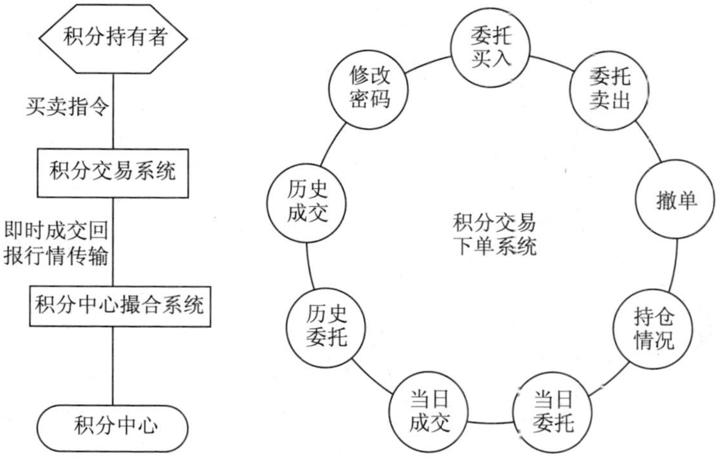

图45-4　行情交易客户端

附录一　股市基本术语[1]

① 部分内容引自百度百科。

炒作

当主力介入某只股票后，往往会放出消息，汇集人气，拉高股价；然后再逢高脱手。此类哄抬某股股价的情形，即称为“炒作某只股票”。

利空

利空为行情下跌的主要因素。凡是与政治、宏观经济有关的坏消息，或企业的业绩大幅滑落、转盈为亏、无配股或减少配股，以及其他各项有关企业内部、外部的不利消息，均可称为“利空”；反之，则为利多。

利空出尽

股价因各项坏消息的影响而逐步下滑，跌到某一价位后，投资人不再被此利空所影响，股价开始反转而上，投资者往往将此情形解释为“利空出尽”。

行情看涨

投资者、证券公司及市场整体氛围均期待并预测股价上涨的状态。

线图

股价变动的情形。将股价每日变动的情形记载于图表上即为日线图，每周则为周线图，每月则为月线图等。

盘整

股价上下波动、反复震荡的过程。如果将该股的涨跌情形图表化，即可了解该股票的走势。

行情

由市场中感受到的市场气氛，集结了成交量、人气、股价动向等因素而构成，以行情好或行情不好来表现。

托盘

在股价低迷时期，证券公司、大户或法人机构为了刺激行市，于是开始买入，希望带动散户跟进，促使股价上扬。

资产管理

资产管理业务是指资产管理人根据资产管理合同约定的方式、条件、要求及限制，对客户资产进行经营和运作，为客户提供证券、基金及其他金融产品的投资管理服务并收取费用的行为。

分析师

分析上市公司和产业界动向的专家、证券分析专业人员。在美国有公认的分析师制度，分为调查企业的基本分析师与分析市场的技术分析师。通常，分析师都要通过考试取得从业资格。

小黑

股价或指数比前日小挫几点，称为“以小黑收市”。

小红

股价或指数比前日上涨几点，称为“以小红收盘”。

安定性股东

不论企业业绩的好坏，都长期持有该企业股票的股东。

安定性操作

公司招募期间，发行价会随着各种消息的出现而有波动，特别是海外的消息也会影响股市的波动，例如日元贬值、增资无望等传言。为了维持公募价格，按惯例承销商或发行公司的员工可以购买该公募股票。

委托手续费

委托证券公司买卖股票而成交时，客户须付给证券公司的费用。国内规定买入手续费为0.3%，卖出手续费也是0.3%。通常，券商视客户资金规模的大小而给客户提供不同的手续费折扣优惠。

委托买卖业务

又称为“经纪业务”。证券公司接受客户的委托，从事股票买卖的业务。当买卖成交时，要收取手续费，此为证券公司经营的基本业务。

委托保证金

客户从事信用交易时，证券公司为预防风险，向客户收取一定的保证金并代为保管。

移动平均线

由股价、成交量或成交金额的平均值来预测未来股票走向的指标。

杀跌

因利空出现迫使股价下滑，投资人眼见大势不妙，虽然现价低于买进成本，仍然委托卖出。

追高

当股价持续攀升之际，投资者追逐买进的情形。

内幕交易

公司的员工、大股东因得知企业内部信息而买卖自己公司的股票，有可能在短期内就获暴利。这是《证券法》所禁止的。

开户

投资人买卖股票之初，必须先到证券公司办理开户手续，之后方可进行股票买卖交易。

委托买卖

投资人买卖股票必须先委托证券公司，由其代表自己参与证券交易所的集中竞价交易。

平均股价

个股在某一段时段内收盘价的平均值，可以衡量某一时段内投资者买进某只股票的平均成本。

相对强弱指数（RSI）

用来衡量股价变动幅度的方法，RSI 值的大小与所取的周期长短有关，周期越短对股价变动的反应越敏感，计算 RSI 所用的周期通常为 5 日、9 日、14 日等。

乖离率

股价偏离其移动平均线的幅度。乖离率为正表示股价在移动平均线之上；反之，则在其下方。正乖离率值越大，则回调概率越大；负乖离率值越大，则反弹概率越大。只要乖离率不过于极端，则行情不会有大幅回调或反弹的表现。

反弹

在空头行情中，股价持续下跌至某价位后，由于空头回补或跌进支撑区，股价会有暂时回升的现象，即为“反弹”。

回调

与反弹正好相反。在多头行情中，股价持续上涨至相当幅度后，由于获利了结盘的抛售，或股价涨至阻力线后，出现股价暂时回跌的现象，即为“回调”。

长红与长黑

当日收盘价比前日收盘价大幅上扬并收出一根阳线，称为“长红”；若收出一根极长的阴线，称为“长黑”。

流通股/总股本

流通股，是指上市公司的股份中，可以在交易所流通的股份数量。即股票的发行总数减掉锁定的公司管理阶层所持有股数，以及其他暂时无法流通的股数后的数目。一般而言，流通股小的股票容易拉升。

总股本，就是上市公司的全部股票数量，包括新股发行前的股份和新发行股份的数量的总和。

涨跌比率

即当日收盘时，上涨股票家数与下跌股票家数的比率。

融券

投资者如果判断行情将持续下跌，可以向证券公司借股票卖出。等股价下跌后，再从股市中买回归还，以赚取其中的差价。融券户卖出股票的所得款项存入证券公司，但可收取利息。目前，国内已经开展融券业务。

逼空

融券卖出股票的投资者希望股价下跌后补回以赚取价差。但是，在投资者卖出股票后，该股股价却在主力操作下连连暴涨，逼使卖出者亏损补回，就形成了逼空。投资人如遭逼空，将招致损失。

黄金交叉

即较短周期的移动平均线由下而上穿过较长周期的移动平均线。一般表示行情看好，股价极可能持续上扬。

死亡交叉

即较短周期的移动平均线由上而下跌破较长周期的移动平均线。一般表示行情看淡，股价极有可能持续下跌。

量价背离

股票价格与股票成交量的表现无法同步。当股价出现新高点时，成交量却告下滑，表示投资人并不认同此价位，卖压很可能即刻涌现。

抢帽子

即在一天之内买卖同种类且数量相等的股票，以赚取差价的情形。

反向并购

反向并购俗称“买壳上市”，是指一家非上市公司的股东在获得一家上市公司的绝对控股权后，再由该公司反向收购非上市公司的资产和业务，使之成为上市公司的子公司，从而达到非上市公司间接上市目的。

营业利润率

营业利润率是指企业的营业利润与营业收入的比率。它是衡量企业经营效率的指标，反映了在考虑营业成本的情况下，企业通过经营获取利润的能力。

流动比率

流动比率是流动资产对流动负债的比率，用来衡量企业流动资产在短期债务到期以前，可以变为现金用于偿还负债的能力。一般来说，比率越高，说明企业资产的变现能力越强，短期偿债能力亦越强；反之则弱。

崩盘

卖盘大量涌现，导致股价无限度下跌，不知底部在哪里的情形。

上影

当日最高价与开盘价或收盘价之间的差。

下影

当日最低价与开盘价或收盘价之间的差。

业绩报告书

每个财报期由董事会核准，向股东大会报告的材料。它记载公司业务、大股东、员工及公司现状等内容。各股东也会收到资产负债表、利润表、现金流量表、所有者权益变动表（或股东权益变动表）、财务报表附注和股利分配方案等资料。

标准·普尔股票价格指数

标准·普尔股票价格指数是指由美国最大的证券研究机构——标准·普尔公司编制的股票价格指数。

标准·普尔公司股票价格指数以 1941 年至 1993 年抽样股票的平均市价为基期，以上市股票数为权数，按基期进行加权计算，其基期点数为 10。以目前的股票市场价格乘以目前市场中的股票数量为分子，用基期的股票市场价格乘以基期股票数为分母，相除之数再乘以 10 就是股票价格指数。

SEC

美国证券交易委员会。

美国存托凭证（ADR）

美国存托凭证，又称“美国预托证券”，是大多数外国公司在美国证券市场上市的方式。借由美国存托凭证，美国的投资者可以间接投资外国公司的股票。

从投资人的角度来说，存托凭证是由存托银行所发行的一种可转让股票凭证，证明一定数额的某外国公司股票已寄存在该银行在外国的保管机构，而凭证的持有人实际上是寄存股票的所有人，其所有的权利与原股票持有人相同。

伦敦预托凭证（LDR）

在国内上市的中国公司或英国之外的其他国家的上市公司，可以在伦敦证券交易所发行存托凭证，被称为“LDR”。

SSE/SZSE

上海证券交易所/深圳证券交易所的简称。

FRB 法规

美国联邦储备委员会制定的对外证券投资法规。

M&A

企业兼并和收购的简称。

第一次石油危机

1973 年 10 月，因阿拉伯产油国家产油量减少，原油价格大幅上扬所导致的经济危机。

大行情

行情持续上涨一二年，几乎所有股票均大幅超过其平常股价水准，被称为“大行情”。

大户

在证券公司开户资金雄厚且大量买卖股票的投资者被称为“大户”。

散户

一般资金规模小的投资人即称为“散户”。

除权

表面看来股价下跌，但投资者实质上并无损失。在除权日之前买进股票的投资者，可以享受送配股的权利，也就是公司将股利以股票方式发放给股东。公司将股息用作增资，以便改善公司财务结构，把机器以旧换新，扩充厂房设备或加强研究开发等。

盈余公积转增资本

盈余公积是指公司按照规定从净利润中提取的各种积累资金。转增资本，即所谓的“送红股”。公司将盈余公积转增资本时，必须经股东大会决议批准。将盈余公积转增资本时，要按股东原有持股比例结转。盈余公积转增资本时，转增后留存的盈余公积的数额不得少于注册资本的 25%。

无偿配股（即送股）

股东不需花钱，即可按照持股比例配得股票股利。无偿配股的除权参考价，按照以下方式计算：

除权参考价＝前日收盘价/（1+无偿配股率）现金增资配股

公司增资来源，是由股东按持股比例，以现金认购股票。现金增资的除权参考价计算方式如下：

除权参考价=前日收盘价+（新股缴款额×认股率）/（1+认股率）

除息

各上市公司以一年为计算单位，有了盈余，便在扣除应缴税款及提取公积金后，依据股东每人持股比例，发放现金股利或股票股利。如是发放现金股利，则称为“除息”。

除权基准日

上市公司的股票，每日自由在股票市场流通。如果公司要按过去一年来每一位股东所持股比例，及持有天数加以考虑，势必增加工作困难。因此，为简化手续，目前的股利配发，均采用基准日制度，也即上市公司在配发股利之前，需先确定一个基准日，并提前公告，股利的配发依据，则以此基准日时股东名册上所记载的股东及其股份为准。

零股

在国内，不足一交易单位（比如每手100股）者即称为“零股”。零股的产生，是公司的资本发生变动所导致的结果。如某上市公司盈余公积转增资本，1000股无偿配250股，若投资人手上只有1000股票，便可以不必花钱配到250股，其中便有50股不够一手，也就出现零股。

股票转账交易

是证券市场的一种特定交易，通常也称“批发买卖”。也就是买卖双方谈妥交易价格，然后，通过券商进行转账，完成交易流程。

大宗交易

大宗交易又称“大宗买卖”，一般指交易规模，包括交易的数量和金额都非常大，远远超过市场的平均交易规模。

大宗交易针对的是一笔数额较大的证券买卖。我国现行有关交易制度规定，如果证券单笔买卖申报达到一定数额的，可以采用大宗交易方式进行交易。

投资股

是指值得长期持有以等待公司发放股利，而不必去关心市场起落的股票。

投机股

是指价格起落幅度较大的股票。因此，追逐差价成为买卖此类股票的动机。至于这种股票有没有股利，则不去管它。然而，在变幻莫测的市场上，所谓投资股与投机股的分野也不是绝对的。

哄抬

趁着股市热络之际，为了获得更多的利益而进场买进。这是投机市场的典型做法。

买方

以信用交易买进股票者称为“买方”；反之，卖出股票者称为“卖方”。长期投资某特定股票的投资者也可称为“买方”；反之则为卖方。

外汇债券

为了获得美元、英镑、日元等外币，而需要在海外发行国债、政府债、地方债、公司债等，这些债券即称为“外汇债券”。

货币市场

又称“短期金融市场”。但凡交易一年期以下有价证券的公开市场即为货币市场。

资本市场

又称“长期金融市场”，是交易一年期以上或未定期限的有价证券的公开市场。

所得利益

即以股东身份，按照持股的多寡，从公司分配到的现金股利，或由盈余公积转增资本等方式所获取的利益。

资本利得

即由股票的买卖差价所带来的利益，也就是运用低价买进高价卖出所赚取的差价利润。

营业纯益率

营业纯益率是指公司税后利润与营业收入的比值，表明每百元营业收入获得的收益。营业纯益率=（税后利润÷营业收入）×100%，该数值越大，说明公司获利的能力越强。

市盈率 PE

也有人称为“价益比”。是目前全球最被投资人接受的一种衡量股价高低的标准。其计算方式为每股当前股价除以每股税后收益。

总资产周转率

总资产周转率是企业一定时期的销售收入净额与平均资产总额之比，它是衡量资产投资规模与销售水平之间配比情况的指标。

运用总资产周转率分析、评价资产使用效率时，还要结合销售利润一起分析。对资产总额中的非流动资产应计算分析。总资产周转率越高，说明企业销售能力越强，资产投资的效益越好。

技术分析

技术分析是将股价每日涨跌变化情形及各种技术分析指标，以图形方式呈现出来，再借由图形及技术指标的研判方法来判断股价的趋势，进而决定买进卖出的最佳时机。

基本分析

不管上市公司目前股价的涨跌情形，单纯对该上市公司的财务状况、发展潜力加以分析，以视其是否具备稳固的财务基础，来作为投资时的重要参考。

可转换公司债券

可转换公司债券，简称“可转债”，一种金融衍生品，它可以转换为债券发行公司的股票，其转换比率一般会在发行时确定。可转换公司债券通常具有较低的票面利率，因为可以转换成股票的权利是对债券持有人的一种补偿。同时，将可转换公司债券转换为普通股时，所换得的股票价值一般远高于原债券价值。

涨跌停板

管理层为了保护投资者，避免因股价急速变动而让其遭受巨额损失，规定各上市公司股票当日价格的变动，以前一营业日收盘价格上下各若干百分点为限。若规定涨跌幅度为 10%，则前日收盘价为 20 元的股票，其涨停板为 22 元，跌停板为 18 元。目前，国内股市实行 10% 的涨跌停板制度，相信将来会取消该制度，因为市场规模已经足够大。

外国股海外交易

证券公司接受投资人委托买卖外国股票，在海外的交易所直接处理的交易。

外国股国内交易

对于在国内证券市场上市的外国股票的交易。

外国股上市基准

外国股票上市的资格。

外国证券交易账户

进行外国股票买卖时，在证券公司所开设的账户。

摊平法

买入某只股票后，当股价下跌至自己买入成本以下时，再加码买进以降低平均成本的方法。通常，这不是好方法。

主力支撑

当股价自然地呈下跌走势时，主力运用人为的力量进场干预，以防止股价进一步下跌。

收购

不论股价如何，大批买进某股的情形。这种现象往往是以取得大多数股份，参加公司经营为目的；但也有主力介入以配合公司做多意愿的情形。

跳空

所谓“跳空”，即在 K 线图中，两条 K 线间不互相接触，中间有空格的意思。

公司分析

即基本分析，又称为“证券分析”。以买卖股票为前提，调查研究企业的业绩动向、未来发展潜力、财务内容等。在信息化时代，投资者非常容易获得这类信息。公司分析是投资股市时一项重要的基本技能。

外资

外国人将资金投入本国股市，购买本国股票的情形，即指外国人的资金。

买气弱

投资人承接意愿薄弱，想等股价进一步下跌后再进场。

转势

股价超越平常的波动范围，暗示价位的变动方向有所改变，也就是市场反转。

多头市场

买方阵营力量不断增强，卖方阵营居于劣势地位。从股价看，不断出现新高价，直至买方力量用尽。此后，卖方筹码（股票）数量渐增，天平就从偏向买方的一边渐渐回至平衡点。

空头市场

卖方实力不断增强，居于优势地位。从股价看，新低价不断出现，直到卖方不能再增加新筹码。此后，买方获得新生，天平从偏卖方的一边渐渐回至平衡点。

面额

股票上所记载的每股金额。国内上市的股票，面额绝大多数为每股 1 元钱，每张股票原则上代表 100 股，即 100 元。

流动性过剩市场

即资金过剩的市场。

股票股利

公司依股东大会决议，将红利的一部分或全部，以配发新股方式发放，以取代现金股利。面额股即按照面额，无面额股即由股东大会决定来发放红利。将红利编入资本金内发行新股，原股东又可增加持股数量，一举两得。

股票分布

指按法人、机构、个人等所有者区分的股票持有情况。

股东名册

代理上市公司股票事务的公司，依投资者的申请，在办理过户手续时，将投资者的姓名、住址、持有股数、股票号码、日期等记载下来，记载这些事项的名册即为股东名册。

安定性股东工作

一般企业通常较注重长期持有本公司股票的安定性股东，而不太喜欢常常将股票买进卖出的流动性股东。因为股价会随着股东安定度的提升而提高。因此，企业均会采取一些安抚长期股东的措施。

股东权利

股东权利，是指在按公司法注册的企业中，企业财产的一个或多个权益所有者拥有哪些权利和按什么方式、程序来行使该权利。相对于所有权、产权、出资人权利而言，股东权利是最清楚、明确的权利。股东权利是由法律规定的，所以在不同的国家，股东权利可能会有所差别；即使在同一个国家，不同类型公司的股东权利也不一样。

股东平等原则

股东平等原则是指股东在基于股东资格而发生的法律关系中，应按其持有股份的性质和数额享受平等的待遇。

箱形行情

当市场无特殊利多或利空消息出现时，行情往往会在有限的幅度内上下往复，其图形就好像价格在一个箱子内来回起伏，故称“箱形行情”。

信用交易

即以融资、融券方式买卖股票。

虚假需求

采用信用交易买进股票后，在规定时间内就得卖出股票，这些买盘并非以享受股利分配而长期持有为目的，因此，这类买方需求被称为“虚假需求”。由于买入不久后必须卖出股票，结清交易关系，因此，虚假需求也是形成市场不安定的主因之一。融券卖出股票者，会造成虚假供给的现象。

观望

当行情不明朗，多空看法出现分歧时，投资者多半采取观望的态度，也就是委托买入卖出者少，交易呈现不活跃状态。

关卡

股价到达某一阶段后，会面临某个障碍，如果股价越此障碍，就称“突破关卡”。此外，也可表述成“越过千点大关”之类的用语。

机构投资者

以投资股票为主要业务的机构，信托投资公司、保险公司即属于此类型。

企业业绩

对股价最具影响力的就是公司的销售情形及收益状况，这就是所谓的“企业业绩”。然而，此资料并不能完全反映公司的经营现状，投资人不仅要考虑配股、红利的情形，还要关注关系未来的设备投资的有无、借入款项的增减等信息。

行情模糊

市场行情难以预测，买进或卖出投资者难以下判断。

逆势上扬

利空出现，股价却上扬的情形。此外，当大部分股票均处于跌势时，那些不跌反涨的股票即为逆势上扬股。

恐慌行情

景气衰退，经济陷于混乱状态，股票市场出现无序暴跌的情形。

业绩行情

不论什么时代，决定股价的重要因素是公司的业绩，收益增加则可期待股价上涨，投资者应以企业的稳定成长作为买进的依据。

崩盘行情

不知股价将下跌到哪个点位，大家争相杀出持股的现象。

总额交割

证券公司将当日买进卖出委托的成交总数，一并送证券交易所办理交割。

余额交割

证券公司将当日接受买进卖出委托的数量相抵后，以余额部分向证券交易所办理交割。

K 线

又称“阴阳线”，或“红黑线”。即以阳线表示行情上涨，以阴线表示行情下跌。而且，用一根 K 线即可标示出当日行情的开盘价、最高价、最低价和收盘价。

决算

决算可说是公司的业绩报告，通过这种形式，各上市公司对外发表其销售总额、获利比、股利等消息。

决算行情

依上市公司发表的决算资料，视其为利空或利多，进而影响股价的情形。

月末调整

因资金调度的关系，有些机构在月底时卖出股票，致使行情下跌。但并非每个月均如此，在行情走势不坚挺时，往往出现此种现象。

减资

即减少资本金。

买现实

确认公司的业绩良好才买进。

减收减益

销售额减少，利益也下降的状态。有些企业固降低成本成功，反而获得了减收增益的好处。

现货交易

相对于信用交易而言，以现金、现股进行交易即称为“现货交易”。

除权行情

是指增资除权前的个股走势。因除权配股的利多消息吸引买盘进入，人气汇集致使该股成交量增加，股价上扬。

首次公开发行（IPO）

指股票在交易所上市。

公募

增资时以一般投资人为对象发行新股，募集资金；而不给予股东、银行、证券公司等机构优先承购权。

国债

即政府发行的国库债券。

个人股东

即一般个人投资者股东。

固定比率

厂房、机器设备等固定资产占有的比例。

公司债

公司为调度资金而发行的有价证券称为“公司债”，也称“企业债”。

外债

向外国政府等发行的债券称为“外债”。

财政政策

财政政策是指为促进就业水平提高，减小经济波动，防止通货膨胀，实现经济稳定增长而对政府财政支出、税收和借债水平所进行的选择，或对政府财政收入和支出水平所做的决策。它是国家干预经济的主要政策之一。

财务报表

显示公司财务内容的报表，每个决算期必须经过股东大会的确认。通常包括资产负债表、损益表、现金流量表等。

指定价格

是指委托买进或卖出时所指定的价格。

总市值/流通市值

总市值是指各只股票的当前股价（收盘价）乘以其上市总股本数后的总额，它不仅可显示股价的变动及增资情形，还可了解市场的规模；而流通市值是流通股数乘以当前股价。

市价发行

发行新股时，以当前市价为发行基准，而非以面额为发行基准。

市况产业股

是指因商品市场价格变动而影响自身业绩及股价的股票。例如，钢材的市场价格影响钢铁股票的价格。

绩优股

是指公司收益率好、成长性高、财务状况良好，可长期投资的股票。

市场外部因素

从景气动向到社会形势等，为影响股价变动的主要因素之一。

市场性

不论何时均能以时（市）价买卖的股票，称其为“具有市场性”，也即具有流通性。

市场内部要因

股价不仅会因国内外的政治、经济、社会形势而变动，也会受股票市场特有的因素所影响，这些因素即称为“市场内部要因”。主要有信用交易的动向，信托投资公司、银行等机构投资者的投资态度、增资动向等。此外，企业的股东安定性工作、大户动向、自营商买卖等，也是投资者不可疏漏的内部要因，还有一项越来越值得投资者重视的因素就是外资的动向。

受益凭证

表示投资信托受益权（享有收益分配的权利）的证书。

净资产

净资是指产归属企业所有，并可以自由支配的资产，即所有者权益或权益资本。

在股票基本分析涉及的各种技巧和方法中，净资产和与市盈率、市净率等指标一样，都是最常用的参考指标。

证券交易所

证券交易所是为证券集中交易提供场所和设施，组织和监督证券交易，实行自律管理的法人。从世界各国的情况看，证券交易所有公司制的营利性法人和会员制的非营利性法人两种形式，我国的证券交易所属于后一种。目前，国内成立较晚的两家证券交易所分别是：1990 年 12 月设立的上海证券交易所和 1991 年 7 月设立的深圳证券交易所。

上市审查基准

在交易所上市的公司，必须是有信用的公司。因此，证券交易所必须审查申请上市公司的资质，以判断其是否符合上市基准。

消费关联股

提供消费类产品或服务等公司的股票。

新股（子股）、老股（亲股）

因增资或合并而发行的股票，称为“新股”或“子股”。相对于新股而言，已发行的股即称为“老股”或“亲股”。决算分配股利时，新股、老股的权利并无不同。

心理行情

投资者的心理是非常微妙的，这种反应投资人心理的行情即为心理行情。

成长股

具有成长潜力的股票。

设备投资关联股

与设备投资的动向关系密切的机械、电机等公司的股票。

指标股

在行情上扬过程中，引导其他股票向上攀升的股票。

综合证券商

可以开展委托买卖、自营买卖、承销、分销及投行业务的证券商。

增资

增加发行股票数量，以增加资本金。

增资减配

公司发表增资的决定后，必连同增资后的收益、股利分配计划一并公布。一旦经济形势发生变化，业绩呈现衰退迹象，虽然资本金增加，却无法依约维持之前的股利分配水准，这种情形即为增资减配。

总资本

又称“使用总资本”，即公司所投入的资本总额，也就是资产负债表中借方的总额。

总资本周转率

将销售额除以总资本，即可得知总资本一年内周转几次，表明资本利用的效率，其比率越高越好。

总资本收益率

是分析企业收益的代表性指标。通常是以营业收入除以总资本额来计算，也有以净收益（税后纯益）为标准。由此可知使用总资本，也即自有资本加上他人资本的获利率。

增收增益

指销售额增加，利润也增加的情况。近年来因成本提高，利息负担增加，以及汇率差的损失，公司常发生增收减益的情形。

承销

承销是证券发行人委托具有证券销售资格的金融机构，按照协议由金融机构向投资者募集资金并交付证券的行为和制度。它是证券经营机构的基本职能之一。根据证券经营机构在承销过程中承担的责任和风险不同，承销可分为包销和代销两种形式。

短期国债

期限不满一年的国债。

单纯平均股价

将每种股票的每股价格合计后，除以个股数量即可求得。

中间反弹

股价在下降趋势中，突然出现向上反弹的情形。

空手

手中持股已变为现金，随时准备再进场的投资者。

低价股

股价水准偏低的股票。

自营买卖

证券商本身即从事有价证券的买卖。

定额投资法

对于某种股票的投资额，通常均维持固定水准的投资方式。

低利率行情

指存款利率低，资金过剩导致股价上涨的情形。

固定比率投资法

固定比率投资法也称“公式投资法”，其特点是把资金按固定比率投资于各类基金，如股票基金、债券基金和货币市场基金等，当由于某类基金净资产值变动而使投资比例发生变化时，就卖出或买进这类基金的股份，使投资比率恢复到原有状态。

成交量

买卖成交的数量。

成交价

股票交易成交的价格。

店头股

未在交易所上市的股票，只在证券公司的店头买卖，因此，被称为“店头股”。

投资基准（尺度）

投资股票时，必须考虑选择股票的价格是否偏高，使用的指标即为投资基准。其中，以市盈率及市净率较受重视。

投资顾问

提供投资资讯的个人或企业。

信托投资

集合多数投资人的资金，交由投资专家分散投资于有价证券，其利益按出资额的比例分配给投资人的制度。该制度纯粹以投资为目的，不以侵占夺取为目的。

腾落指数

腾落指数属于趋势分析指标的一种，它是通过对比每日上涨的股票家数与下跌的股票家数来判断市场强弱的指标。

领军股

资本金、销售额、收益、技术等均为同业领先的股票。

平均投资法

在一定时期内，以一定金额持续买进一定股票的投资法。

疲软

价格低，市况不振，市场呈现不活跃的状态。

人气

股价会随着人气而变动，有时人气的强弱成为影响股价波动的主要因素。

买人气

股价上涨，成交量也增加，追随市场沸腾的人气而买进的情形。

人气股

成交量大、引领市场的指标股，对于利好消息反应敏感。

人气市场

无视基本面、技术面的变化，只随着人气而波动的行市。

日线、周线、月线、年线

将股价的波动图表化，记录股价每日变化情形的图表为日线，以周为单位为周线，以月为单位为月线，以年为单位则为年线。通常以日线作为短线进出的依据。

市净率/净资产倍率（PBR）

市净率指的是每股股价与每股净资产的比率。一般投资者往往注重股价的市盈率，而忽略对市净率的关注。市净率可用于股票投资分析，一般来说市净率较低的股票，投资价值较高；相反，则投资价值较低。但在据此判断个股的投资价值时，还要考虑当时的市场环境，以及公司经营情况、盈利能力等因素。

资产股

实际的资产比账面上的高出许多的股票，特别是拥有账面价值低的土地资产，因为实际资产高，在物价暴涨时，该股容易汇集人气。

资产负债率

资产负债率是将负债总额除以资产总额所算出的财务比率。一般而言，负债比率低表示借款少，该企业当然属于优良企业。

资产负债率=（负债总额/资产总额）×100%

分散投资

投资者将投入股市的资金分散投资于各类股票，这样，可分散风险。

集中投资

相对于分散投资而言，将资金集中投资于特定股票的情形。

并行增资

在公司增资时，同时有无偿配股及有偿认购的情形。

变率投资法

将资产投资于储蓄、股票、债券时，投资比率依市况的不同加以变化的方法。

无记名股

票面及股东名录中没有记载股东姓名的股票。

无股利

指公司由于经营恶化，业绩出现赤字或收益过少，无法分配股利的情形。

过户

委托证券公司买进股票后，并不代表投资者立即就能享受到股利分配等股东权利。持有股票者必须在公司所规定的日期内至指定证券登记公司办理过户手续，登记自己为股票持有者后，才能享受股东的权利。现在国内买入股票后，由电脑自动完成过户手续。

有价证券交易税

卖出或买进股票等有价证券时，不论盈亏均须缴纳的税金。泸深交易所目前对买入不收税，对卖出收取1%的印花税。

获利了结

当买进股票的价格出现上扬时，即行卖出赚取利益的情形。

流通市场

买进有价证券的市场，其中又以交易所为代表。店头市场亦为流通市场之一，比如国内的新三板市场（全国中小企业股份转让系统）。

智能投顾

智能投顾又称“机器人理财”，是虚拟机器人基于客户自身理财需求，通过算法来完成以往由人工提供的理财顾问服务。即根据个人投资者提供的风险承受水平、收益目标及风格偏好等条件，运用一系列智能算法及投资组合优化等理论模型，为用户提供最终的投资参考，并根据市场的动态对资产配置再平衡提供建议。

从其产生背景看，由于金融市场不断深入发展，金融产品的交易策略等日趋复杂，普通投资者的学习成本越来越高，难以跟上市场发展的步伐。这种情况导致投资者对专业投资顾问服务的需求日渐凸显，受传统投顾服务缺陷的限制（如百万资金起步、服务流程烦琐、服务费高昂、不能随时随地咨询、投顾水平良莠不齐等），目前的投顾市场无法最大限度满足普通投资者的需求。

机器人理财发源于美国，目前已被主流市场认可。

大数据

麦肯锡给出的定义是：一种规模大到在获取、存储、管理、分析方面大大超出了传统数据库软件工具能力范围的数据集合，具有海量的数据规模、快速的数据流转、多样的数据类型和价值密度低四大特征。

大数据技术的战略意义不在于掌握庞大的数据信息，而在于如何对这些含有意义的数据进行专业化处理。换言之，如果把大数据比作一种产业，那么这种产业实现盈利的关键，在于提高对数据的加工能力，通过加工实现数据的增值。

从技术上看，大数据与云计算的关系就像一枚硬币的正反面一样密不可分。大数据必然无法用单台的计算机进行处理，必须采用分布式架构。它的特色在于对海量数据进行分布式数据挖掘；但它必须依托云计算的分布式处理、分布式数据库和云存储、虚拟化技术。

附录二 智富之星股票分析智能系统专业版操作手册

智富之星股票分析智能系统按照“炒股生命周期理论”设计和研发，简单实用。

股票投资的生命周期为：

选择-->监控-->买入-->监控-->卖出-->等待-->选择。

当您启动“智富之星”系统后：

1. 进入自选股板块。

您可以通过输入股票代码、名称简称、拼音首字母等形式来选择添加您需要观察的股票到自选股中；或者进入板块通过 ALT-Z 快捷键添加到自选板块中。

2. 市场及板块标签。

进入系统后，首先揭示自选股行情。在最下面分别列出：

自选股、上证 A 股、深证 A 股、深创业板、上证基金、深证基金、上证 B 股、深证 B 股、上证指数、深证指数、沪强、深强、香港主板、香港创业板、香港指数等。这个排列顺序是根据投资者常用的板块来排列的，方便操作。

3. 自选股行情。

进入自选股行情后，可以调整自选股的显示顺序。

移动位置：按下鼠标，可以上下移动股票的位置；

置顶：点击鼠标定位到相应的股票，按右键，在右键菜单中选择“置顶”；

置底：点击鼠标定位到相应的股票，按右键，在右键菜单中选择“置底”；

ALT-M：进入股票监控设置界面，以便设置风险控制提醒功能。这个时候，你可以输入持有股票的买入价，设置预期卖出价、停损价。系统将会自动监控，达到设置的价位后系统将预警。

注意，在浏览行情或图表时候，按 ALT-Z 可以把当前股票添加到自选股中。

4. 如何查看行情?

由炒股的生命周期可知，通常，我们需要监控自选股行情。但是，偶尔我们也需要浏览其他市场行情，可以通过下列标签，切换到其他市场的行情热点：

自选股、上证 A 股、深证 A 股、深创业板、上证基金、深证基金、上证 B 股、深证 B 股、上证指数、深证指数、沪强、深强、香港主板、香港创业板、香港指数。

双击鼠标/回车：进入分时图；

ESC 退出分时图，到行情表；

↑上箭头，向上移动一只股票；

↓下箭头，向下移动一只股票；

ALT-Z 添加到自选股；

PageUp 向上翻页；

PageDown 向下翻页；

Ctrl-Home 到市场行情的顶部；

Ctrl-End 到市场行情的底部；

ESC 退出当前界面；

Ctrl+0 自选股；

Ctrl+1 上证 A 股；

Ctrl+2 深证 A 股；

Ctrl+3 深证创业；

Ctrl+4 上证基金；

Ctrl+5 深证基金；

Ctrl+6 上证 B 股；

Ctrl+7 深证 B 股；

Ctrl+8 上证指数；

Ctrl+9 深证指数；

Ctrl+I 沪强；

Ctrl+J 深强；

Ctrl+L 香港主板；

Ctrl+M 香港创业；

Ctrl+N 香港指数。

以下键加回车操作：

1 上证 A 股；

2 上证 B 股；

3 深证 A 股；

4 深证 B 股；

5 上证基金；

6 深证基金。

5. 如何进入分析图表？

在各个板块行情中，通过上下箭头、鼠标定位某只股票后，双击鼠标或按回车键，进入当天的分时图表，用以查看当天走势及详细报价等信息。在分时图下，再按回车键，可以查看 K 线图，类似下面的 F5 键。

在分时图下：

F1 分时成交明细。

F2 分价成交明细。

F5 进入日 K 线图；按 F5 键，在分时图和 K 线图之间切换。

F8 分别切换周线、月线、5 分钟线、15 分钟线、30 分钟线、60 分钟线。

F10 查看个股基本资料。

End 光标定位在分时图或 K 线图下，按 End 键，可以切换各种技术分析指标，如 MACD，KDJ 等。

ESC 退出当前界面。

6. 如何查看市场板块涨跌幅排序？

以下键加回车操作：

61 上证 A 股涨幅排名；

62 上证 B 股涨幅排名；

63 深证 A 股涨幅排名；

64 深证 B 股涨幅排名；

65 上证基金涨幅排名；

66 深证基金涨幅排名；

ESC 退出当前界面。

7. 如何选择自选股?

通过某些途径，你得到信息，根据代码或名称搜索，直接把感兴趣的个股加入自选股中；

通过 61、63 等排序，浏览 K 线图，发现感兴趣的股票，按 ALT-Z 键把它加入自选股中。

8. 快捷键列表。

F1 分时成交明细。

F2 分价成交明细。

F3 上证领先指标。

F4 深证领先指标。

F5 进入日 K 线图；按 F5 键，在分时图和 K 线图之间切换。

F8 分别切换周线、月线、5 分钟线、15 分钟线、30 分钟线、60 分钟线。

F10 查看个股基本资料。

Home/End 光标定位在分时图或 K 线图下，按 Home/End 键，可以向前/向后切换各种技术分析指标，如 MACD，KDJ 等。

ALT-Z 添加到自选股中。

PageUp 向上翻页。

PageDown 向下翻页。

Ctrl-Home 到市场行情的顶部。

Ctrl-End 到市场行情的底部。

以下键加回车操作：

61 上证 A 股涨幅排名；

62 上证 B 股涨幅排名；

63 深证 A 股涨幅排名；

64 深证 B 股涨幅排名；

65 上证基金涨幅排名；

66 深证基金涨幅排名；

Ctrl+Home 涨幅排序顶部（看涨幅最多的）；

Ctrl+End 涨幅排序底部（看跌幅最多的）；

ESC 在任何情况下，退出当前界面，回到上次操作；

Ctrl+0 自选股；

Ctrl+1 上证 A 股；

Ctrl+2 深证 A 股；

Ctrl+3 深证创业；

Ctrl+4 上证基金；

Ctrl+5 深证基金；

Ctrl+6 上证 B 股；

Ctrl+7 深证 B 股；

Ctrl+8 上证指数；

Ctrl+9 深证指数；

Ctrl+I 沪强；

Ctrl+J 深强；

Ctrl+L 香港主板；

Ctrl+M 香港创业；

Ctrl+N 香港指数。

以下键加回车操作：

1 上证 A 股；

2 上证 B 股；

3 深证 A 股；

4 深证 B 股；

5 上证基金；

6 深证基金。

定义和说明：

上证 A 股：上海证券交易所人民币普通股票；

深证 A 股：深圳证券交易所人民币普通股票；

深证创业：深圳创业板所有股票行情；

上证基金：上海证券交易所所有基金；

深证基金：深圳证券交易所所有基金；

上证 B 股：上海证券交易所人民币特种股票；

深证 B 股：深证证券交易所人民币特种股票；

上证指数：上海证券综合指数；

深证指数：深圳证券交易所编制的股价指数；

香港主板：香港证券交易所主板市场的股票；

香港创业：香港证券交易所创业板的股票；

香港指数：香港证券交易所的指数列表；

沪强：由系统通过市场表现追踪的上海强势股；

深强：由系统通过市场表现追踪的深圳强势股；

涨幅：100×（现价-昨收）/昨收；

涨跌：现价-昨收；

总量：成交总量；

总额：成交资金总额；

换手：一定时间内市场中股票转手买卖的频率；

委买量：委托买入的量；

委卖量：委托卖出的量；

流通股：上市公司股本中可以在交易所流通的股份数量；

每股收益：税后利润与股本总数的比率；

中期收益：半年收益；

净资产：资产总额减去总负债以后的净额；

净收益率：每股净利润/每股净资产；

利润总额：企业或组织在生产经营过程中收入扣除各种耗费后的盈余数额；

净利润：在利润总额中按规定交纳了所得税后公司的利润留成；

股东权益：公司总资产中扣除负债所余下的部分，是股本、资本公积、盈余公积、未分配利润之和；

现量：最近一次分笔成交量；

市盈率：静态市盈率（现价/收益，用去年年报中的每股收益）；

震幅：100×（最高-最低）/昨收；

量比：当天当前成交量与昨天的总量之比，用于发现放量个股；

委比：（5 个买盘之和-5 个卖盘之和）/（5 个买盘之和+5 个卖盘之和）×100；

委量差：5 个买盘之和-5 个卖盘之和；

内盘：主动性卖盘的成交量；

外盘：主动性买盘的成交量；

外内比：外盘/内盘；

每笔均量：成交总量/成交笔数；

总股本：公司的总股本；

市销率：现价/每股营业收入；

每股收益：当期的净利润/总股本；

每股公积：公积金/总股本；

净收益率：即净资产收益率，100×净利润/净资产。

内容特别效果显示：

红色：表示股价上涨。绿色：表示股价下跌。

白色：表示股价无涨跌。蓝色：表示刷新价格。

编 后 记

本书在介绍了常用技术分析指标之时，也用相当篇幅介绍了作者自己总结的方法和开发的技术分析软件。读者朋友们在学习和使用本书时，请结合自己的实际情况有所取舍，不宜盲目完全照搬。

关于技术分析软件的介绍这部分内容，单纯供学术交流之用，是用来启迪读者朋友们思考的，目的是让读者朋友们看看，作者是怎样把自己对股市的理解和经验总结通过计算机技术表达出来的，并不构成真实的购买软件的建议。因为我们知道，任何技术分析软件都不是完美的，都有可能导致亏损。股市有风险，投资须谨慎。